# Esoterik

## Herausgegeben von Gerhard Riemann

Actio = reactio, das lernt heute jeder Schüler in den ersten Stunden des Physik-Unterrichts. Daß sich diese einfache und logische Gesetzmäßigkeit aber ebenso auf psychische Vorgänge übertragen läßt, ja auf alles Denken und Handeln, wird von vielen bestritten und nur von wenigen bewußt erlebt. Dabei ist es so einfach: »Wie ihr säet, so werdet ihr ernten.« Jeder halbwegs bewußt lebende Mensch könnte beliebig viele Beispiele dafür benennen. Aber gleichzeitig gibt es viele Dinge, die anscheinend ohne »Strafe«, ohne »Belohnung«, also ohne die gesetzmäßige Reaktion bleiben. Das ist aber nur scheinbar so. Denn unser Bewußtsein überspannt nur ein Leben. Wären wir in der Lage, die Kette von zahllosen Inkarnationen über Jahrtausende hinweg zu überblicken, so könnte es keinen Zweifel geben: Nichts geschieht grundlos. Nichts bleibt ohne Konsequenzen. Ein Leben verursacht das nächste.

*Rudolf Passian* wurde 1924 in Böhmen geboren. Als Siebzehnjähriger wurde er Soldat; er kam erst 1955 aus der Gefangenschaft zurück. Bald danach begann er sein Studium auf dem vielschichtigen Gebiet der Grenzwissenschaften (Parapsychologie) und der Theologie. Ausgedehnte Studienreisen führten ihn in verschiedene Länder und Kontinente. Der für seine Arbeiten mehrfach ausgezeichnete Autor gilt heute als Parapsychologe von internationalem Rang, der sein Fachwissen in lebendiger Weise weitergeben und komplizierte Sachverhalte leichtverständlich darlegen kann.

Grundlegende Werke von Rudolf Passian:

*Abschied ohne Wiederkehr?* – Tod und Jenseits in parapsychologischer Sicht

*Abenteuer PSI* – Spiritismus, Wunderheiler, Umbandakult, Magie

*Neues Licht auf alte Wunder* – PSI

Von Rudolf Passian ist außerdem erschienen:

»*Licht und Schatten der Esoterik*« (Band 4266)

Originalausgabe 1985
© 1985 Droemersche Verlagsanstalt Th. Knaur Nachf., München
Das Werk einschließlich aller seiner Teile ist urheberrechtlich geschützt.
Jede Verwertung außerhalb der engen Grenzen des Urheberrechtsgesetzes
ist ohne Zustimmung des Verlages unzulässig und strafbar.
Das gilt insbesondere für Vervielfältigungen, Übersetzungen,
Mikroverfilmungen und die Einspeicherung und Verarbeitung
in elektronischen Systemen.
Umschlaggestaltung Dieter Bonhorst
Satz IBV Satz- und Datentechnik, Berlin
Druck und Bindung Ebner Ulm
Printed in Germany   10  9  8  7
ISBN 3-426-04154-5

# Zum Geleit

Das Problem der Wiedergeburt hat schon unzählige Gemüter bewegt und das allgemeine Interesse nimmt ständig zu. Rundfunk und Fernsehen, Presse und Literatur widmen sich diesem Thema, Reinkarnations-Therapeuten sind gefragte Leute, und auf der Titelseite einer bekannten Computerzeitschrift prangte die Empfehlung: »Berechnen Sie Ihr Karma!«[1] Vornehmlich aber sind es sogenannte »Rückführungs-Erlebnisse«, Altersrückversetzungen in anscheinend frühere Existenzen, die den Reinkarnationsgedanken ungemein popularisieren.

So dringt dieses Gedankengut immer mehr in den Vorstellungsbereich zahlloser Menschen ein, ohne daß deren religiöse Einstellung – soweit eine solche noch vorhanden sein mag – sonderlich berührt zu werden scheint, und ohne daß kirchlicherseits Notiz genommen wird von einer so wesentlichen Veränderung in der allgemeinen Denkrichtung. Ein Großteil unserer Mitmenschen freilich lehnt die Wiedergeburtsthese ab, aus welchen Gründen auch immer, während ein nicht unbeträchtlicher Rest gleichgültig bleibt oder »so etwas« einfach für undiskutabel hält.

In einem alten Marschlied heißt es: »Die Wolken ziehn dahin, daher, sie ziehn wohl übers Meer, der Mensch lebt nur *einmal* und dann nicht mehr.« Ein anderes Lied hingegen, das weiland *Hans Moser* gerne sang, lautet: »I muaß im frühern Lebn amol a Reblaus gwesn sein, sonst wär' die Sehnsucht net so groß nach einem Wein.« Was aber ist von der Sache selbst, um die es hier geht, zu halten?

Im vorliegenden Buch wird dieser Problemkreis kurzgefaßt, aber präzise behandelt und von möglichst vielen Seiten beleuchtet. Nur, er ist für *Realisten* geschrieben. Aber nicht für solche, die sich irrtümlich dafür halten, indem sie auf dem sattsam bekannten Standpunkt verharren: »Ich glaube nur, was ich sehe«, sondern für diejenigen wirklichen Realisten, die *alles* Vorhandene in ihr Denken und damit in ihre Weltschau einbeziehen, das heißt, nicht bloß jenen Teil der Natur, der unseren bescheidenen fünf Sinnen zugänglich oder mittels Meßinstrumenten erfaßbar ist. Der andere Teil, wiewohl unserer Wahrnehmungsfähigkeit entzogen, ist nämlich auch eine Realität, und beide zusammen ergeben ein unermeßliches Ganzes: die Schöpfung. Aus diesem Grunde verdienen auch solche Stellungnahmen zu unserem Thema Beachtung, die den vielschichtigen Bereichen *jenseits* unserer Sinneswahrnehmung entstammen und die auf vielerlei Weise zu allen Zeiten empfangen werden konnten.

Mit anderen Worten: Das Weiterleben nach dem Tode wird als ebenso selbstverständlich und natürlich empfunden und als gegeben vorausgesetzt wie die Annahme unserer vorgeburtlichen Existenz. Hierzu berechtigt mehr als genug forschungs- und erfahrungswissenschaftliches Material, das seit einhundert Jahren weltweit gesammelt und ausgewertet wird.

Zum Thema Reinkarnation fehlte bislang ein leichtverständlicher informativer Überblick. Die vorliegende Arbeit entspricht diesen Erfordernissen. *Neu ist:*

1. eine klare Begriffsunterscheidung zwischen Seele und Geist, die häufig miteinander verwechselt oder vermengt werden;
2. die Berücksichtigung auch jenseitiger Aussagen;
3. erstmals wird Näheres zum Dualseelen-Prinzip gesagt, über die »Dual-Ehe«, worüber man sonst bestenfalls Andeutungen findet.

Besondere Aufmerksamkeit wird dem Verhältnis Bibel, Kirche und Reinkarnation gewidmet, weil kirchlicherseits der entschiedenste Protest gegen die Wiedereinkörperungslehre erhoben zu werden pflegt. Inwieweit ein solcher berechtigt ist, mag der Leser zuletzt selber entscheiden, denn dieses Buch ist auf eigene Urteilsbildung angelegt.

Die erforderliche Objektivität meiner Darstellungsweise dürfte insofern garantiert sein, als mir selber die Aussicht auf wiederholte Erdenleben nicht im mindesten verlockend erscheint; mir genügt dieses eine Mal völlig. Andererseits kann ich mich der prinzipiellen Folgerichtigkeit, die diesen uralten Lehren inne-

wohnt, und den für sie sprechenden Fakten nicht so ohne weiteres verschließen.
Wie es in Wahrheit auch immer sein möge: halten wir uns offen! Hat es jemals geschadet, neuen Erkenntnismöglichkeiten zugänglich zu sein? Wer jedoch keinem der hier aufgezeigten oder angedeuteten Gedankengänge und Ideen Geschmack abzugewinnen vermag, der möge das Buch beiseite legen und vielleicht nach Jahren wieder einmal zur Hand nehmen. Denn sich ärgern oder gar streiten zu wollen wäre unklug. Ein Wissender streitet ohnehin nicht, sondern wird sich seines Wenigwissens bewußt und bemüht bleiben, sein Leben in Übereinstimmung zu bringen mit der Harmonie kosmischer Ordnungsprinzipien.
Möge dies auch Ihnen, liebe Leserin und lieber Leser, gelingen und dieses Buch hierbei eine brauchbare Hilfe sein!

In der Schweiz, Herbst 1984 *Der Verfasser*

# Einführung

Francis Yeats-Brown (1886–1944) war Soldat, Schriftsteller und Yogi. Vor dem Ersten Weltkrieg hatte er als Offizier des 17. Lanzenreiter-Regiments ausreichend Gelegenheit, große Teile Indiens kennenzulernen. Auch nach seinem Abschied vom Militär hielt er sich lange in Indien auf, um die Kräfte des Yoga zu studieren. In seinem Reisebuch »Lancer at Large« bringt er einige markante Fälle von Reinkarnation, die der Rechtsanwalt *Krishna Kekai Nandan Sahai*, B. A., gesammelt hatte. Zwei dieser Fälle seien hier gekürzt wiedergegeben, um den Leser sogleich mit dem Thema dieses Buches vertraut zu machen:
Mit blondem Haar und braunen Augen kam *Bhajrang Bahadur* 1918 als Sohn dunkelhäutiger Eltern zur Welt. Am Hals und am Kopf wies das Kind zwei Narben auf, wie von Gewehrschüssen herrührend. 1925, im Alter von sieben Jahren also, behauptete der Knabe, sein richtiger Name sei Arthur und er sei als weißer Soldat im vergangenen Weltkrieg gefallen. Seine Eltern setzte er auch insofern in Erstaunen, als er mit Messer und Gabel zu essen pflegte und sich mit fremdartigen Spielen unterhielt oder im Militärschritt marschierte. Im Laufe der folgenden Jahre verloren sich jedoch diese Erinnerungen aus seinem Gedächtnis und sein seltsames Gebaren hörte auf.
Bemerkenswerter ist der folgende Fall:
Im Alter von 19 Jahren starb ein gewisser *Nand Nandan Sahai* an der Cholera. Seine Ehefrau befand sich zur Zeit seines Todes in den ersten Wochen ihrer Schwangerschaft. Ihr gestorbener Mann erschien ihr nun im Traum und kündigte an, daß er als ihr Sohn wiederkäme; an einer Narbe am Kopf des Kindes werde sie ihn – ihren Mann – erkennen.
Die Traumerscheinung bat, zum Zeitpunkt der Niederkunft um eine fremde Amme bemüht zu sein, weil er als vormaliger Gatte nicht die Milch seiner eigenen Ehefrau trinken wolle.
Die Frau erzählte am folgenden Morgen diesen seltsamen

Traum ihrem engeren Familienkreis, so daß es für diesen Fall mehrere Zeugen gab. Tatsächlich war das neugeborene Kind ein Knabe und trug am Hinterkopf eine circa 2,5 cm lange Narbe. Er verweigerte die Mutterbrust und erbrach sich, wenn man ihm die Milch in einem Löffel eingeben wollte. Eine fremde Amme jedoch nahm er ohne weiteres an.
Ziemlich verstört erklärte er im Alter von fünf Jahren seiner Mutter, daß er ja eigentlich ihr Gatte sei und daß seine Großeltern seine richtigen Eltern wären. Wenig später erlitt der Junge einen heftigen Fieberanfall. Mit dessen Abklingen verschwand auch jedwede Erinnerung an seine Vorexistenz.
Was ist von alledem zu halten? Sollte es das Prinzip der wiederholten Erdenleben, die sogenannte Reinkarnation, wirklich geben? Vor allem der Buddhismus lehrt das Sich-wieder-Einkörpern in vielen aufeinanderfolgenden Erdenleben. Und im »Tibetanischen Totenbuch«, dem »Bardo Thödol«, findet sich sogar eine ausführliche Beschreibung der jenseitigen Welt und ihrer Zustände, die der Gestorbene zu durchwandern hat, bis er wieder zur »Wahl der Schoßespforte« gelangt und damit in die materielle Welt zurückkehrt.
Seit den Tagen des Pythagoras und der Orphiker tritt die Wiederverkörperungsidee erst jetzt wieder deutlicher in Erscheinung und läßt die aus dem Credo her wohlbekannte »Auferstehung des Fleisches« in einem für uns neuen Licht erscheinen.
Begrifflich herrscht auf den Gebieten, die wir im folgenden betreten wollen, eine verwirrende Meinungsvielfalt. Um ihr zu entgehen, wollen wir klare Unterscheidungen treffen:
**Reinkarnation** (von re + carnis, lat. Fleisch) ist die Theorie vom Wieder-ins-Fleisch-Kommen, der Wiedereinfleischung, Wiederver-, oder -beköperung des Ichs in menschlich-irdischen Leibern zu verschiedenen Zeiten; jene »Auferstehung« nicht *des* Fleisches, sondern *im* Fleische. Diese Theorie lehrt unser vorgeburtliches Dasein und wiederholte Erdenleben unter selbstverursachten Bedingungen. Der Begriff
**Seelenwanderung** (Metempsychosis) hingegen umfaßt auch den Glauben an den möglichen Übergang des Ichs nach dem Tode in einen Tierkörper.

Die **Seelenentwicklungslehre** wiederum nimmt eine ursprüngliche Entwicklung unserer Seele (nicht des Geistes) über alle Naturreiche an, beginnend bei der Mineral- über die Pflanzen- und Tierwelt bis hin zum Menschen. Auf dessen Stufe ist die Seele reif geworden zur Aufnahme des »Gottesfunkens«, nämlich einer geistbegabten und selbstverantwortlichen Individualität.

Bei allen drei Varianten jedoch handelt es sich um Einkörperungen auf der *materiellen* Seinsebene, im Gegensatz zur *geistigen* Wiedergeburt. Diese wird übrigens auch sehr unterschiedlich aufgefaßt, im »Buch Emanuel« zum Beispiel als »eine Erweiterung des Erkenntniskreises und dessen Betätigung«.[2]

Eine wichtige Position im Rahmen unserer Problemstellung nimmt der Begriff des

**Karma** ein. Unter »Karma« wird jenes kausale Schicksalsgut verstanden, das in früheren Existenzen gestaltet wurde und sich im derzeitigen Leben auswirkt oder späterhin auswirken wird. Im Kapitel über die Karmalehre kommen wir auf diesen zentralen Punkt noch eingehender zu sprechen.

Bei alledem haben wir es mit Grundfragen unseres Mensch- und Hierseins zu tun, nämlich mit den uralten Fragen nach unserem Woher und Wohin. Letztere lautet »Was kommt nach dem Tode?«, erstere »Was war vor der Geburt?« Denn daß unsere Individualität so völlig aus dem naturgesetzlichen Zusammenhang von Ursache und Wirkung herausgelöst sein und lediglich als Zufallsprodukt sexuellen Begehrens gelten soll, erscheint nicht nur unglaubwürdig, sondern auch primitiv und widerspricht zudem jedweder naturwissenschaftlichen Logik. Es ist daher angebracht, uns kurz der Frage nach dem Wesen und den Wesensbestandteilen des Menschen zuzuwenden, soweit sie als erkannt oder erkennbar gelten dürfen:

*Der Mensch.* – Hinsichtlich seiner selbst herrscht nur in punkto physischem Körper allgemeine Übereinstimmung. Die »Seele« hingegen wird, soweit man sie (wie im Dialektischen Materialismus) nicht völlig leugnet, sehr verschieden und zumeist unklar definiert, ja oft mit dem Begriff »Geist« vermengt. Zu dieser Begriffsverwechslung trug wesentlich das Konzil zu Konstantinopel von 869 bei, wo der Geist quasi abgeschafft worden war und dem Menschen lediglich eine sündhafte Seele belassen wurde, die nur mit den Gnadenmitteln der Kirche für ein ewiges Leben gerettet werden kann.

Auch für *Descartes* wie für viele andere, bestand der Mensch bloß aus Leib und Seele. Die ebenfalls auf dieser Ansicht fußende neuzeitlich-theologische »Ganztod-Theorie« vermehrte hierdurch die vorherrschende Unsicherheit bezüglich der Grundfrage, was denn eigentlich beim Sterben und danach mit uns geschieht.

In diesem Buch wollen wir den Menschen aufgrund bislang vorliegender Ergebnisse einer immerhin hundertjährigen parapsychologischen Forschung als eine »Dreieinigkeit« von Geist, Seele und Körper betrachten, wie dies auch eine Stelle im Neuen Testament besagt (1. Thess. 5,23).

*Geist* kann als unpersönliches Prinzip verstanden werden (Geist der Wahrheit, eines musischen Werkes, einer Zeitepoche) oder als individueller ichbewußter Geist im Sinne einer Wesenheit wie der Mensch. Nach *Theodor Haecker* gehört der Mensch zur Ordnung des Geistes und der Geister. Im Rahmen unseres Themas empfiehlt es sich, an der Tatsache festzuhalten, daß der Geist des Menschen in diesem selber wohnt und in seiner Persönlichkeitsstruktur sowie in seinem Selbst- und Ichbewußtsein zum Ausdruck kommt.[3]

*Seele*. Hier mangelt es allenthalben an einer klaren und allgemein verbindlichen Definition. Nach *Aristoteles* stellt sie das belebende und organisierende Prinzip in uns dar, das auch Tiere und Pflanzen haben, während unser Geist als bewegendes, motorisches Prinzip gelten kann. Die Seele wurde von alters her als Bindeglied zwischen Geist und Körper verstanden, zwischen unserem Ichbewußtsein also und unserem physischen Leib.[4] Sie kann somit nicht unstofflich wie der Geist sein, aber auch nicht so derb materiell wie unser Körper.

Anhaltspunkte hierfür lieferten parapsychologische Experimente schon um die Jahrhundertwende und wiesen einen in uns befindlichen feinstofflichen Organismus nach, der als Träger unseres Ichs unter bestimmten Voraussetzungen auch außerhalb des physischen Körpers agieren kann. Die seinerzeit recht phantastisch klingenden und unheimlich anmutenden Forschungsergebnisse, besonders der Franzosen *Durville* und *de Rochas*, fanden spätere Forscher jedoch bestätigt: Dr. *Rudolf Tischner*, Prof. *Harold Burr* von der Yale-Universität, das Ehepaar *De-la-Warr* in Oxford und andere.

Diesen geheimnisvollen »inneren Leib« kannte man schon in der Antike. Man belegte ihn im Laufe der Jahrhunderte mit verschiedenen Namen, wovon die Bezeichnung »Astralkörper« die gebräuchlichste wurde. Im Ostblock spricht man neuerdings vom »Energie- oder Bioplasmakörper«, weil seine Struktur von bioplasmatischer Beschaffenheit sei, im Gegensatz zur atomar-molekularen Materie unseres physischen Leibes. Unter anderem konnte festgestellt werden, daß unser Astral- alias Bioplasmakörper auf Gedanken und Gefühle reagiert, auf Geräusche, Licht und Farben, auf elektrische und Magnetfelder, und daß er krank werden kann.

In der Esoterik[5] gilt unser Feinstoffkörper, den ausnahmslos jeder von uns besitzt, als Träger des Karmas. Übereinstimmenden Aussagen Jenseitiger zufolge bringt er nach dem sogenannten Tode die ethische Qualität seines Besitzers (Charakter, Wesen, Entwicklungsstufe) äußerlich zum Ausdruck; er gestaltet sich angeblich so, wie der aus Gedanken, Absichten, Worten und Taten sich zusammensetzende Charakter eines Menschen wirklich ist.

Mit dem Astralkörper als solchem ist der Mensch aber offenbar noch nicht komplett. Schon die Experimente von *Hector Durville* (1849–1923) ließen auf das Vorhandensein von mindestens drei Feinstoffkörpern im Menschen schließen. Jede dieser komplizierten Strukturen gehört vermutlich einer arteigenen Seinsebene an und scheint funktionell derselben angepaßt zu sein:

*Der Ätherkörper* wird allgemein als Träger der vitalen und regenerationsfähigen Lebenskraft betrachtet. Hellsichtigen Beobachtungen zufolge löst er sich nach dem Tode sehr bald auf.

*Der Astralkörper* gilt als Träger unserer Empfindungen und

Begierden, der telepathischen Phänomene und unseres Traumlebens. Äther- und Astralkörper haben die Form des physischen Leibes, beide können sich von letzterem trennen und bei genügender Verdichtung gesehen werden (daher der weltweite Geister- und Gespensterglaube). Wie lange der Astralkörper den Tod überdauert, soll von der Rolle und Intensität unseres Trieblebens abhängen. Nach dem Ablegen des Astralkörpers (im sogenannten »Zweiten Tod«) soll dann
*der Mentalkörper* dominieren. Bei Experimenten wurde seine Form als hellstrahlende Kugel wahrgenommen, die sich auf dem Kopf der Versuchsperson bildete. Solchen Beobachtungen liegt möglicherweise die Darstellung des »Heiligenscheines« zugrunde.
Als viertes, nach esoterischer Ansicht noch den niederen Wesensbestandteilen des Menschen zugehörendes Prinzip wird *der Kausalkörper* angenommen. Während über die vorgenannten drei Prinzipien ziemliche Einmütigkeit herrscht, gehen die Meinungen hinsichtlich des Kausalkörpers und weiterer Persönlichkeitsprinzipien sehr auseinander, weshalb er hier lediglich erwähnt sei.
Um nun zu einer für dieses Buch annehmbaren und verständlichen Seelen-Definition zu kommen, wollen wir unter dem Begriff »Seele« hypothetisch die Gesamtheit der uns innewohnenden feinstofflichen Strukturen oder »Körper« verstehen, die unserem Geist-Ich als Instrument dienen; zusammen stellen sie offenbar jenen »inneren Menschen« dar, wie er in 2. Kor. 4.16 und Eph. 3,16 angedeutet ist. Diese Definition möge als vorläufiges Denkmodell gelten, solange selbst innerhalb der Esoterik keine einheitlichen Auffassungen über die Persönlichkeitsstruktur des Menschen zu finden sind.
Der »innere Mensch« ist besonders vom sogenannten Doppelgänger-Phänomen[6] her wohlbekannt und wurde schon häufig wahrgenommen. Viele der klinisch Totgewesenen empfanden ihn als »Lichtkörper«. Auch das bekannte Integritätsgefühl nach Glieder-Amputationen weist auf den in uns befindlichen Leib hin. Nach der magnetopathischen Behandlung nicht mehr vorhandener Gliedmaßen gelang es seinerzeit dem Franzo-

sen *Alfonse Bouvier*, die fehlenden Körperteile fotografisch sichtbar zu machen (Bouvier-Effekt) und auf diese Art den Feinstofforganismus nachzuweisen.[7]
Diese sehr kurzen Angaben verdeutlichen bereits zur Genüge, wie entsetzlich wenig wir über uns selber wissen. Was jedoch das Wesen unserer Seele anbelangt, so wird man wohl noch lange daran herumrätseln und noch viele Theorien aufstellen. Als aufgehellt darf lediglich das Todesproblem gelten, aber auch nur für diejenigen von uns, die bereit sind, Ergebnisse und Aspekte der sogenannten PSI-Forschung und esoterische Vorstellungen in ihre Weltschau mit einzubeziehen. Und da es in diesem Buch um Kardinalfragen der Menschheit geht, um Geburt und Tod, um Jenseits und Wiedergeburt, so soll einleitend und in gebotener Kürze auch zum Todesproblem einiges gesagt werden:
Zahllose Erfahrungen, Beobachtungen und Experimente der unterschiedlichsten Art lassen unverkennbar auf Unabhängigkeit, auf eine vorübergehende Trennung unseres Ichs vom Körper schließen, ohne daß hierbei unser Persönlichkeitsbewußtsein sowie unsere Denk- und Handlungsfähigkeit verlorengehen.
Dieses zeitweilige Getrenntsein vom physischen Körper deckt sich mit den vielfach berichteten außerkörperlichen Erfahrungen z. B. klinisch Totgewesener. Das gefürchtete Sterben bestünde somit lediglich in einem endgültigen Getrenntwerden unseres Ichs und seines feinstofflichen Körpers vom physischen Leib, der – um mit der Bibel zu sprechen – »von Erde (Materie) genommen, wieder zu Erde wird«. Der Tod würde demnach keine Vernichtung unseres Ichs bedeuten und auch keine Veränderung unserer Persönlichkeit, sondern nur einen Wechsel unserer Umgebung und der Lebensbedingungen herbeiführen. Eine enorme Bewußtseinserweiterung könnte der Sterbevorgang allerdings auch im Gefolge haben.
Unser Ich kann also samt dem »inneren Leib« außerhalb des physikalischen Körpers agieren. Da unser Feinstoffkörper das Licht nicht reflektiert, bleibt er für unsere Augen unsichtbar. Da er erst von einem bestimmten Verdichtungsgrad an wahr-

nehmbar werden kann, muß der logische Rückschluß erlaubt sein, daß die Gestorbenen für uns möglicherweise nicht grundsätzlich verschwinden, sondern bloß optisch. In ihren Astralkörpern weiterlebend, sind sie der Wahrnehmungsfähigkeit unserer hirngebundenen Sinne weitgehend entzogen. Wäre es dann unlogisch, das vielumrätselte
*Jenseits* nicht irgendwo im All zu suchen, sondern es schon im Diesseits beginnend zu denken? Die Grenze wäre dann lediglich eine solche unseres Wahrnehmungsvermögens; sie wäre da, wo unsere Sinne aufhören, uns Eindrücke zu vermitteln.
*Geburt und Tod* wären demzufolge bloß Übergänge von einem Seinszustand und -bereich zum andern. Und wiederholte Erdenleben des gleichen Ichs könnte man mit einer Wellenlinie vergleichen, deren Kurven mal oberhalb, mal unterhalb einer gedachten Mittelachse (der Grenze zwischen Diesseits und Jenseits) verläuft, solange die Ursachen, die uns immer wieder »nach unten« ziehen, nicht aufgehoben sind. Das Geborenwerden in unsere Welt wäre gleichsam ein Umhüllen des Geistes (unseres Ichs) und seines relativ leichten Seelenkörpers mit schwerer Materie in Form eines physischen Leibes.[8] Auch *die Zeugung* werden wir künftig wohl in einem anderen Licht sehen müssen. Nach *Pryse* entsteht bei der sexuellen Vereinigung ein »psychischer Energiewirbel«, der »eine zur Reinkarnation reife Seele« aus der psychischen Ebene »ansaugt«. In diesem Zeugungsaugenblick beginne bereits das Leben im Embryo. Die katholische Kirche sei daher im Recht, wenn sie die Abtreibung als Mord charakterisiert. Im übrigen ist in diesem Zusammenhang die neuerdings bekanntgewordene Beobachtung mancher Paare bemerkenswert, die im Moment der Zeugung einen starken Lichtblitz wahrnahmen.[9]
Wir wollen hier noch bei der Frage verweilen, wann der inkarnierende Geist den Kindeskörper in Besitz nimmt.
Auch hierüber herrscht keine einmütige Auffassung. Laut *de Rochas* geschieht dies nach der Geburt, und zwar allmählich. Der sich Inkarnierende umschwebt jedoch die werdende Mutter und wirkt bei der Gestaltung seines fleischlichen Körpers mit. Jenseitsbelehrungen zufolge geschieht die Inbesitznahme

des Körpers im Moment der Nabelschnurdurchtrennung. Der Astralleib als solcher assimiliere sich jedoch erst im Alter von sieben Jahren völlig mit dem physischen Organismus (de Rochas), so daß dann Erinnerungen an die Vorexistenz meist verblassen (Surya). Hierzu ein Bericht, den ich Ing. *Eduard Ludl* aus Innsbruck verdanke:

»Es könnte im Monat März oder April des Jahres 1899 gewesen sein. Ich schwebte in einem Abstand von etwa drei Metern vor einer liegenden Frau, zu der ich mich hingezogen fühlte. Aber da war ich auch schon drin in ihrem Leib und hatte von dem Embryo Besitz ergriffen. Eigentlich fühlte ich mich ganz wohl und geborgen, bis mir, was weiß ich warum, plötzlich der Gedanke kam: ›Warum gerade da?‹ und schon war auch gleich der Impuls zur Loslösung, zur Flucht da, dem unmittelbar die Tat folgen sollte. Aber ich war festgehalten und kam nicht mehr los bis zur Entbindung, meiner Geburt, und darüber hinaus nun schon über acht Jahrzehnte.«

Gemäß den *Jakob Lorber* zuteil gewordenen Belehrungen tritt der sich inkarnierende Geist, »der die Reifung seiner Seelenelemente auf den Stufen der Naturreiche von Anfang an leitete«, in der Regel nach drei Monaten in den sich bildenden Körper ein. Dieser Akt vollziehe sich bei manchen früher, bei anderen später, »bei vielen drei Tage nach der Geburt«.

Nach den in »Geist, Kraft, Stoff« von Baronin *Adelma von Vay* erhaltenen Mitteilungen[10] trägt der sich verkörpernde Geist zur Bildung des Fötus und des sich daraus entwickelnden Embryos selber bei: »Während der Ausbildung des Embryos im Mutterleibe tritt der Geist immer mehr und mehr in die Denk- und Fühlorgane des Embryos ein, die er je nach seiner Entwicklungsstufe entsprechend ausbildet.« *Emanuel* sagt: »Die Eltern stellen ihrem Kinde nur das Material zur Verfügung, und der sich verkörpernde Geist baut sich einen Körper auf, der seine eigenen Eigenschaften zur Schau zu bringen geeignet ist.«

Nun, ob man eine wiederholte Menschwerdung für denkbar halten mag oder sie ablehnt, ob es sie wirklich gibt oder nicht: Auch im Falle einer Weiterentwicklung im Jenseits wäre unser individuelles Fortleben eine Sache der lückenlos-natürlichen

Kontinuität, wie sie überall zu beobachten ist. Wem allerdings die Vorstellung sympathischer ist, wonach mit dem Tode alles aus und vorbei ist, der freilich wird sich anders verhalten als jemand, der um unser Fortleben weiß und die irdische Lebensspanne nur als einen überschaubaren Abschnitt unserer Existenz betrachtet. An sich besagt ja die mißverstandene (und zu Unrecht belächelte) katholische Fegfeuerlehre, daß *ein* Leben zum Erreichen des christlichen Ideals der Vollkommenheit nicht ausreicht. – Also doch Reinkarnation?
Wenn ja, so wäre unter anderem die Frage zu untersuchen, ob das Reinkarnationsprinzip als starres Naturgesetz aufzufassen ist oder ob es auch ohne Wiedermenschwerdung Fortschritts- und Weiterentwicklungsmöglichkeiten gibt.

# Geschichtliches

Seelenwanderungs- und Reinkarnationsglaube setzen ein vorgeburtliches und ein nachtodliches Sein voraus. Es hat den Anschein, als ob weder über das eine noch das andere jemals einheitliche Anschauungen existiert hätten. Wenn jedoch Schopenhauer in Anspielung auf die Lehre von der Wiederkehr vom »tröstlichen Urglauben der Menschheit« sprach, so scheint ihm die Geschichte recht zu geben. Hier nun ein kurzer Überblick:
**Indien** – Wir finden hier sowohl im Brahmanismus, als auch dem daraus hervorgegangenen Hinduismus oder im Buddhismus recht verschiedene Standpunkte zum Reinkarnationsproblem. Im wesentlichen zeichnen sich jedoch zwei große Richtungen ab: eine buddhistische und eine brahmanisch-hinduistische. Im Hinduismus wird an Reinkarnation in dem Sinne geglaubt, daß sich dasselbe Ich immer wieder verkörpert, während im Buddhismus das, was da von einer Existenzform zur andern übergeht, keine kontinuierlich-individuelle Persönlichkeit ist, sondern ein »Manas-Strahl« des göttlichen, unpersönlichen Selbst. Wiedergeburt wird mit einer abbrennenden Kerze verglichen, die eine neue entzündet und damit die Reihe fortsetzt.
Erstaunlicherweise findet sich in den älteren Veden, wie Experten versichern, nichts von derartigen Ideen, es herrscht vielmehr reiner Jenseitsglaube vor. Erst die aus dem widerspruchsvollen Inhalt der späteren Upanishaden herausgebildete Lehre des »Samsara«, des ewigen Kreislaufs der Wiedergeburten, verlegte die Vergeltung ins Diesseits und erklärte mit der Karmalehre die Unterschiedlichkeit menschlicher Schicksale. Dem Brahmanismus soll die Lehre von der Wiederkehr einen beträchtlichen Machtzuwachs gebracht haben, denn die Erlösung vom Rad der Wiedergeburten, vom Samsara, war nur mehr mit priesterlicher Hilfe erreichbar. Diese bestand aus vorgeschriebenen Gebets- und Opferdiensten; ein entsagungsvolles Leben wurde freilich auch verlangt. Wenigstens einmal im Leben

an gewissen Orten und zu bestimmter Zeit im Ganges gebadet, bewirkt nach Auffassung gläubiger Hindus eine Reinwaschung von Sünden, und wer in Benares stirbt, wird frei vom Zwang zur Wiedergeburt.[11]

**Buddha** (geboren etwa 563 v. Chr.) behielt die Samsara-Lehre zwar bei, erklärte aber, daß die Erlösung nicht durch priesterliche Vermittlung erlangt werden könne, sondern nur durch Erkenntnis des Grundes aller Leiden: der Begierde. Er lehrte deren Überwindung und damit die Loslösung von allen Wünschen im Rahmen eines sittenstrengen Lebens. Seine »Vier Wahrheiten« lauten:

1. Alles Lebende ist unablässigen Leiden unterworfen.
2. Die Ursache des Leidens ist der »Daseinsdurst«, nämlich die Begierde nach Genuß und Macht sowie der Lebenswille.
3. Unterdrückung der Begierde und des Lebenswillens hebt unser Dasein und damit das Leiden auf.
4. Der Weg zur Aufhebung des Leidens besteht im rechten Glauben, rechten Denken, rechten Entschluß, Streben, Reden und Handeln.

Dadurch löst sich der Mensch vom Samsara, dem Kreislauf des Wiedergeborenwerdens, und geht ins Nirwana ein. »Wer den bösen, unwegsamen Pfad des Samsara verlassend, das andere Ufer erreicht hat, verinnerlicht, ohne Begehren, ohne Wanken, den nenne ich einen wahren Brahmanen«, heißt es im Dhammapada. Wir sehen, wie stark sich die buddhistische Wiedergeburtslehre gegenüber der von unserer westlichen Denkweise geprägten unterscheidet. Bei uns meint man, durch »Produktion« guten Karmas vom Wieder-ins-Fleisch-Müssen loszukommen, während der Buddhist überhaupt kein Karma mehr schaffen will.

Für unser verstandesmäßig geschultes Denken sind fernöstliche und orientalische Anschauungen oft schwer verständlich, und mit diesen zwangsläufig knappen Darlegungen sollte lediglich aufgezeigt werden, wie gewagt es erscheint, zu meinen, die indischen Lehren seien einheitlich ausgerichtet.[12]

Zu denken gibt auch, daß die Begründerin der Theosophie, Frau *Blavatsky*, in ihrem ersten Buch, betitelt »Isis entschleiert«, *gegen* die Wiedergeburtslehre Stellung bezog, im Gegensatz zu ihren späteren Schriften.[13] Heute fußt die gesamte Theosophie auf der Reinkarnationslehre, ebenso wie die von ihr ausgegangene Anthroposophie Dr. Rudolf Steiners.

Mit dem Buddhismus breitete sich der Reinkarnationsglaube bis nach China, Tibet, Japan und Korea aus, ja bis in den Mittelmeerraum.

In **China** begegnen wir diesem Glauben auch bei den Anhängern des Kung-fu-tse (Konfuzius) und Lao-tse (Taoisten). In **Tibet**, im Lamaismus, ist man überzeugt, daß sich der Dalai Lama stets unmittelbar nach seinem Tode wieder inkarniert. Unter Beachtung meditativer und auf paranormalem Wege erlangter Hinweise sucht man dann im ganzen Land nach einem Knaben, der kurz nach dem Hinscheiden des Dalai Lama geboren wurde, und dessen Verhalten dann ausschlaggebend ist. Die Suche des derzeitigen 14. Dalai Lama dauerte seinerzeit sieben Jahre (1933–1940). Ansonsten gilt die Auffassung, daß die Wiedermenschwerdung eines Gestorbenen nach spätestens $7 \times 7$ Tagen erfolgt. Um den Versuchungen zu einer unnötigen Einverleibung widerstehen zu können, wird Sterbenden aus dem »Tibetanischen Totenbuch« vorgelesen. Es enthält Beschreibungen der Wege und Zustände im Jenseits und gibt Verhaltenshinweise.

In **Persien** findet sich die Lehre von den mehrfachen Existenzen in der Lichtreligion des Parsismus. Von **Ägypten** meinte der griechische Historiker Herodot, sie seien die ersten gewesen, welche die Seelenwanderung lehrten; wenn die Seele durch allerlei Land-, Meeres- und Himmelstiere gewandert ist – was einen Zeitraum von 3000 Jahren umfaßt –, so geht sie wieder in einen Menschenleib ein. Neuere Forscher meinen, Herodot habe sich hier geirrt, denn was er wiedergebe, sei die pythagoreische Version der Seelenwanderungslehre, nicht die ägyptische.

**Griechenland** – Wie dem auch sein mag, Pythagoras (ca. 582–507) und Empedokles (um 450 v. Chr.) lehrten im wesentlichen die eben erwähnte Seelenwanderung. Pythagoras selbst meinte sich an vier Vorleben zu erinnern.

*Plato* (427–387) gab der Wiedereinkörperungsidee neue Impulse, obwohl er kein Lehrsystem daraus ableitete. Im »Phaidon« schrieb er: »Die Verunreinigungen der Seele sind eine schwere Last, und die Seele fühlt sich eben darum immer wieder zur Erde zurückgezogen.« Nach mehrmaliger Verleiblichung und Ablegung aller ihrer Unvollkommenheiten gelangen die Seelen zum himmlischen Wohnort des ewigen Friedens. Dort leben sie »für alle künftigen Zeiten ohne (physische) Leiber und kommen in noch schönere Wohnungen« (Sphären, Lebensbereiche). In Platos »Staat« (X, 13 ff.) wählt sich jeder Reinkarnierende sein Lebensschicksal selber; die Gesinnung bestimmt die Wahl, das Los die Reihenfolge.

*Plotin* (204–270), der Schöpfer des christlichen Ideen nahestehenden neuplatonischen Systems, sagt: »Die Seelen haben die Freiheit des Willens. Die Seele durchläuft verschiedene Existenzen. Unser heutiger Tag ist das Ergebnis unserer gestrigen Handlungen. Dies ist das Gesetz der Entwicklung, das einzige, das für die Fügungen Gottes eine Erklärung möglich macht.«

Nach *Philo* (um 30 v. Chr. geborener jüdisch-hellenistischer Philosoph), der die platonisch-aristotelische Philosophie mit der mosaischen Religion mittels allegorischer Schriftauslegung zu verbinden suchte, leben die Gestorbenen in der irdischen Atmosphäre. Manche nehmen nach einer gewissen Zeit einen neuen Menschenkörper an, andere aber, die von höherer und vollkommenerer Wesenheit sind, würden die Einverleibung verachten.

Den Orphikern zufolge liegt der Geburtenkreislauf unter dem Fluch der Ursünde, und ihm zu entgehen, gilt als erstrebenswertes Ziel. Auch sie interpretierten die Lehre von der Wiederkehr auf der Grundlage sittlicher Maßstäbe.

**Römer** – Cicero läßt den alten Cato sagen, daß die Menschen nur darum mit Begabungen auf die Welt kommen, weil sie dieses Erbgut in früheren Lebensläufen erworben haben.

Von den **Kelten** berichtete Julius Cäsar: »Einer der Hauptlehrsätze der Druiden« (das waren die keltischen Priester) »ist der, daß die Seele nicht stirbt, sondern von Körper zu Körper übergeht.« Auf dieser Lebensauffassung beruhte der Todesmut keltischer Krieger, so wie bei den Tlingit-Indianern im südöstlichen Alaska und bei den Drusen im Libanon.

Unter den **Germanen** gab es, nach Guido von List, den Glauben an ein Weiterleben im Jenseits. Dieses wurde als aus sechs Sphären (»Götterheimen«) bestehend gedacht, wobei eine Wiederkehr aus allen diesen Bereichen erfolgen konnte, mit Ausnahme der niedersten und der höchsten. Bei den christianisierten Germanen soll sich der Reinkarnationsglaube bis ins 7. Jahrhundert gehalten haben.

Auf das Judentum kommen wir im Rahmen des Alten Testaments zu sprechen.

Im **Islam** finden wir den Glauben an eine wiederholte Menschwerdung vornehmlich bei den Drusen und an die Seelenwanderung in der islamischen Mystik, dem Sufismus. Vertreten wurde diese Lehre auch vom Begründer der Mewlewi, einem der angesehensten Orden der Derwische, dem persischen Dichter *Dschelal ed-din Rumi* (1207–1273), welcher schrieb:

> Ich starb als Stein und wurde Pflanze.
> Ich starb als Pflanze und wurde Tier.
> Ich starb als Tier und wurde Mensch.
> Warum also den Tod fürchten?
> Bin ich durch das Sterben geringer geworden?
> Einmal werde ich als Mensch sterben
> und als lichter Engel auferstehen –
> Und den Engel hinter mir lassend, werde ich das,
> was nie ein Mensch sah oder hörte. –
> Alles ist vergänglich, außer Gott.

Im Koran gibt es einige Stellen, die, wie in der Bibel, von Anhängern der Reinkarnationsidee in deren Sinne ausgelegt werden, z. B. Sure 2, Vers 28: »Wie glaubt ihr nicht an Allah, wo ihr tot waret und er euch lebendig machte? Dann wird er euch töten, dann wieder lebendig machen, und dann werdet ihr zu ihm zurückkehren.« – Sure 71, 17–18: »Und Allah ließ euch aus der Erde sprießen wie Pflanzen, und alsdann wird er euch in sie wieder zurückkehren und von neuem erstehen lassen.«

Was sagen Spiritismus, Esoterik und Parapsychologie zu unserem Thema?
Mit dem Spukfall von Hydesville begann 1848 in Nordamerika der moderne **Spiritismus** und zählte bald viele Millionen Anhänger in aller Welt. Wegen der Wiedergeburtslehre spaltete er sich in zwei große Lager, in den sogenannten »amerikanischen Spiritualismus« unter Führung des späteren Arztes *Andrew Jackson Davis* (1826–1910) und in den »romanischen Spiritismus« mit dem Franzosen Dr. Hippolyt Léon Denizard Rivail an der Spitze, der sich *Allan Kardec* nannte.[14] Mit etwa 40 Millionen Bekennern hat diese Richtung besonders in Brasilien Fuß gefaßt. Die meisten verstehen sich zwar als Katholiken, sind aber nichtsdestoweniger von der Reinkarnation überzeugt!
Heute wird unter »Spiritismus« mehr das Praktizieren von Verständigungsmöglichkeiten mit dem Jenseits verstanden, das »Zitieren von Geistern« (Vulgärspiritismus). Als »Spiritualismus« hingegen gilt die aus den spirituellen und sonstigen paranormalen Phänomenen geschlußfolgerte Weltanschauung.
Die damalige spiritistisch-spiritualistische Spaltung war durch widersprüchliche Jenseitsmitteilungen entstanden. Jene Geister nämlich, von denen sich A. J. Davis unterwiesen glaubte, versicherten, die nachtodliche Weiterentwicklung des Menschen vollziehe sich ausschließlich im Jenseits, und Reinkarnation sei ein Irrtum. Kardec wurde gegenteilig belehrt und war von der Wiederverkörperung fest überzeugt.
In den USA, ja im gesamten angloamerikanischen Sprachraum ist es jedoch gegenwärtig so, daß die Reinkarnationsidee nicht bloß von den meisten Spiritisten, sondern auch von weiten Kreisen der Allgemeinheit angenommen wurde. Dies geht vor allem auf das erfolgreiche Wirken des amerikanischen Sensitiven *Edgar Cayce* zurück, des »schlafenden Propheten«, der 1945 starb, und über den es eine Reihe von Büchern auch in deutscher Sprache gibt.[15]
Cayce sprach in seinen selbsthypnotischen oder Trance-Zuständen in der Wir-Form. Sofern man hier das vielstrapazierte

Unterbewußtsein nicht der diebischen Freude an Verstellungs- und Trickmanövern bezichtigen möchte, muß die Vermutung erlaubt sein, daß Cayce einer Gruppe von Jenseitigen quasi als Werkzeug diente.
Mit solchen Geisterkundgebungen oder Jenseitsbotschaften ist das aber so eine Sache, denn die Vielfalt der Meinungen und Standpunkte im Diesseits entspricht völlig und logischerweise derjenigen im Jenseits, weil der Tod keine Persönlichkeitsveränderung bewirkt. Außerdem werden bei Kontakten zumeist die erdnächsten Bereiche oder »Sphären« angezapft, und die entsprechen ganz dem allgemein katastrophalen Niveau der Menschheit. Bei mindestens 90% aller Informationen aus dem Bereich jenseits unserer Wahrnehmungsfähigkeit handelt es sich um Äußerungen von Bewohnern niederer Astralebenen, deren »Frequenz« unserer irdisch-materiellen stark ähnelt, so daß, von Ausnahmen abgesehen, notgedrungenermaßen das Gesetz der Anziehung des Ähnlichen zum Tragen kommt. Es sei daher nachdrücklich davor gewarnt, empfangene Informationen nur schon deshalb als wahr oder gar unfehlbar anzusehen, weil sie »von drüben« kommen oder zu kommen scheinen. Jedermanns Aussage, ob im oder ohne physischen Körper, entspricht seinem augenblicklichen Wissensstand; und wenn wir schon im irdischen Alltag nicht alles für bare Münze nehmen, was aus vielerlei Kanälen und unter mannigfaltigsten Absichten an uns herangetragen wird, so sollten wir uns auch gegenüber Jenseitsbotschaften eine gesunde Skepsis bewahren.
Wahr muß auch nicht deshalb etwas sein, nur weil eine berühmte Persönlichkeit es geäußert hat; Autoritätsgläubigkeit ist kein Schutz vor Irrtümern und Enttäuschungen. Die Frage »Reinkarnation, ja oder nein?« werden wir also auf zwei besseren Wegen angehen müssen, nämlich von der *Logik* und von den *Erfahrungen* her; wobei den spontanen, unwillkürlichen Erlebnissen die gleiche Beachtung zuteil werden sollte wie den durch experimentelle oder vergleichende Forschung erzielten Ergebnissen.
Im Bereich der **Esoterik** sind die Auffassungen zur Wiedergeburtsidee leider auch uneinheitlich. Hier begegnet uns außer-

dem eine weitere Variante, wonach nur ein Teil unseres Ichs inkarniert, nur ein Teil unseres »Selbst«.

Schon *Plotin* deutete den Menschen als »ein doppeltes Ich«: das höhere Ich, welches rein im Übersinnlichen lebt, und das niedere oder geringere Ich, das mit unserem Körper verhaftet ist. *Paracelsus* unterschied das persönliche Ich vom ewigen geistigen Ich, dem »göttlichen Funken« in uns. Die Huna-Lehre unterteilt den Menschen in das Untere Selbst (was in der Psychologie dem Unterbewußtsein entspräche), in das Mittlere Selbst (quasi unser Tagesbewußtsein) und in das Hohe Selbst, als Träger unserer geistig-göttlichen Wesenheit. Die Vorstellung, wonach bloß ein Teil-Ich inkarniert, ist also keine neue Idee; wir begegnen ihr in der buddhistischen Lehrmeinung von den »Skandas«, den »Seelenbruchstücken«, und in den »Manas-Strahlen« der Theosophie; hier fehlt der Wiedergeburtslehre sogar die Persönlichkeitskontinuität, obwohl das Karma kontinuierlich bleibt. Unser derzeit empfundenes Ich wäre demnach nicht mit unserem Selbst identisch.

*Surya*, ein verdienstvoller Forscher auf diesem Gebiet, bezeichnete unseren Kausalkörper als unser höheres Ich, der von astrologischen Aspekten angeblich unbeeinflußbar ist und nach theosophischer Lehrmeinung bei den Reinkarnationen immer derselbe bleibt (während Mental- und Astralkörper ebenso wie der physische Leib, stets neu gebildet werden).

*C. G. Jung* faßte das Selbst als inneres Zentrum der gesamten Psyche auf. Er gelangte aufgrund der Auswertung zahlreicher Träume zu der Auffassung, daß der Prozeß der Selbstwerdung in einem seelischen Wachstum besteht, wobei es dem Ich als Zentrum des spekulativen Verstandes nicht möglich sei, ohne die Erkenntniskraft des eigentlichen Selbst zu einem wahren Wissen zu gelangen, weil unser zeitlich begrenztes Ich aus der niedrigen Perspektive eines ebenso zeitlich begrenzten Zweckdenkens urteilt. Für Jung war das Böse im Menschen das Dominieren des Ichs über das Selbst infolge fehlender Selbst-Erkenntnis.[16] *Schiller* erfaßte das intuitiv mit den Worten: »Nur der Körper eignet jenen Mächten, die das dunkle Schicksal flechten; aber fern von jeder Zeitgewalt, die Gespielin seliger

Naturen, wandelt oben in des Lichtes Fluren, göttlich unter Göttern die Gestalt.«

Unter den der Parapsychologie bekannten Erscheinungen gibt es welche, die zwar auf kein zweites Ich, aber auf einen höheren Bewußtseinszustand in uns hinweisen, beispielsweise im Somnambulismus[17], wenn der Somnambule über seinen eigenen Gesundheitszustand Aussagen machen und sich wirksame Heilmittel und Behandlungen verordnen kann, wovon er im Normalzustand keine Ahnung hat. Das Individualitätsbewußtsein bleibt hier dasselbe, und es besteht keine Veranlassung zu einer schematisierenden Aufspaltung desselben; nur ist es im Normalzustand von der Materie (Gehirn und Körper) eingeengt und kann sich nicht voll entfalten.

Ob unser Ich zwei-, drei- oder mehrgeteilt zu denken wäre: im Alltag empfinden wir uns als Ganzes; als Ganzes denken, fühlen, handeln wir und tragen Verantwortung. Und das wird wohl auch nach Ablegen unseres physischen Körpers, nach dem sogenannten Tode, nicht anders sein. Nur haben wir dann hoffentlich einen besseren Überblick.[18]

Was sagt nun zu alledem die **Parapsychologie**? Welche Phänomene wurden und werden im Hinblick auf das Reinkarnationsproblem untersucht, und welche Ergebnisse liegen vor? Zum Bereich der Reinkarnationsforschung gehört die Untersuchung folgender Phänomengruppen:

1. Déjà-vu-Erlebnisse, das scheinbare Wiedererkennen von Örtlichkeiten, die man zum erstenmal sieht.
2. Fälle, wo (zumeist) Kinder oder auch Erwachsene mit großer Bestimmtheit und nachprüfbaren Angaben behaupten, eine wiedergeborene Person zu sein (vorgeburtliche Erinnerungen).
3. Visionen und Wiederholungsträume, die als ein Wiedererinnern empfunden werden.
4. Rückversetzungen in anscheinend frühere Leben oder Existenzformen mittels verschiedener Praktiken.
5. Vorausführungen.
6. Vorausgesagte und eingetroffene Wiedergeburten.
7. Körpermale.

Spontane Erlebnisse scheinbaren Wiedererkennens bestimmter Örtlichkeiten oder Personen werden unter der Sammelbezeichnung »Déjà-vu-Erlebnisse« erfaßt (Déjà vu = franz. soviel wie »schon einmal gesehen«). Kommt z. B. jemand während einer Reise erstmalig in eine Gegend, die ihm sonderbar vertraut dünkt und von der er im voraus Angaben machen kann, die sich dann als richtig herausstellen, so liegt hier das Déjà-vu-Phänomen vor. Hierfür gibt es allerdings etliche Deutungsmöglichkeiten psychologischer Art, so daß sie für eine Stützung der Reinkarnationshypothese nur sehr bedingt in Frage kommen. Dennoch dürfte es wissenschaftlich vertretbar sein, sie als Hinweise gelten zu lassen. Für die Erlebenden freilich können sie zur Überzeugung führen, schon einmal gelebt zu haben.

»Erinnerungen« der genannten Art können hervorbrechen
- infolge seelischer Erschütterungen
- im Zustand der Erschöpfung
- in Form eines visionären oder Traum-Erlebnisses mit späterer Bestätigung
- während schicksalhafter Begegnungen oder Geschehnisse, in denen Vergangenes lebendig zu werden scheint
- durch allmähliches Bewußtwerden
- während meditativer Versenkung, beim Eindringen in tiefere (höhere?) Bewußtseinsschichten
- als Folge des Erwachens hellseherischer Fähigkeiten
- als mediumistisches Phänomen
- als Folge unseres ethischen Reifeprozesses
- im Zustand des klinischen oder Scheintodes
- während des Sterbevorgangs, und
- experimentell, bei »Rückversetzungen« (Altersregressionen) mittels Hypnose oder einer Entspannungsmethode.

Das sind Möglichkeiten, die alle schon erlebt oder erprobt wurden und als interessantes Studienmaterial dienen können. Plötzlicher Persönlichkeitswechsel hingegen deutet meistens auf eine Pseudoerinnerung hin.

Bevor wir das Phänomen der »Rückführungen« näher in Augenschein nehmen, sollen Beispiele zu einigen der eben er-

wähnten Kategorien sowie zwei ergänzende Fälle vorgeburtlicher Erinnerung folgen.
Beim nachstehenden Fall handelt es sich um eigenartige Träume, die sich seit der frühen Kindheit in unregelmäßigen Abständen wiederholten. Sie entpuppten sich schließlich als *Erinnerungs-Träume*.
Die Erlebende, eine Engländerin, erzählte dem bekannten esoterischen Schriftsteller *K. O. Schmidt*, daß dieser Traum zum ersten Mal auftrat, als sie fünf Jahre alt war. Ihre Familie wohnte damals in einem alten Pfarrhaus im Bergheideland von Yorkshire.
Das Fenster des Kinderzimmers war sehr hoch; die Kleine mußte auf die oberste Kante ihres Bettgestells klettern, wenn sie auf die Fensterbank gelangen wollte. Vor dem Haus stand ein großer Baum, dessen Äste bis zum Fenster reichten.
Eines Nachts, bei Vollmond, kletterte das Kind in einem schlafwandlerischen Zustand auf die Fensterbank und meinte, draußen auf dem Baum einen rotwangigen Knaben zu sehen, der ihr zurief, sie solle doch kommen, er habe auf der Galerie vergeblich auf sie gewartet. – Das Mädchen öffnete (im Traum) das Fenster und kletterte auf den Baum. Als sie die Hand des Buben ergriff, befanden sich beide augenblicklich vor einem grauen, steinernen Herrenhaus. Leise durchschritten sie ein breites Holztor, begaben sich zum Haus und schlichen die breite Eichentreppe hinauf bis zur oberen Galerie, die sich um die ganze Vorderfront des Gebäudes herumzog. Dann begannen sie herumzurennen und spielten »Verstecken und Suchen« hinter der Wandverkleidung. Wie es weiterging, wußte sie nicht, denn sie pflegte dann zu erwachen und war stets erstaunt, sich auf der Fensterbank statt im Bett zu finden.
Dieser inhaltlich stets gleichbleibende Traum wiederholte sich im Laufe ihres Lebens noch oft, und merkwürdigerweise meist dann, wenn eine Veränderung irgendwelcher Art bevorstand.
Einige Jahre, bevor diese Dame mit K. O. Schmidt bekannt wurde, war sie einer Einladung zum Besuch eines sogenannten Spuk-Hauses gefolgt, dessen Bewohner sich durch den Spuk gestört fühlten. Als sie dort gegen Abend anlangte, sah sie das

Haus ihrer Träume vor sich! Den Weg ins Gebäude brauchte man ihr gar nicht zu zeigen, sie kannte ihn genau!
Beim Abendessen erzählte die Gastgeberin von einem großen Unglücksfall, der sich in diesem Haus vor etwa zwei-, dreihundert Jahren ereignet hatte, als die beiden Kinder des damaligen Besitzers, ein Sohn und eine Tochter, beim Spielen von der Galerie tödlich abgestürzt waren.
Die Besucherin gab ihrer Überzeugung Ausdruck, das damals verunglückte Mädchen zu sein, und als man ihr verschiedene alte Miniaturbilder vorlegte, bezeichnete sie auf zweien ihre damaligen Eltern. Die Bildnisse stellten in der Tat die Eltern jenes Geschwisterpaares dar!
Das folgende Erlebnis möge als Beispiel dafür dienen, wie solche Erinnerungen allmählich bewußt werden und sich bis zur Gewißheit verdichten können.
Frau *Dorette Torney* aus Schwerin erzählt von einer Schulfreundin, mit der sie sich sehr gut verstand. Beide fühlten sich durch gleiche Neigungen und Interessen innig verbunden und erzählten einander alle ihre kindlichen Geheimnisse. Nur gewann Frau Torney im Laufe der Zeit zunehmend den Eindruck, als ob ihr die Freundin etwas verbergen würde, und erst auf vieles Bitten hin gestand ihr die Freundin ein merkwürdiges Erleben, wovon sie noch zu niemandem gesprochen habe, auch nicht zu den Eltern. Ihr sei es nämlich, so begann sie zu erzählen, als ob sie schon einmal gelebt habe, und zwar an einem anderen Ort, in einer ganz anderen Familie.
Meta, so hieß die Freundin, beschrieb nun in Einzelheiten ein von Wald umgebenes Haus mit einem Strohdach und kleinen Fenstern mit in Blei gefaßten Scheiben. Das Haus lag an einem kleinen Fluß. Die Mutter schien wohl schon gestorben zu sein, denn Meta erinnerte sich nur eines großen, starken Mannes mit blondem Bart, den ihre Brüder und sie »Vater« nannten. Eine Großmutter besorgte den Haushalt. Die altertümliche Kleidung dieser Frau beschrieb Meta so genau, daß ihre Freundin sich bewogen sah zu fragen, ob das nicht lediglich Träume seien, an die sie sich so gut erinnern könne?
»Nein«, erwiderte Meta, »nicht im Traum erscheinen mir diese

Bilder, sondern im Wachen. Schon als kleines Kind sah ich sie, aber undeutlich, und ich wußte nicht, was das bedeuten soll. Jetzt aber, da ich größer bin und klarer urteilen kann, wird es mir immer klarer, daß ich schon einmal gelebt habe.« Damals habe sie auch nicht Meta geheißen, wie jetzt, sondern wurde Annmarick gerufen.
Meta war im Laufe des Gesprächs sehr erregt geworden, so daß ihre Freundin das Gespräch auf andere Dinge lenkte. So verfuhr sie auch in der folgenden Zeit, immer, wenn Meta von ihren Erinnerungen zu sprechen begann. Meta aber wirkte zunehmend bedrückt und niedergeschlagen, was sich auf ihr Allgemeinbefinden auszuwirken begann: ihre Wangen wurden bleich, ihre lebhaften Augen glanzlos, und ihr Interesse an allem, was sie sonst bewegt hatte, erlosch. Ein Arzt vermochte kein körperliches Leiden festzustellen und schloß auf seelische Ursachen. Inzwischen hatten sich ihre Erinnerungen noch klarer herausgeschält, und endlich gelang es dem liebevollen Zureden der Eltern, Meta zum Erzählen ihres eigenartigen Erlebens zu bewegen. Sie waren nicht wenig entsetzt, als ihr Kind behauptete, schon einmal gelebt zu haben!
Ihr damaliger Vater, so erzählte Meta, sei Förster gewesen und habe Hinrich Näcker geheißen, ihre beiden Brüder, Jochen und Christian. Letztere seien älter als sie gewesen und in ein entferntes Dorf zur Schule gegangen. Sie selber habe des Abends beim Vater lesen und schreiben gelernt, letzteres mit Gänsefedern, welche der Vater zuschnitt. Dabei brannte keine Lampe, sondern es stand ein Messingleuchter mit einem Talglicht auf dem Tisch, und dieses wurde ab und zu mit einer speziellen Schere geputzt. Sofa war keines da, Vater und Großmutter saßen in großen schwarzen Lehnstühlen, während die Brüder und sie auf Holzbänken saßen.
Sehr viele solcher Einzelheiten beschrieb Meta, z. B. wie ihr Vater sie im Sommer manchmal mit in die Kirche nahm. Einmal sei dort Hochzeit gewesen: Luise Möller wurde mit dem Bauern Fritz Henning getraut, und Meta, die damalige Annmarick, habe die bunte Flitterkrone auf dem Haupte der Braut bewundert.

Eine Zeitlang später erzählte Meta ihrer Freundin, daß sie nunmehr auch wisse, wie sie damals gestorben sei. Sie habe in einem kleinen Bett gelegen, sei also noch nicht erwachsen gewesen. Ein fremder Mann, vermutlich der Arzt, habe sie einige Male besucht. Ihre Krankheit verschlimmerte sich jedoch, und eines Tages »weinte der Vater und sagte, ich sei tot. Sie kleideten mich in ein weißes Gewand und legten mich in den Sarg. Ich aber fühlte mich leicht und frei, und nicht mehr an den starr gewordenen Körper gebunden. Dann hörte ich ein fernes Klingen und Singen, das immer näher kam. Zwei helle Gestalten faßten mich und nahmen mich mit sich in freie, lichte, weite Räume, wo ich unbeschreiblich glücklich war.«

Die Eltern von Meta, d. h. ihre gegenwärtigen Eltern, waren verständlicherweise sehr um den Gesundheitszustand ihrer Tochter besorgt und begannen Erkundigungen nach dem angeblichen Förster einzuziehen. Zu ihrem maßlosen Erstaunen stellte sich heraus, daß in einem weit entfernten Forsthaus, das genau den Beschreibungen ihrer Tochter entsprach, tatsächlich ein Förster namens Hinrich Näcker gelebt hatte! Sie reisten hin und fanden auf dem Friedhof des dem Försterhaus nahe gelegenen Dorfes das Grab dieses Mannes, auf welchem die Jahreszahl 1834 angegeben war. Daneben das Grab seiner Tochter Anna Marie, 1815 geboren und 1824 gestorben. Im Kirchenbuch fand man die Geburt zweier Söhne des Försters eingetragen, mit Namen Joachim und Christian, 1810 und 1812 geboren. Gräber dieser beiden waren nicht vorhanden, sie mögen wohl später in andere Gegenden verzogen sein.

Meta jedoch, die ihre Schwermut nicht mehr loswurde, starb in noch jugendlichem Alter. Die Ärzte konnten weder eine Krankheit, noch einen organischen Fehler als Todesursache feststellen.

**Meditative Versenkung** kann ebenfalls zu Erinnerungsbildern führen, die mit einem früheren Leben in Beziehung zu stehen scheinen, wie das folgende Beispiel aufzeigt[20]. *K. O. Schmidt* verdankt diesen Bericht einem Bekannten, dem Sprachlehrer *H. G. Scheffler* in Reutlingen.

Als Soldat des Ersten Weltkrieges hatte Scheffler die furchtba-

ren Materialschlachten im Westen mitgemacht und war durch dieses grauenvolle Erleben an Gott irre geworden. Nach dem Kriege wandte er sich der Philosophie zu und war über Kant und Schopenhauer mit buddhistischem Gedankengut in Berührung gekommen. So wurde er auch mit der Reinkarnationslehre bekannt, die ihm sehr logisch schien, nur hätte er gern Beweise gehabt und beschloß, den Weg des Yoga zu beschreiten. Er berichtet:
»Nach Jahren eines in strengster Askese geführten Lebens gelang es mir nach und nach, das seelische Prinzip in mir so weit zu kultivieren, daß es im Laufe der Zeit zunehmend die Herrschaft über den Körper gewann. Gemäß den Vorschriften des Yoga schritt ich nacheinander von einer zur andern der vier Versenkungsstufen.
Und eines Tages machte ich, in der Tiefe der vierten Versenkungsübung angelangt – wenn die Seele aus dem Körper tritt und nur noch ein zartes, ätherisches Band sie mit dem Körper verbindet – die ungeheuerlichste Erfahrung meines Lebens: In dem Augenblick, als ich, wie aus tiefer Bewußtlosigkeit erwachend, die Augen aufschlug, hatte ich ein Bild vor Augen; kein Erinnerungsbild, etwa wie man, am Morgen erwachend, sich des nächtlichen Traumes erinnert, sondern ein *Nach*bild, wie wenn man in die grelle Sonne geschaut hat, und dann noch eine ganze Weile das Nachbild der rotglühenden Sonnenscheibe vor Augen hat.«
In einer fast plastisch wirkenden Szene sah Scheffler klar und deutlich einen Mann, der als Gärtner in einem Schloßpark arbeitete. Es schien in Schottland zu sein. Auf der Hauptallee des Parks kam raschen Schrittes der Butler gelaufen, der dem Gärtner schon von weitem »Hallo, Duddley!« zurief. Als der Gärtner sich umwandte, und Scheffler nun dessen Gesicht sah, erkannte er – sich selbst! Scheffler erzählt weiter:
»Dieser Gärtner, dieser Duddley war ich! Und nun wußte ich auch plötzlich, es war das Jahr 1587. Das Schloß, in dessen Park ich beschäftigt war, lag nordwestlich von Edinburgh. Der Butler, aufs engste mit mir befreundet, teilte mir in hastigen Worten die Hinrichtung Maria Stuarts mit und knüpfte daran die

Befürchtung von der möglicherweise zu erwartenden Gefangennahme des schottischen Barons, in dessen Diensten wir beide standen. – Dann verschwamm das Bild allmählich, löste sich auf in einen welligen Dünenstrand, in dessen grauer Ferne ich den Butler und mich langsam verschwinden sah.«
Bis hierher könnte man die Erzählung als Traum, als Sinnestäuschung, als Selbstsuggestion oder ähnliches abtun, wenn nicht viele Jahre später, im Herbst 1926, folgendes passiert wäre:
Scheffler wohnte damals in Berlin und befand sich an einem stürmischen und regnerischen Spätnachmittag im Oktober auf dem Wege zum Schlesischen Bahnhof. Die breite Köpenicker Straße war wie leergefegt von Menschen. Sturm und Regen peitschten ihm ins Gesicht, aber weit und breit war kein Taxi zu sehen, mit dessen Hilfe er seinen Weg hätte abkürzen können.
Schefflers Gedanken waren bereits auf sein Reiseziel Breslau gerichtet, als ihn kurz vor dem Überschreiten der nächsten Querstraße unerklärlicherweise ein stark beunruhigendes Gefühl ergriff... An der Ecke jener Querstraße angelangt, prallte er mit einem Herrn zusammen, der ebenfalls mit hochgeschlossenem Mantelkragen, seinen Regenschirm dicht über den Kopf haltend, in die Köpenicker Straße einbiegen wollte. Beide murmelten eine Entschuldigung und wollten aneinander vorbeihasten. Da begegneten sich ihre Blicke, und – wie Scheffler sagt: nicht aus dem Gehirn, sondern aus der Tiefe seines Unterbewußtseins drang die Gewißheit in ihm empor: »Du kennst ihn!«
Ihm schien, als wäre auch über des Fremden Gesicht ein plötzliches Erstaunen gehuscht, und als beide schon weitergegangen waren, schaute sich Scheffler nach ihm um. Auch der andere war stehengeblieben und drehte sich um. Beide gingen aufeinander zu und standen sich erneut gegenüber.
Scheffler stellte sich vor und sagte: »Verzeihen Sie, ich habe das Gefühl, als ob wir uns kennen. Ich weiß nur nicht, woher?«
Der Fremde nannte seinen Namen: »Dr. Thomas«, und sagte,

er erinnere sich nicht, aber als er vorhin in diese Straße einbiegen wollte, noch vor der Ecke, also noch bevor er Scheffler gesehen habe, hätte er das Gefühl gehabt, daß gleich etwas Besonderes passieren würde. Und als dann der Zusammenprall geschah, wäre diese innere Spannung abgelöst worden von dem undeutlichen Bewußtsein: Das ist es!
Da nun dieser Ort, bei Sturm und Regen, für ein längeres Gespräch ungeeignet war, dachte Scheffler überhaupt nicht mehr an seine Reise und lud den Dr. Thomas in ein nahe gelegenes Café ein.
Sie waren die einzigen Gäste. Bald kam das Gespräch in Fluß, und der erste gemeinsame Interessenpunkt war die Philosophie. Dr. Thomas, von Beruf Kunsthistoriker, hatte sich viel mit außereuropäischen Weltanschauungen befaßt und daraus die Überzeugung gewonnen, daß er schon verschiedene Male gelebt haben müsse. In Stunden tiefster Versenkung habe er gewisse Stadien früherer Existenzen deutlich wahrgenommen, und zwar nicht traumhaft, sondern wie in einer plastischen Schau.
Besonders aus einem Leben in Schottland, zur Zeit der Maria Stuart, wisse er, daß er dort als Haushofmeister eines schottischen Barons in der Nähe von Edinburgh gelebt habe. Er sei damals ebenso einsam gewesen wie heute und habe nur einen einzigen Freund gehabt, den Verwalter der großen Gartenanlagen des Schlosses. Ihn habe er immer über alle Neuigkeiten informiert, so z. B. über das tragische Ende der Maria Stuart.
»Atemlos«, so berichtet Scheffler, »hatte ich den Worten des Dr. Thomas gelauscht. Noch mit keinem Wort hatte ich etwas von meinem eigenen, gleichartigen Erleben gesprochen. Jetzt aber konnte ich nicht mehr an mich halten, ich unterbrach ihn und stellte die Zwischenfrage: ›Erinnern Sie sich vielleicht noch, wie ihr damaliger Freund hieß?‹ – Die Antwort lautete: ›Oh ja, ganz genau sogar: er hieß James Duddley!‹«
Bestechend sind in diesem Falle die gleichen Erinnerungsinhalte bei zwei einander bislang völlig unbekannten Personen, so daß von einer **Kollektiv-Erinnerung** gesprochen werden kann.

Keineswegs minder erstaunlich ist der *Fall Roberts*, den wir *Max Heindel* verdanken:
In Santa Barbara in Kalifornien spazierte ein Mann namens Roberts eines Tages durch die Straßen, als plötzlich ein kleines Mädchen auf ihn zukam, ihn in Kniehöhe umarmte und ihn mit »Daddy« ansprach.
Roberts war entrüstet, denn er mutmaßte im ersten Moment, jemand wolle ihm hinterhältigerweise eine Vaterschaft andrehen. Aber auch die ihrem Kinde unmittelbar folgende Mutter war schockiert und versuchte, unter vielen Entschuldigungen, die Kleine von Roberts wegzuziehen. Das Kind aber klammerte sich an ihm fest und behauptete, er sei sein Vater.
Irgendwie von dem Vorfall beeindruckt, suchte Roberts nach einigen Tagen einen bekannten Hellseher auf. Beide begaben sich zum Hause jenes Mädchens und dessen Mutter, wo das Kind sofort wieder auf Mr. Roberts zulief und ihn als seinen Vater begrüßte. Die Mutter hatte gegen eine Befragung ihrer Tochter nichts einzuwenden, und der Hellseher nahm die Dreijährige zum Fenster, um an der Iris ihrer Augen beobachten zu können, ob vielleicht Besessenheit vorläge. Er fand das Kind jedoch normal und begann, es behutsam auszufragen. Dies dauerte, um die Kleine nicht zu ermüden, den ganzen Nachmittag, und folgende Geschichte kam dabei heraus:
Das Mädchen behauptete, mit ihrem Vater (eben jenem Mr. Roberts) und einer anderen Mama als jetzt, in einem kleinen Haus gelebt zu haben, an einem Bach, über den eine Planke gelegt worden war, die zu überschreiten ihr streng verboten worden war. Andere Häuser seien nicht zu sehen gewesen.
Eines Tages habe der Vater sie und die Mutter verlassen und sei nie wiedergekommen. Als sie nichts mehr zu essen hatten, habe sich ihre Mutter aufs Bett gelegt und sei ganz still geworden. »Dann«, so erzählte das Mädchen weiter, »starb ich auch. Aber ich starb nicht, sondern ich kam hierher.«
Sichtlich bewegt war Mr. Roberts den Schilderungen des Kindes gefolgt, und als die Befragung beendet war, begann er, seine Lebensgeschichte zu erzählen:
Er war in London aufgewachsen, wo sein Vater eine Brauerei

besaß. Vor achtzehn Jahren verliebte sich der damals junge Mann in ein Dienstmädchen, das er schließlich gegen den Willen seines Vaters heiratete. Danach wanderte das junge Ehepaar nach Australien aus und ging in den Busch, wo Roberts eine kleine Farm gründete. An einem Bachlauf erbaute er eine Hütte, genauso, wie das Kind es beschrieben hatte. Dort wurde ihm eine Tochter geboren, und als diese ungefähr zwei Jahre alt war, geschah folgendes:
Roberts hatte sich vom Hause entfernt, um Holz zu schlagen. Da kam ein bewaffneter Mann auf ihn zu, wies sich als Kriminalbeamter aus und verhaftete ihn wegen eines Bankraubes, der sich in jener Nacht ereignet hatte, als Roberts London verließ. Da man in ihm den Täter mutmaßte, setzte man einen Beamten auf seine Spur.
Roberts wurde zur Küste getrieben, auf ein Schiff verfrachtet und nach England gebracht. Dort jedoch stellte sich, nach vielen Monaten, seine Unschuld heraus. Erst jetzt begann man sein unaufhörliches Toben um Frau und Kind ernst zu nehmen und ihm zu glauben, daß beide dem Hungertode preisgegeben seien. Man veranlaßte eine Expedition, die, als sie zur Hütte kam, nur noch die Skelette der Verlassenen fand.
Mittlerweile war Roberts' Vater gestorben und hatte ihn enterbt. Sein Bruder jedoch teilte mit ihm das Vermögen, und Roberts begab sich, als gebrochener Mann freilich, in die Vereinigten Staaten, wo sich die eigenartige Begebenheit mit dem Mädchen ereignete. Als Roberts seinen Bericht beendet hatte, zeigte er Fotografien von sich und seiner Frau, die dem Kind mitten unter anderen Bildern vorgelegt wurden. Ohne zu zögern fand es die richtigen heraus, obwohl Mr. Roberts darauf ganz anders, nämlich viel jünger, aussah.

Abschließend der **Fall Lattinger**:
Alfred E. Lattinger versichert, sich deutlich an sein letztes Erdenleben zu erinnern, wo er mit einem altertümlichen Segelschiff untergegangen und ertrunken war. Er sei im Kindesalter gewesen und entsinne sich auch seiner damaligen Geschwister und Eltern. Lattinger erzählt:

»Nach dem Tode weilte ich mit anderen Kindern, die Ballspiel und Unterhaltung betrieben, in einem sonnigen, lichten Lande. Eines Tages trat eine lichte Gestalt auf mich zu und teilte mir mit, daß ich wieder auf die Erde gehen müsse. Ich weigerte mich beharrlich. Daraufhin wurde mir ein kleines Buch gezeigt, welches plötzlich Riesenausmaße annahm. Das Buch wurde aufgeblättert und in dem Buche waren frühere Leben von mir verzeichnet. Aus dem Buche traten Gestalten hervor, die mir plastisch frühere Leben und meine damaligen Taten zeigten. Ich erkannte augenblicklich, daß ich noch mancherlei abzubüßen hatte, kniete vor der Lichtgestalt reumütig nieder und bat um Verzeihung. Der Lichtbote sagte mir dann auch noch, daß ich vor meiner Geburt, als Sühne, noch zwei Tode auf mich nehmen müßte.
Ich wurde auf die Erde hinabgesandt und starb einmal durch eine Kindesabtreibung und einmal kam ich als Totgeburt zur Welt. Dann erst wurde ich zum dritten Male, diesmal in mein gegenwärtiges Leben, herabgesandt. [21]
Als Kind trat ich allabendlich bewußt aus dem Körper aus, konnte noch einige Male astral in meine geistige Heimat aufsteigen und war bis etwa zum siebenten Lebensjahre von meiner Mutter des vergangenen Lebens umgeben, bis diese dann von mir Abschied nahm. Im zarten Kindesalter war meine Sehnsucht nach dem geistigen Reiche so groß, daß ich einmal bei einem astralen Austritt nicht mehr auf die Erde zurückwollte. Da zeigte mir die Lichtgestalt, wie sehr meine jetzige Mutter über mein ›Wegbleiben‹ erschrocken war und ich eilte, davon gerührt, wieder in den Körper zurück.«
Lattinger betont am Schluß noch einmal, daß es sich bei ihm um klare, vorgeburtliche Erinnerungen handle.

# Experimentelle Rückführungen

Im deutschen Sprachraum war es in neuerer Zeit der Psychologe *Thorwald Dethlefsen*, durch dessen Aktivitäten auch bei uns der Gedanke wiederholter Erdenleben starke Verbreitung fand. In den USA scheint Dr. *Morris Netherton* der erste gewesen zu sein, der vor etwa 20 Jahren die Reinkarnationstherapie anzuwenden begann, eine spezielle Methode hierfür entwickelte und dabei reiche Erfahrungen sammeln konnte [22].
Mittlerweile traten viele andere auf den Plan, mit zuweilen etwas veränderten Techniken. Die Verantwortungsbewußten unter ihnen sind sich darüber im klaren, daß die Reinkarnationshypothese durch derlei Praktiken wohl an Wahrscheinlichkeit gewinnt, aber nicht bewiesen werden kann, auch wenn jemand, der einen Reinkarnationstherapeuten konsultiert, vom Wiedererleben vorgeburtlicher Epochen persönlich noch so sehr überzeugt sein mag. Für Dethlefsen steht denn auch der therapeutische Effekt im Vordergrund; auf Nachprüfung historischer Angaben verzichtet er mit der Begründung, daß sie zumeist enttäuschend verlaufen und außerdem zu zeitaufwendig und zu teuer seien.
Zweifellos können solche Rückversetzungen über den Geburts- und Empfängniszeitpunkt hinaus, als Mittel zur Behebung psychisch-traumatischer Blockaden und Belastungen, therapeutisch sehr hilfreich sein, nur sollte sich – und da ist *Dr. Jan-Erik Sigdell* recht zu geben – der Therapeut nicht als Missionar für die Reinkarnationsidee aufspielen, den hypothetischen Charakter derselben außer acht lassen und jede andere Deutungsmöglichkeit abweisen.
Pioniermäßige Verdienste auf dem Gebiet dieser schwierigen Forschung erwarb sich schon um die Jahrhundertwende der französische Baron *Albert de Rochas d'Aiglun*.
De Rochas war viele Jahre Chef des militärischen Polytechnikums in Paris. Er arbeitete mit insgesamt 19 Versuchspersonen, die er mittels sogenannter »mesmerischer Striche« [23] in

einen außergewöhnlichen psychischen Zustand versetzte, den man heute, je nach seiner Tiefe, Hypnose oder Trance nennen würde. [24] Er mied sorgfältig die unbewußte Übertragung eigener Gedanken oder Vorstellungen auf seine Medien. Zur »Unterstützung des somnambulen Gedächtnisses« drückte er ab und zu mit dem Daumen gegen die Nasenwurzel der jeweiligen Versuchsperson (VP).
Die Praxis der Rückversetzungen damals war der heutigen ähnlich: Beginnend bei der Geburt als Ausgangspunkt, wird die VP zurückgeführt bis in die früheste Kindheit und in das embryonale Stadium, wobei de Rochas' Versuchspersonen die typische Haltung eines Embryos einzunehmen pflegten; dann über die Empfängnis hinaus in die Zwischenzeit bis zum Auftauchen eines neuen Daseins, in welchem die VP wieder einen physischen Körper zu haben meint und Angaben zu ihrer Person und den jeweiligen Lebens- und Zeitumständen etc. macht.
So gab eine 18jährige, die keine Ahnung von Okkultismus oder Spiritismus hatte, während der Rückführung an, mit einem Fischer an der bretonischen Küste verheiratet zu sein. Als ihr Mann bei einem Schiffbruch umkommt, begeht sie Selbstmord, indem sie von einer Klippe ins Meer springt. Im Augenblick ihrer Verzweiflungstat überstürzt sich ihr Atem, die Brust hebt sich mit Anstrengung und unregelmäßig; ihr Gesicht bringt Angst und Schrecken zum Ausdruck, sie macht Bewegungen, als würde sie wider Willen Wasser schlucken und stößt unartikulierte Schreie aus. – Um ihr den Nachvollzug ihres Leidens zu ersparen, befiehlt ihr de Rochas, einige Minuten älter zu werden. Sie erklärt nun, daß das Ertrinken eine schlimme Todesart sei. Jetzt befinde sie sich »im Grau« und sei weder glücklich noch unglücklich. Ihren verstorbenen Mann suchte sie vergeblich.
Hinsichtlich des Zustandes zwischen zwei Leben gaben die Medien zumeist an, »im Grau« zu sein. Sie behaupteten, Eltern und Freunde zu sehen, aber von ihnen nicht bemerkt zu werden. War das vorangegangene Leben jedoch ein von schweren Verfehlungen belastetes, so befanden sie sich »im Dunkeln«,

fühlten sich von bösen Mächten angegriffen und litten sehr unter Gewissensqualen. Von solchen Wesenheiten schien eine Einverleibung geradezu als Erlösung empfunden zu werden.
Bei gewaltsam Umgekommenen bleibt das Ich länger an den physischen Leib gefesselt als sonst. Als normal Gestorbene pflegen die Betreffenden ihrer Beerdigung beizuwohnen und zu hören, was gesprochen wird.
Als Beispiel aus den Protokollen von de Rochas möge hier die VP *Josephine* dienen, die durch allmähliche Vertiefung ihres Schlafzustandes in die Tage ihrer Kindheit versetzt worden war. Im Alter von fünf Jahren kann sie nurmehr einige Silben schreiben, sie spielt mit einer Puppe und benimmt sich wie ein Kind dieses Alters. Dann kann sie nicht mehr reden und gibt durch Zeichen zu verstehen, daß sie sich im Mutterleib befinde. Nach weiterer Vertiefung der Hypnose kommt plötzlich eine andere Persönlichkeit zum Vorschein. Sie antwortet widerwillig, in barschem Ton und mit rauher, männlicher Stimme, daß sie da sei; im übrigen sehe sie nichts, sie sei im Finstern.
Schließlich gibt sich die Person als ein seit langem kranker, im Bett liegender Greis zu erkennen. Er benimmt sich sehr mißtrauisch und gebraucht allerlei Ausflüchte, wie jemand, der wissen möchte, warum man ihn fragt.
Nach und nach gelingt es de Rochas, sein Vertrauen zu gewinnen und er erfährt endlich, daß der Alte Jean-Claude Bourdon heißt und sein Dörfchen Champvent in der Gemeinde Polliat liegt.
Was de Rochas aus dem Leben dieses Mannes erfuhr, dessen verschiedene Perioden er ihn manchmal wiederholen ließ[25], sei hier kurz zusammengefaßt wiedergegeben:
Bourdon gibt an, 1812 in Champvent geboren zu sein und die Schule bloß im Winter besucht zu haben. Seinen Militärdienst habe er beim 7. Artillerie-Regiment in Besançon abgeleistet. Er hätte sieben Jahre bleiben müssen, sei aber nach vier Jahren wegen des Todes seines Vaters entlassen worden. An die Namen seiner Offiziere vermag er sich nicht zu erinnern, dafür aber an allerlei Streiche mit seinen Kameraden und an Erlebnisse mit Mädchen.

In die Heimat zurückgekehrt, erwartet ihn seine Freundin Jeanette, die er heiraten soll. Er aber denkt nicht daran und betrachtet sie bloß als sein Liebchen. Auf die Vorhaltungen von de Rochas, daß er das arme Mädchen doch unglücklich mache, erwidert er brüsk: »Was liegt daran! Sie wird nicht die erste und nicht die letzte sein!«

Der Mann blieb ledig und versorgte sich selber. Nach langer Krankheit starb er im Alter von 70 Jahren.

Kurz zuvor hatte der Baron ihn gefragt, ob er nicht daran denke, den Pfarrer kommen zu lassen. Die Antwort lautete: »Glaubst du etwa alle Dummheiten, die der erzählt? Wenn man stirbt, so ist es für immer!« Diesen Worten folgte ein Fluch.

Dann starb der Alte. Er fühlte, wie er seinen Körper verließ, blieb aber noch ziemlich lange an ihn gebunden. Er wohnte seinem Begräbnis bei, indem er über dem Sarg schwebte, und hörte die Leute sagen: »Gut, daß er gestorben ist.« In der Kirche war der Pfarrer segnend um den Sarg gegangen und hatte dadurch »eine leuchtende Mauer« erzeugt, die böse Geister daran hinderte, sich auf den Gestorbenen zu stürzen. Das Weihwasser scheuten sie ebenfalls, »weil es sie überall auflöst, wo es sie trifft«.[26] Des Pfarrers Gebete beruhigten ihn, aber das alles währte nur kurze Zeit.

Nach dem Begrabenwerden blieb der Hinübergegangene bei seinem Körper und litt sehr unter dessen Zerfallsprozeß. De Rochas fragte ihn, ob er Würmer sehe? Antwort: »Natürlich, man hatte mich ja nicht eingesalzen!«

Sein Fluidalkörper wird unterdessen dichter. Jean-Claude lebt in Dunkelheit, was ihm sehr unangenehm ist, aber er leidet nicht sonderlich. Nur der Durst plagt ihn zuweilen stark, denn er war ein ziemlicher Trunkenbold gewesen. Jetzt wird ihm klar, daß der Tod anders ist, als er geglaubt hatte; er versteht zwar nicht alles, was ihm widerfährt, aber er versichert: wenn er das gewußt hätte, würde er nicht so über den Pfarrer gespottet haben...

Schlußendlich dringen Lichtstrahlen in seine Finsternis. Er hat die Eingebung, ein neues Erdenleben auf sich nehmen zu müs-

sen, diesmal als Frau. Frauen müssen mehr leiden als Männer, und er wolle die Verfehlungen wiedergutmachen, die er sich gegenüber Frauen und Mädchen hatte zuschulden kommen lassen.
Im weiteren Verlauf schildert er, wie er sich derjenigen Frau nähert, die seine Mutter werden soll. Er umgibt sie, bis die Geburt erfolgt und er nach und nach in den Kindeskörper eintritt. Bis zum Alter von sieben Jahren sah er um diesen Körper herum eine Art Nebel, in welchem er viele Dinge zu sehen behauptete, die er von da ab nicht mehr wahrnahm.[27]
Während einer späteren Sitzung, nach einer Dreiviertelstunde des Magnetisierens und ohne sich bei einer Etappe aufzuhalten, ging de Rochas noch weiter zurück. *Vor* Jean-Claude kam eine neue Persönlichkeit zum Vorschein, diesmal eine böse alte Frau, die angab, 1702 geboren zu sein und Philomene Charpigny zu heißen. Nach ihrer Heirat 1732 hieß sie Carteron und bekam zwei Kinder, die jedoch starben.
Vor ihrer Inkarnation als Philomene war die VP Josephine ein Mädchen, das ganz jung starb. Wiederum zuvor war sie ein gewalttätiger Mann gewesen. Deshalb hatte sie »im Finstern« viel zu leiden; ebenso nach ihrem Tode als kleines Mädchen, da ihr keine Zeit geblieben war, ihre Verbrechen zu sühnen (!).
Auf solche Weise führte de Rochas manche seiner Medien in bis zu zehn Leben zurück. Und immer, so oft die Versuche auch wiederholt werden mochten, stimmten die Schilderungen exakt überein, ja sogar die jeweilige Handschrift. Wurde beim Verjüngungsprozeß die Zeit im Mutterleib durchlebt, so pflegte das Medium die Fötushaltung anzunehmen: Arme an den Körper gepreßt, Fäuste auf den Augen, bis zum fünften Monat. Dies geschah stets, wenn eine neue Einkörperung begann.
Vor der Empfängnis macht der Geist Anstrengungen, als ob er sich einer Kraft entziehen wolle, in deren Sog er geraten zu sein scheint. Während in der Zeit vor der Niederkunft alle Fragen beantwortet werden, ist dies im Säuglingsalter nicht und in der Kleinkindphase nur in einer altersgemäßen Weise möglich. Bei jedem der einzelnen Leben ändern sich Physiognomie, Hal-

tung, Benehmen und Ausdrucksweise entsprechend der jeweiligen Persönlichkeit, wobei sich Ton und Gebärde eines männlichen deutlich von jenem eines weiblichen Wesens unterscheiden. Mochten auch die historischen Angaben oft ungenau oder gar falsch sein, so waren die Medien dennoch und stets, unabhängig von der Fragestellung, voll und ganz die Persönlichkeit des betreffenden Lebens; niemals trat ein Widerspruch in den Aussagen auf, auch wenn jahrelange Pausen zwischen den Sitzungen lagen.

Belangreich ist auch folgendes: Ein anderes Medium, Louise, damals (1911) 30 Jahre alt, besaß die Fähigkeit, den ausgeschiedenen (exteriorisierten) Fluidalkörper der jeweils in Rückführungsstadien befindlichen Personen wahrzunehmen. Bei Josephine beschrieb sie deren Fluidalleib, wie er sich in wolkiger Form vom Körper löste. Diese »Wolke« verdichtete sich nach und nach, bis sie menschliche Formen annahm, die je nach dem Alter, in welches die hypnotisierte Person gerade versetzt wurde, wechselte. Während der Lebensperioden sah Louise diesen Fluidalkörper leuchtend, in den Abschnitten zwischen zwei Leben jedoch dunkel. Beim Erleiden eines Sterbevorganges wurde er immer dunkler, verlor seine Form und schien sich aufzulösen. Wenn Louise mit dieser Art »Wolke« in Berührung kam, hatte sie die unangenehme Empfindung von Kälte; sie gab an, dasselbe zu spüren, wenn sie sich einer soeben gestorbenen Person näherte.[28]

Antwortet, wie es bei derartigen Experimenten vorkommt, die weibliche VP plötzlich mit einer rauhen Männerstimme, so liegt der Verdacht auf mediumistische Trance sowie die Besessenheitshypothese als Deutung nahe. Wiederholt sich aber das gleiche Gebaren zu jedem beliebigen Zeitpunkt und unter Leitung eines anderen Experimentators auch noch nach Jahren, so ist die Ansicht, es könne sich um Manifestationen Jenseitiger handeln, kaum mehr glaubwürdig; der betreffende Desinkarnierte müßte dann ja stets im rechten Augenblick zur Stelle sein und dürfte sich auch nie widersprechen.[29]

**Schwierigkeiten:** Laut Dethlefsen können sogenannte Überlagerungen vorkommen, wie wenn mehrere »Lebensromane«

bruchstückhaft auftauchen würden und dann vermischt als ein einziges wiedergegeben werden. Erfahrungsgemäß seien diese verschiedenen Leben erst im Laufe der Zeit, mit viel Geduld und Einfühlungsvermögen, voneinander zu trennen.
Eine weitere Schwierigkeit ist das Erlangen genauer Daten und Namen. Zum Vorschein kommen ja vor allem entsprechend emotionell »geladene« Ereignisse, und das sind Namen und Daten wohl nur selten. Hinzu kommt bei manchen eine Art Verdrängungsmechanismus, wodurch unangenehme Begebenheiten verschleiert oder verschwiegen werden. Nach Dethlefsen muß der Therapeut erst einmal lernen, »Symboldramen« von echten bzw. glaubwürdigen Schilderungen zu unterscheiden. Wo aber liegt da im Einzelfall die Grenze?
**Gefahren:** Das Wieder- oder Nacherleben und -empfinden vergangener Ereignisse, ganz gleich, wie man sie deuten mag, kann natürlich auch riskant sein, besonders in gesundheitlicher Hinsicht, wenn z. B. die VP in den Wehen der Niederkunft schreit, als Ertrinkende nach Luft ringt, die Flammen des Scheiterhaufens spürt oder eine tödliche Verletzung erleidet. Solche Experimente sollte man daher nur mit gesunden Personen vornehmen und auf Hypnose verzichten.
**Gruppenexperimente** sind zwar auch möglich und entsprechen völlig unserem Rationalisierungsdenken, aber von einer erstmaligen oder einzigen Sitzung mit zwanzig, dreißig oder mehr Teilnehmern sogleich Schlüsse auf vorgeburtliche Verhaltens- und Existenzformen ziehen zu wollen, zeugt von geringem Sachverstand. Auf die Dauer allerdings können auch solche Gruppenversuche zu interessanten Ergebnissen führen.
Zusammenfassend kann gesagt werden: Die sogenannten Rückversetzungen stützen zwar die Reinkarnationshypothese, beweisen sie aber nicht, weil die betreffenden Daten, wie wir von der Parapsychologie her wissen, auch auf andere Weise erlangt werden können.
Im Prinzip ist die Rückkführungsmethode in der Tiefenpsychologie seit langem bekannt. Mit ihr konnten Hemmungen und unterschwellige Ängste durch Bewußtmachung ihrer Ur-

sachen, die in Form seelischer Erschütterungen (Traumata) gewöhnlich in Kindheitserlebnissen liegen, psychotherapeutisch und mit anhaltendem Erfolg behoben werden. Freilich nicht in jedem Falle, weshalb hier die Reinkarnationstherapie erfolgversprechende neue und erweiterte Hilfs- und Behandlungsmöglichkeiten aufzeigt. Neu an ihr ist eigentlich bloß die Rückversetzung des Patienten über den Geburts- und sogar Empfängniszeitpunkt hinaus, in (anscheinend) frühere Leben als Mensch. Ich sage vorsichtshalber »anscheinend«, weil die Frage, ob es sich bei den stark gefühlsmäßig besetzten Ereignissen, die hierbei zum Vorschein kommen, wirklich immer um vormalige Leben handelt, vorerst offenbleiben muß. Der Wert solcher Rückführungen liegt wohl vor allem in der Hilfe zur Selbsterkenntnis, so daß Problemlösungen fortan leichter fallen und bessere Voraussetzungen zur Persönlichkeitsentfaltung geschaffen werden können.[30]

# Vorausführungen

Wenn nun so gut wie feststeht, daß wir nicht erst mit unserer Geburt zu existieren begannen und daß wir unter bestimmten Voraussetzungen Aufschlüsse über unsere vorgeburtliche Vergangenheit erlangen können, so müßte es logischerweise möglich sein, auf gleiche Weise auch Einblicke in unsere Zukunft zu gewinnen – als Gegenstück zur Rückführung demnach die Vorausführung, die Vorausschau auf künftige Leben nach dem jetzigen.
Solche Versuche unternahm bereits Oberst de Rochas. Bei einer weiblichen Versuchsperson (VP) war es bei der Vorausversetzung dann so, daß sie eben immer älter wird und als alte Frau stirbt. Sie ist bei ihrer (zukünftigen!) Beerdigung zugegen und hört, wie die Leute sagen, der Tod sei ein Glück für die alte Frau, sie habe nichts mehr zum Leben gehabt. – Auch bei ihr hält des Priesters Gang um den Sarg ungute Geister fern.
Dann befindet sie sich in völliger Dunkelheit, die nur ab und zu von Lichtstrahlen durchzuckt wird. Sie nimmt Geister um sich herum wahr, kann aber nicht mit ihnen sprechen. Endlich spürt sie, daß sie wieder inkarnieren, wieder zur Erde muß.
Die folgende Verkörperung ist aber nur von kurzer Dauer, sie stirbt an Angina im Alter von drei Jahren. Danach befindet sie sich in einer freundlichen Umgebung und ist glücklich. Gute Geister sind um sie, aber weder Verwandte noch Bekannte sind darunter.
Dieser Vorausschau folgt eine weitere Verkörperung, sie erreicht das 16. Lebensjahr, und man schreibt das Jahr 1970.
Die erwähnte VP Josephine hatte de Rochas ebenfalls in die Zukunft versetzt. Zum Zeitpunkt der Experimente (1904) war sie 18 Jahre alt. Der Vorausführung zufolge würde sie mit 30 Jahren ein uneheliches Kind bekommen. Der Kummer wegen ihres Sitzengelassenseins steckt tief; sie hat das Gefühl, jetzt die Strafe für das erleiden zu müssen, was sie als Jean-Claude Bourdon tat. Sie meint, auch wenn Herr de Rochas sie im Nor-

malzustand warnen würde vor dem, was da auf sie zukommt, so wäre dies vergeblich.

Erst im Verlauf der zweiten Sitzung gelingt es, den Namen ihres künftigen Verführers herauszubekommen. Ihr großes Herzeleid läßt de Rochas nicht unberührt und er bewirkt, daß sie ihre Vorausschau in den Wachzustand mit herübernimmt, um sie vor einer eventuellen Unvorsichtigkeit in dieser Richtung zu bewahren. Er macht sie darauf aufmerksam, daß es so kommen könne, aber keineswegs müsse, so, wie sie ja auch eine Arbeitsstelle in Wahrheit nicht bekommen habe, die sie laut Vorausführung hätte erhalten sollen.

Nach Josephines Abreise in ein anderes Departement hörte Baron de Rochas nichts mehr von ihr. Er schrieb ihr schließlich, und sie antwortete, daß sie jetzt eine regelmäßige Näharbeit habe und im übrigen einen Metzgergesellen heiraten werde, der Rougier heiße.

Dies war ein anderer Name als jener, den sie bei der seinerzeitigen Vorausversetzung genannt hatte. »Das bedauerliche Abenteuer, das sie im Alter von 30 Jahren haben sollte, d. h. im Jahre 1915, wird sich also nicht bewahrheiten«, bemerkt de Rochas und meint: »Vielleicht, weil sie sich, von mir gewarnt, sozusagen selber geimpft hat.«[31]

*Dethlefsen* praktizierte solche Vorausführungen ebenfalls, sagte aber, er könne sich aus verschiedenerlei Gründen nicht dafür begeistern; auch seien die Versuchspersonen danach viel erschöpfter als nach einer Rückführung.[32] Außerdem gebe es einen weitaus einfacheren Weg, den künftigen Verlauf des derzeitigen Lebens zu überblicken, nämlich den, eine VP in den Embryonalzustand zu versetzen; als Embryo überblicke man das gesamte Leben im voraus. Dieses Wissen werde erst bei der Geburt gelöscht, und die Erfahrung zeige, daß das, was man in der Psychologie als »Geburtsangst« kennt, eben auf dieser Vorausschau beruhe.

Dennoch sollten Versuche in dieser Richtung vorgenommen und so angelegt werden, daß eine Kontrolle der Voraussagen in absehbarer Zeit möglich ist. Zumindest würde dadurch die für unbeweisbar gehaltene *Präexistenz* bewiesen, was sich allein schon auf die allgemeine Weltanschauung und die Verhaltensweise des einzelnen in positivem Sinne auswirken müßte. Solche Versuche, an möglichst vielen Universitäten durchgeführt, wären meines Erachtens ergiebiger, als weiterhin massenweise Rückführungen zwecks Vermarktung. Das bisher angesammelte Material genügt vollauf, zumal wenn ein verdienter Forscher wie Dr. John *Björkhem* nach rund 3000 Hypnose-Experimenten zu dem Schluß kam, daß die Rückführungen allesamt mit der Besessenheitshypothese erklärbar seien.

Zur gleichen Auffassung gelangte seinerzeit auch der Chef einer US-Nervenheilanstalt, *Dr. Carl Wickland*.[33] Auch er machte Jenseitige als Urheber der Reinkarnationsphänomene verantwortlich. Dies mag, wie schon erwähnt, der Fall sein, wenn die betreffende Personifikation alias »Spaltpersönlichkeit« nach der Behandlung auf Nimmerwiederhören verschwindet. Fördern aber neuerliche Rückführungen in späteren Jahren die gleichen Phänomene und dasselbe Verhalten zutage, so wird die Besessenheitshypothese zweifelhaft. Es sei denn, man neigt zur Ansicht Swedenborgs, wonach der Mensch sich in lebenslänglicher und angeblich lebensnotwendiger Symbiose mit Geistern befindet, die aufgrund des Gravitationsgesetzes der Anziehung des Ähnlichen quasi an ihn gefesselt und infolgedessen immer zur Stelle sind (unter Symbiose versteht man eine voneinander abhängige Lebensgemeinschaft zu wechselseitigem Nutzen).

Jedenfalls hilft das Ansammeln von Rückversetzungsprotokollen der Reinkarnationsforschung schwerlich weiter, und wir wollen uns nunmehr den Erkärungshypothesen zuwenden.

# Parapsychologische Hypothesen

Absolute Klarheit im Sinne exakt-naturwissenschaftlicher Forderungen zu erlangen ist hinsichtlich wiederholter Erdenleben ebenso schwierig wie beim Todesproblem. Der Schwierigkeitsgrad eines Forschungsgegenstandes darf aber nicht entmutigen und zu der resignierenden Auffassung verleiten, sich damit befassen zu wollen sei von vornherein sinnlos.
Hypothesen sind bekanntlich Annahmen und können so lange als nicht streng bewiesene Lehrsätze gelten, solange man infolge fehlender Klarheit auf sie angewiesen ist. Der Wert einer Hypothese steigt mit der Anzahl der durch sie gedecken Fakten und der Vermutungen, die sie zu bestätigen vermag.[34] In bezug auf das Reinkarnationsproblem können wir mit folgenden Hypothesen arbeiten:
1. Es kann sich um **Leistungen im Bereich der außersinnlichen Wahrnehmung** (ASW) handeln, nämlich um Hellsehen und Telepathie (unbewußte hellseherische Leistungen und unbewußtes telepathisches Anzapfen fremder Vorstellungs- oder Bewußtseinsinhalte). Wenn sich also Angaben und Einzelheiten angeblicher Vorleben bei einer Nachprüfung als richtig herausstellen, so ist die ASW-Hypothese oftmals die nächstliegende.
2. **Unbewußtes Anzapfen der sogenannten Kollektivpsyche,** ein Begriff, der in der C. G. Jungschen Psychologie gebräuchlich ist. Diese Vorstellung findet sich jedoch schon in der Antike (Platonsche Ideenlehre). In der Parapsychologie kann unter diesem Begriff ein gemeinsames psychisches Kraftfeld verstanden werden, an welchem alle Teilnehmer eines psychischen Experiments durch Energieabgabe beteiligt sein können. Da sich eine Kollektivpsyche aber aus Einzelpsychen zusammensetzt, müssen ihr logischerweise Einzelangaben und Einzelschicksale entnommen werden können. Auch Jenseitsbotschaften kommen immer von Einzelpersonen; wohl auch von Gruppen, aber nur einer spricht.[35]

3. **Produktionen des Unterbewußtseins** – diese Deutung wird am häufigsten benutzt, sowohl in der Psychologie als auch von Parapsychologen. In der psychologischen Praxis bewährte sich diese Hypothese, die von der Philosophie übernommen wurde, recht gut und machte »bisher unerklärliche psychische Vorgänge verstehbar«, wie der Schweizer Psychologe und Parapsychologe *Werner Stephan* erklärte. Manche seelischen und daraus resultierenden körperlichen Leiden kann man allerdings laut Stephan nicht nur nach der Hypothese vom Unbewußten erfolgreich behandeln, sondern gleichermaßen nach der Reinkarnations-Hypothese; die eine Hypothese ist (so Stephan) keineswegs ungeheuerlicher als die andere.[36]
4. **Unbewußte Beeinflussung der Aussagen** infolge ungeschickter oder suggestiver Fragen oder durch die Erwartungshaltung des Experimentators, wodurch die Phantasie der Versuchsperson angeregt werden kann. Besonders bei Rückversetzungen in Hypnose ist dies in Betracht zu ziehen.
5. **Die Besessenheits-Hypothese** – hier handelt es sich um die Annahme, ein »Desinkarnierter« (Gestorbener, Jenseitiger) könne sich des Körpers eines Menschen vorübergehend ganz oder teilweise bemächtigen oder durch telepathische Übertragung seine eigenen Vorstellungen zur Geltung bringen (ähnlich der suggestiven Einwirkung des Hypnotiseurs auf den Hypnotisierten, was allerdings auch ohne Hypnose möglich ist). Nach Prof. Wickland und anderen wäre dies eine unbewußte mediale Leistung, eine Teilhabe an fremden Bewußtseinsinhalten. Dieser Hypothese zufolge müßten just immer dieselben Jenseitigen zur Stelle sein, wenn bei Rückführungen zu jedem beliebigen Wiederholungszeitpunkt und unter Leitung eines anderen Experimentators stets die gleichen Aussagen erfolgen.[37]
6. **Pseudo-Erinnerungen** infolge eines mittlerweile vergessenen Traumes, unbewußter Hellsichtigkeit oder einer erinnerungslos gebliebenen Astralwanderung. Letztere kann während des Schlafes als Körperaustritt geschehen und als besonders eindrücklicher Traum empfunden worden sein,

den man vergaß. Kommt man dann zum ersten Mal wachbewußt in eine solche Gegend, so meint man, schon einmal dagewesen zu sein.[38]
7. **Erbfaktoren** – die neuere Gen-Forschung gibt zu der Vermutung Anlaß, daß in einer Art »Erbgedächtnis« (DNS-Moleküle) nicht bloß körperlich-konstitutionelle Faktoren übertragen werden, sondern möglicherweise auch solche emotionaler (psychischer) und geistiger Art sowie ganzer Erfahrungsreihen unserer Vorfahren. Nach dieser Theorie könnten »Erinnerungen« an frühere Leben unserer Urahnen in uns auftauchen oder freigesetzt werden, die wir als Selbsterlebtes empfinden. So ließe sich das rätselhafte Symptom der Wund- und Muttermale von dieser Hypothese abdecken, sofern der Narbenträger mit der betreffenden Vorlebensperson in direkter Linie verwandt ist.
Gesetzt den Fall, eine solche »genetische Gedächtnisbank« gäbe es wirklich, so müßten in Hypnose die Daten abrufbar sein wie aus einem Computer, und bei eineiigen Zwillingen wären die gleichen oder zumindest einander sehr ähnliche Daten zu erwarten. Das ist aber nicht der Fall, wie Rückversetzungsexperimente mit eineiigen Zwillingen ergaben, die im Auftrage des Saarländischen Rundfunks vorgenommen wurden. Somit wäre auch die Vererbungshypothese als Erklärung für Regressionserlebnisse nur in sehr begrenztem Rahmen anwendbar.
8. Als weitere Hypothese käme die zuweilen geäußerte Annahme in Betracht, daß die bei Rückführungen zutage tretenden Lebensromane, vom intensiven **Wunschdenken** eines anderen Menschen oder von einem Verstorbenen stammen könnten, dessen Gedanken und Gefühle intensiv genug waren, um nach seinem Tode weiterzuwirken (was einer posthypnotischen Suggestion gleichkäme); dann könnte, wie bei der Pychometrie, eine entsprechend begabte Person diese »telepathische Strahlung« auffangen und wiedergeben.[39]
9. Zu guter Letzt wollen wir annehmen, **daß es die Reinkarnation,** dieses Wieder-ins-Fleisch-kommen, **wirklich gibt.**

Dr. jur. *Georg Sulzer*, vormals Kassationsgerichtspräsident in Zürich und Verfasser einer Reihe grenzwissenschaftlicher Bücher, fand die Reinkarnationsidee – in Verbindung mit dem unter »Karma« verstandenen Ausgleichs- und Vergeltungsprinzip – eine *gute* Hypothese; man dürfe sie nur nicht als Regel auffassen und sie in eine bestimmte Schablone pressen wollen. Die im Übersinnlichen verankerten Menschenschicksale seien viel mannigfaltiger und komplizierter, als wir es uns vorzustellen vermögen, und es sei gewiß unrichtig zu glauben, im Jenseits gebe es keine Fortschrittsmöglichkeiten.

Wie dem auch sei, Parapsychologen in aller Welt versuchen das ihrige zur Klärung der Reinkarnationsfrage beizutragen, was aber, wie ersichtlich, keineswegs einfach ist.

# Vorausgesagte Inkarnationen

Prophetie als ein Vorhersehen künftiger Ereignisse, die zum Zeitpunkt der Voraussage niemand zu erahnen vermochte, gehört zu den bestbezeugten paranormalen Phänomenen der Menschheit. Wenn nun seitens der Reinkarnationstherapeuten immer wieder erfahren wird, wie bei Rückversetzungen in die embryonale Phase der sich Inkarnierende sein vor ihm liegendes Erdenleben überblickt, so wäre es doch denkbar, daß auch Einverleibungen als solche exakt vorausgesagt wurden und eintrafen?
Tatsächlich liegt auch in dieser Beziehung sehr bemerkenswertes Material vor, und die übereinstimmenden Merkmale derartiger Berichte geben zu denken.
Da ist vor allem die südsteyrische Baronin *Adelma von Vay* zu nennen (1840–1925), die es durchaus verdienen würde, »der Cayce des 19. Jahrhunderts« genannt zu werden.
Als gläubige Katholikin hatte Frau Adelma weder vom Spiritismus noch gar von Reinkarnation eine Ahnung. Eines Tages jedoch stellte sich bei ihr das sogenannte automatische Schreiben ein, wozu sich dann noch eine Form des Hellsehens, das »Schauen im Wasserglas« gesellte.[40] Gewöhnlich wurde ihr das, was sie – manchmal allegorisch – in Bildern zu sehen bekam, anschließend per automatischer Schrift erklärt oder sie erhielt Antwort auf Fragen. Ihre solcherweise empfangenen Diagnosen und Behandlungsratschläge ließen die Baronin bald über Europa hinaus bekannt werden. Da man sie häufig zu Kranken rief, besonders dann, wenn ärztliche Bemühungen erfolglos geblieben waren, kam sie mit allen Bevölkerungsschichten in engere Berührung und war sehr beliebt. In ihren Büchern berichtet Adelma von Vay von etlichen Fällen, bei denen die Reinkarnationshypothese offenkundig zum Heilungsfaktor wurde. Dabei handelte es sich eigenartigerweise oft um Kranke, bei denen Epilepsie konstatiert worden war. Drei derartige Beispiele seien hier wiedergegeben:

Das zweijährige Töchterlein einer Freundin der Baronin litt, als sie zu zahnen begann, zunehmend unter Krämpfen, die ärztlicherseits nicht behoben werden konnten. Die Mutter mißbilligte zwar die als »Spiritismus« verschriene Tätigkeit ihrer Freundin Adelma von Vay, wandte sich in ihrer Not aber doch an diese und bat um Hilfe. Adelmas geistige Leiter[41] teilten ihr mit, daß die kleine M. von einem Jenseitigen namens Raimund belästigt werde; die beiden seien schicksalsbedingt miteinander verkettet.

Adelma bekam Kontakt mit diesem Raimund, der sich ungestüm und mit lästerlichen Worten manifestierte. Gebet und Fürbitte brachten ihn schließlich dazu, das Unrechtmäßige seines Verhaltens einzusehen und von dem Kinde abzulassen.[42] Auf Einzelheiten dieses para- wie tiefenpsychologisch hochinteressanten Falles kann hier aus Platzgründen leider nicht eingegangen werden. Das Kind genas jedenfalls, und Raimund, dem gesagt worden war, er müsse in die Mutter des Mädchens inkarnieren, hatte versprochen, M. ein treuer Bruder sein zu wollen. Brieflich beglückwünschte Adelma von Vay ihre Freundin zur bevorstehenden Geburt eines Sohnes, obwohl diese nichts von einer Schwangerschaft angedeutet hatte und überdies bereits zwei Monate seit der letzten Begegnung vergangen waren. Die Freundin schrieb zurück, die kleine M. sei nunmehr vollkommen gesund, und sie selber, die Mutter, in guter Hoffnung; aber erst seit kurzem, und sie wundere sich, woher Adelma dies wisse. »Wirklich gebar meine Freundin einen Sohn«, schließt die Baronin ihren Bericht. »Ich mußte annehmen, es sei Raimund, der sein Unrecht an M. sühnen wollte. Heute ist der frühere Raimund ein reifer Mann, er hängt mit großer Liebe an seiner Schwester.«

Einmal wurde Frau von Vay zu einem Bauern gerufen, der seit acht Jahren an Epilepsie litt. Der erste Anfall, so erzählte der Kranke, sei plötzlich gekommen, beginnend in Form eines intensiven Schmerzes im Ringfinger der linken Hand. Dieser heftige Schmerz habe sich bis zum Herzen erstreckt, worauf er die Besinnung verloren habe.

Auf Befragen hierzu erklärte Adelmas geistige Führung fol-

gendes: »Die Ursache dieser Krankheit ist ein unglücklicher Geist. Die Herzadern dieses Mannes sind geschwächt, besonders eine, die mit dem vierten Finger der linken Hand in Verbindung steht. Diese Schwäche nutzt ein weiblicher Geist namens Marie, und verursacht hierdurch dem Mann Ohnmachten und Krämpfe.«
Adelma von Vay wurde gebeten, den Landwirt täglich magnetopathisch zu behandeln und mit der jenseitigen Marie Kontakt aufzunehmen.
Marie meldete sich und erklärte, sie wolle den Mann zu sich holen. Er sei ihr Gatte, und nur um sie zu ärgern, habe er eine Wiedereinverleibung angenommen. (!) Sie habe nun lange genug Geduld gehabt und jetzt keine Lust mehr, noch länger zu warten und dergleichen mehr.
Über ihre jenseitigen Helfer wurde Adelma dahingehend informiert, daß Marie, als sie mit diesem Mann verheiratet war, maßlos eifersüchtig gewesen sei. Noch im Jenseits habe sie ihn mit ihrer Eifersucht geplagt, so daß sein Schutzgeist ihm zu einer Einverleibung geraten habe, um von ihr loszukommen.
Wie dem auch sein mag, belangreich sind diese Angaben auf jeden Fall, und die Belehrung dieser »armen Seele« (wie man katholischerseits sagen würde) zogen sich über eine volle Woche hin. Desgleichen die magnetopathische Behandlung des Bauern. Dem Geiste Marie wurde klarzumachen versucht, daß Eifersucht eine sehr niedere Charaktereigenschaft sei, daß dies mit Liebe absolut nichts zu tun habe und daß sie ihren Mann ja erst recht verlieren würde, wenn sie ihn weiter so mit ihrer Eifersucht verfolgte; wie könne er jemanden liebhaben, der ihn ständig quält?
Eines Tages erklärte die Wesenheit Marie, ihr sei zu bedenken gegeben worden, daß der Mann jetzt, in seinem derzeitigen Erdenleben, doch nichts von ihr wisse, und ihr Verhalten allein schon deshalb sinnlos sei. Und um ihre Eifersucht samt ihrem Jähzorn zu überwinden, solle sie zu einer neuerlichen Menschwerdung bereit sein, nämlich als Kind der jetzigen Frau ihres Mannes!
Merkwürdigerweise hörten ab dieser Aussage die Krämpfe bei

dem Landwirt auf, und als Adelma sich nach der letzten Behandlung von ihm verabschiedete, sagte sie im Scherz: »Wenn dir Gott noch ein Kind schenkt, werde ich die Taufpatin machen.« Etwas betreten und ungläubig meinte der Bauer, dies sei wohl kaum möglich, da er selber bereits 60 Jahre alt und Großvater sei. Aber ein Jahr darauf wurde er Vater eines Töchterchens und Adelma von Vay die Patin. Das Kind war jedoch schwach und kränklich und starb im Alter von drei Monaten an Ruhr.
Einige Tage nach ihrem Tode bzw. Hinübergang schrieb Marie durch die Hand des Mediums Adelma, daß ihr die Wiedereinkörperung sehr schwergefallen sei. Nun aber habe sie das Menschlich-Tierische ihrer Liebe abgestreift und die geistige Liebe als einzig wahren Verbund der Seelen erkannt. Sie erklärte: »Nun wache ich über sein körperliches Wohlergehen und bitte Gott, daß er ihm die Kraft gebe, die ihm bestimmten Erdenjahre noch nützlich zuzubringen.« Sie wolle ihn in der anderen Welt erwarten, und er werde sich über ihre Besserung und den damit verbundenen geistigen Fortschritt gewiß freuen.[43].
Nicht ohne Humor ist auch die folgende Begebenheit:
Ein Verwandter der Baronin von Vay starb im Alter von 58 Jahren. Er war, so erzählte sie, ein herzensguter Mensch, aber sehr oberflächlich und ein Genießer.
Acht Monate nach seinem Abscheiden schrieb er mit der Hand des Mediums, daß er halt gar so gerne wieder auf die Erde kommen möchte. »Man sagte mir hier, es bleiben einem zwei Alternativen: Entweder man bleibt Geist und trachtet, sich vorwärtszubringen, oder man kann wieder ein Wickelkind werden. Nun habe ich mir das letztere erwählt, nachdem es ja erlaubt ist. Meine Kinder sollen nur ruhig Seelenmessen für den armen Papa lesen lassen, wenn der schon in den Windeln zappelt!«
Bei dieser Vorstellung schien sich der Mitteilende köstlich zu amüsieren und sagte, er kenne ein Ehepaar, das schon zehn Jahre verheiratet und kinderlos geblieben sei. Dort würde er sich verkörpern und freue sich schon riesig darauf. Er nannte

Namen und Wohnort seiner künftigen Eltern, und ein Jahr danach, so versicherte Adelma von Vay, sei dort tatsächlich ein Junge zur Welt gekommen.
*K. O. Schmidt* bringt den Fall von einem jungen Mann in England, der zum ersten Mal in seinem Leben in ein Dorf kam und dort in ein altes Wirtshaus einkehrte. Beim Eintreten überkam ihn das Gefühl des Vertrautseins mit diesen Räumlichkeiten, und er sagte zu seinem Begleiter: »Wenn ich schon mal in einem früheren Leben hier gewesen bin, dann habe ich meinen Namen, mit einem Diamanten, auf die unterste Scheibe des linken Fensters dort drüben geschrieben!«
Die beiden schauten nach und siehe da, in einer Ecke der besagten Scheibe war tatsächlich ein Name eingekratzt, und es war merkwürdigerweise der Name des Großvaters jenes jungen Mannes. Aus dem ebenfalls eingeritzten Datum war ersichtlich, daß der Großvater noch ein Jüngling war, als er sich hier »verewigte«.
Diese Begebenheit wäre, sofern es sich wirklich um Reinkarnation handelt, ein Fall von Wiederverkörperung in die eigene Familie, was laut K. O. Schmidt nicht gerade selten vorzukommen scheint.[44]

Im Zusammenhang mit einer visionären Erscheinung steht der **Fall Bianca Battista**.
In der Dezember-Nummer 1911 der Zeitschrift »Ultra« berichtete Capitano Florindo Battista aus Rom (Via dello Statuto 32) ein Familienereignis, das ihn, den vormals Ungläubigen, von der Reinkarnation überzeugte:
Im August 1905 habe seine damals seit vier Monaten schwangere Frau, als sie wach im Bett lag, eine beeindruckende Vision erlebt. Ein drei Jahre zuvor gestorbenes Kind dieses Ehepaares, ein Mädchen namens Bianca, sei plötzlich vor der Mutter gestanden, und habe mit freudigem Gesichtsausdruck gesagt: »Mama, ich komme wieder!« Ehe sich die Frau von ihrem Erstaunen erholt hatte, war die Erscheinung verschwunden.
Als ihr Mann nach Hause kam, erzählte sie ihm sogleich ihr Erlebnis und unterbreitete ihm den Vorschlag, die zu erwartende

Tochter wiederum Bianca zu nennen. Herr Battista, der überzeugt war, daß der Tod das absolute Ende jedweder Existenz bedeutet, hielt das Ganze für eine Sinnestäuschung, wollte aber seiner noch ganz davon ergriffenen Frau den sie beglückenden Glauben an die Wiederkehr der kleinen Bianca nicht rauben und stimmte ihrem Vorschlag zu, dem zu erwartenden Kind, falls es ein Mädchen sei, den Namen der Verstorbenen zu geben.
»Sechs Monate später, im Februar 1906«, so erzählt Herr Battista weiter, »wurde uns ein Mädchen geboren, das in allem aufs Haar ihrer gestorbenen Schwester glich! Meiner materialistischen Überzeugung tat dies aber keinen Abbruch, während meine Frau darin die volle Bestätigung des von ihr erwarteten Wunders sah, fest glaubend, sie habe dasselbe Wesen zweimal zur Welt gebracht.«
Des Vaters Weltanschauung geriet dann im Laufe der weiteren Entwicklung doch arg ins Wanken, als sich immer mehr geradezu verblüffende Übereinstimmungen zu zeigen begannen. Er schließt seinen Bericht mit einem Erlebnis, als die zweite Bianca sechs Jahre alt war. Vorauszuschicken ist, daß zur Zeit der ersten Bianca ein Schweizer Dienstmädchen im Hause weilte, das nur französisch sprach. Aus ihrer Heimat hatte sie ein Wiegenlied mitgebracht, das auf die kleine Bianca stets wunderbar einschläfernd wirkte. Nach dem Tode des Kindes war die Schweizerin nach Hause zurückgekehrt, und das Wiegenlied, das ohnehin nur schmerzliche Erinnerungen hätte wecken können, wurde im Hause nie wieder gehört.
Neun Jahre waren seitdem vergangen. Jenes Lied war dem Gedächtnis des Ehepaares völlig entschwunden, als sie eines Tages (eine Woche vor diesem Bericht) auf merkwürdige Art daran erinnert wurden:
Beide weilten im Arbeitszimmer, das sich neben dem Schlafzimmer befand, als sie, einem fernen Echo gleich, jenes Lied vernahmen. Im Erstaunen des ersten Augenblicks erkannten sie nicht sogleich die Stimme ihres Kindes; erst als sie das Schlafzimmer betraten, sahen sie, daß Bianca es war, die das längst vergessene Wiegenlied sang, das sie von niemandem ge-

hört haben konnte. Die Mutter fragte: »Was singst du denn da?« – »Ein französisches Lied«, erwiderte die Kleine. »Und wer hat es dich gelehrt?« – »Niemand, ich weiß es von allein«, antwortete Bianca und sang weiter, als ob sie es schon oft gesungen hätte.

Einen Fall angekündigter Reinkarnation berichtete Frau A. S. in der Monatsschrift »Die andere Welt« Nr. 5/1968. Die dabei erwähnte vulgärspiritistische Methode des sogenannten Tischrückens ist zwar wegen der damit verbundenen Täuschungsgefahren nicht gerade empfehlenswert, hat sich aber in diesem Falle und mangels besserer Möglichkeiten für die Beteiligten als brauchbar erwiesen. In dem Bericht heißt es:

»Als junge Frau habe ich spiritistische Geschichten zwar nicht abgelehnt, aber auch nicht ernst genommen. Da wurde ich eines Tages, auf tragische Weise, eines Besseren belehrt. Unser zweites Kind, ein zweieinviertel jähriger Junge, starb plötzlich an Bauchdiphtherie. Das war sehr schmerzlich und wir trauerten sehr um das Kind.«

Nach einem Jahr, im November 1943, war ihr Mann zu einer spiritistischen Sitzung eingeladen worden. »Man saß in einem abgedunkelten Raum an einem Tischchen und bildete eine Kette. Da bewegte sich der Tisch und neigte sich meinem Mann zu. Das Medium fragte, wer da sei, und nun wurde der Name ›Rudi‹ buchstabiert. Es war der Name unseres verstorbenen Jungen. Vom Medium wurde das Alphabet aufgesagt, und bei den passenden Buchstaben neigte sich jedesmal der Tisch. Das Medium war dabei nicht in Trance.«

Auf diese Weise kam folgender Satz zustande: »Der Tod war mein Schicksal. Ich komme am 12. Februar nächsten Jahres wieder auf die Welt und möchte Hans heißen. Mutti braucht keine Angst zu haben, es wird alles normal verlaufen bei der Geburt.«

Frau S. war wegen ihrer Schwangerschaft der Sitzung ferngeblieben. Bei ihren bislang zwei Entbindungen hatte es Komplikationen gegeben, sie stand jedesmal, wie man so sagt, »mit einem Bein im Grabe«. Rudi schien sie mit seiner Voraussage beruhigen zu wollen.

Ihr Mann verschwieg ihr das angekündigte Geburtsdatum, den 12. 2. 1944, aber an eben diesem Tag gebar sie einen Sohn. Er wurde Hans getauft.
Danach nahm Frau S. wieder an Sitzungen teil. Einmal bat sie um einen Kontakt mit Rudi, worauf der Bescheid erfolgte, »daß Rudis Geist nicht mehr bei uns ist, und wir sollten ihn in Hansi betreuen«.[45]

Einer der interessantesten Fälle vorher angekündigter Reinkarnation, soweit solche Vorkommnisse überhaupt bekannt werden, ist der in Brasilien spielende **Fall Maria Eduarda.**
Den Bericht darüber verdanken wir dem deutschen Ingenieur *Willi Gessmann*, der in Südamerika, speziell in Brasilien, zwei Jahrzehnte lang geologische und mineralogische Studien trieb. Gleichzeitig studierte er die dortigen Kulte und magischen Gebräuche, wobei ihm die Kenntnis des Portugiesischen und verschiedener Indiosprachen sehr zustatten kam. Als Verfasser von Fachbüchern aus dem Bereich der Grenzwissenschaften ist er noch heute geschätzt.
Einer der engsten Freunde Gessmanns in Rio de Janeiro war ein junger Mann, den wir hier Rodolfo nennen wollen. Rodolfo interessierte sich sehr für Magnetopathie, ohne jedoch irgend welchen okkulten Anschauungen zu huldigen. Seine Freundin Irena (Gessmann nennt in seinem Bericht bloß die Anfangsbuchstaben der Personennamen), die er später heiratete, wohnte damals bereits bei ihm, und Gessmann weilte oft bei dem jungen Paar zu Gast.
Irena war stark medial veranlagt und äußerst sensibel. Rodolfo hatte diese Sensibilität durch wiederholtes Magnetisieren offenbar noch verstärkt und dadurch ihr leichtes Übergehen in einen außergewöhnlichen psychischen Zustand bewirkt, der sich am treffendsten mit dem Wort »Wachtrance« charakterisieren läßt. Derlei Zustände kann man in Brasilien noch heute oft beobachten, vor allem bei den zahlreichen Anhängern synkretistischer Kultformen wie Umbanda und Candomblé, aber auch bei den Trance-Chirurgen.[46] Äußerlich erkennbar ändert sich nur der Augenausdruck des Betreffenden ein wenig. In diesem

Zustand sind Fernwirkungen möglich sowie Wahrnehmungen auf beliebige Distanz.
An einem Sommerabend des Jahres 1921 saßen die drei, Rodolfo mit seiner Freundin und Gessmann, plaudernd vor dem kleinen Haus. Irena saß zwischen den beiden Männern. Ganz unvermittelt und ohne jeden Zusammenhang mit dem eben geführten Gespräch, sagte sie zu dem Ingenieur: »Du kannst jetzt mit mir Versuche machen, sie werden gelingen, denn der Mond ist gut und sie werden Rodolfo überzeugen.«
Gessmann erkannte ihren Trancezustand, ergriff ihre Hände und fragte, ob sie imstande sei, ihre (in einem anderem Stadtteil wohnende verheiratete) Schwester zu besuchen. Irena bejahte, und Gessmann bat sie zu sagen, was die Familie ihrer Schwester gerade tut. Nach erhaltener Auskunft kam dem Ingenieur die Idee, etwas Schwierigeres zu versuchen. Irena sollte sich jener Familie irgendwie bemerkbar machen, z. B. nach Landessitte in die Hände zu klatschen, wie man es (noch heute) tut, wenn man zu Besuch kommt.
Irena blieb bewegungslos, und Gessmann spürte auch nicht das geringste Zucken in ihren Händen; sie aber lachte hellauf und sagte: »Das war aber komisch, wie haben die sich erschreckt!«
Der Versuch wurde wiederholt, aber Gessmann wollte die Verwandten nicht beunruhigen. Hoffend, Irena könne sich auf Distanz auch durch Worte bemerkbar machen, bat er sie, Schwester und Schwager laut zu sagen, daß sie es gewesen sei, die geklatscht habe. Irena sagte sogleich, ihre Verwandten seien nun noch erstaunter als vorher. Der Schwager sei aufgestanden und habe durch das offene Fenster in den Vorgarten geblickt, um sie zu erspähen, während ihre Schwester gesagte habe: »Was suchst du denn um diese Zeit hier, Irena, und warum versteckst du dich? Das sind doch dumme Scherze!«
Gessmann ließ nun Irena in das Zimmer hineinrufen: »Beunruhigt euch nicht, wartet ein wenig, ich komme gleich zurück und werde euch besuchen!«
Sowohl Rodolfo als auch Gessmann wollten sich sofort überzeugen, ob das Experiment gelungen war oder ob es lediglich Halluzinationen waren, die Gessmann durch Suggestion her-

vorgerufen hatte. Immer noch Irenas Hände haltend, forderte der Ingenieur sie zum Zurückkehren auf, da sie noch eine Autofahrt machen wollten. Während einiger Sekunden blieb sie regungslos wie bisher, nur ihr Atem beschleunigte sich etwas. Plötzlich drehte sie sich ganz zum Ingenieur hin, sah ihn erstaunt an und fragte, warum er sie bei den Händen halte? – Sie hatte also keinerlei Erinnerung an das soeben Vorgefallene.

Per Taxi fuhren die drei zur Schwester. Als sie hinkamen, sagte diese zu Irena: »Warum bist du denn nicht hiergeblieben? Du hast uns schön erschreckt! Wie bist du denn ungesehen rein- und rausgekommen?«

Dies war nur eines jener Phänomene, die mit Irena erlebt wurden, und es fand hier nur deshalb Erwähnung, um einen Begriff von ihrer Medialität zu vermitteln.

Zu jenem Zeitpunkt hatte Gessmann noch keine Ahnung, daß Irena seit zwei Monaten schwanger war. Dies sollte er durch einen sehr eigenartigen Vorfall erfahren:

Als er eines Tages Rodolfo und dessen Freundin besuchte, waren die beiden gerade wegen einer geringfügigen häuslichen Angelegenheit in Streit geraten. Um der Auseinandersetzung ein Ende zu bereiten, wollte Rodolfo gerade weggehen und fragte: »Wo ist denn mein Strohhut?« Im selben Augenblick kam derselbe, wie von unsichtbarer Hand geschleudert, aus einem Zimmerwinkel geflogen und fiel neben Irena zu Boden. Alle drei waren verblüfft, denn dieses Phänomen ereignete sich am hellichten Nachmittag! Der Ingenieur blickte das Mädchen an, bemerkte an ihm aber keinerlei Veränderung, auch nicht den charakteristischen Starrblick. Rodolfo nahm wortlos seinen Hut auf, bedeutete seinem Freund mit einem Blick, daß der sich um Irena kümmern und sie beruhigen solle, und ging hinweg.

Gessmann wollte nun das zitternde Mädchen, dessen Wangen vor Erregung glühten, zu einem Liegestuhl bringen. Sie sträubte sich jedoch dagegen, bekam plötzlich den starren Blick und sagte mit einer gänzlich anderen, aber weiblichen Stimme: »Das war nicht recht von Rodolfo, Irena so aufzuregen. Es besteht die Gefahr eines Blutsturzes. Irena ist seit über einem

Monat schwanger und kann ihr Kind verlieren! Lege sie aufs Bett und hole sofort ein Glas frischen Wassers!«
Gessmann fragte: »Wer bist du denn?« Die Stimme antwortete: »Ich schütze Irena. Ich war es, die den Hut schleuderte, um Rodolfo zu warnen. Bringe schnell das Wasser, ehe es zu spät ist!«
Als Gessmann das Wasser brachte, sagte ihm die Stimme: »Fasse das Glas mit deiner Linken und halte die Finger der rechten Hand gekrümmt möglichst nahe über das Wasser, ohne es zu berühren, bis ich dir sage, daß es genug ist.«
Gessmann tat wie ihm geheißen, und nach ungefähr einer Minute wurde ihm gesagt: »Es ist gut so! Laß Irena die Hälfte des Wassers trinken. Sie wird zu sich kommen, und dann gib ihr die andere Hälfte. Dabei wird etwas geschehen, was dich überzeugen wird, denn du zweifelst in deinem Innern!«
Das stimmte. Gessmann gab Irena, die er behutsam aufrichtete, zu trinken. Der Starrblick verschwand, und mit ihrer normalen Stimme, anscheinend ganz beruhigt, fragte sie: »Ich habe doch kein Wasser verlangt, warum geben Sie mir zu trinken?« In das Glas hineinblickend, schrie sie plötzlich auf: »Es ist ein kleines Kind im Wasser! Ich sehe deutlich ein ganz winziges Kind darin, ein Mädchen!«
Hier haben wir also das in der Parapsychologie bekannte Phänomen des Wasser-Hellsehens.
Nachdem Irena den Rest des Wassers getrunken hatte, kehrte sofort der eigenartige Blick wieder und die fremde Frauenstimme sagte: »Der Blutsturz ist verhütet. Irena wird das Kind behalten. Warne aber Rodolfo!«
Der Ingenieur fragte: »Kannst du mir sagen, ob es ein Knabe oder ein Mädchen sein wird?« Die Antwort lautete: »Ein Mädchen, und es soll Maria Eduarda getauft werden.«
Gessmann entgegnete, er habe doch kein Bestimmungsrecht darüber, wie das Kind heißen solle; worauf die Stimme erwiderte: »Erzähle das Ganze dem Rodolfo, und du wirst sehen, daß er sofort darauf eingehen und bewegt sein wird. Noch mehr, er wird dir, wenn du darauf bestehst, sein Geheimnis mitteilen, das nur er kennt, und das außergewöhnlich ist.«

Der äußerst erstaunte Ingenieur fragte nunmehr, ob er mit Irena darüber sprechen dürfe. Dies wurde verneint. Irena bekam wieder ihren normalen Augenausdruck und begann, ganz unbefangen, mit ihm zu plaudern, als ob überhaupt nichts geschehen sei. Sie hatte offenbar den ganzen Vorfall, auch das Zerwürfnis mit ihrem Freund, vollständig vergessen. Ihre Erregung war verschwunden, ihr Benehmen völlig normal. Als Rodolfo zurückkehrte, konnte ihm Gessmann einen warnenden Blick zuwerfen, der ihn veranlaßte, den Streit mit keinem Wort zu erwähnen. Irena war auch ihrem Freund gegenüber unbefangen, und so verbrachten die drei noch einen gemütlichen Abend miteinander.

Wenige Tage danach unternahmen die beiden Freunde einen Ausflug zu einem eigenartig geformten Berg in der Nähe von Rio, die 840 m hohe Gavea (auf deutsch: Mastkorb). Das Hochplateau dieses Berges fällt nach allen Seiten steil ab, so daß keineswegs feststand, ob sie es würden besteigen können.

Von der Endstation der Straßenbahn aus waren es dazumals noch zwei Stunden Fußwegs bis zur Gavea, und diese Gelegenheit benutzte Gessmann, seinem Freund von den kürzlichen Ereignissen zu erzählen. Als er den Namen Maria Eduarda aussprach, welcher dem noch ungeborenen Töchterlein zu geben sei, zuckte Rodolfo zusammen, wurde blaß und erregt, und schlug eine Verschnaufpause vor. Als sie unter einem Baum Platz genommen hatten, begann er mit seinem Bericht:

Mit seinem Bruder war Rodolfo im Jahre 1908 aus geschäftlichen Gründen nach Sao Paulo gereist. Dort gingen beide eines Abends in ein Vorstadtkino. Eine Sitzreihe links vor ihnen saß ein junges, ausnehmend hübsches Mädchen, in Begleitung ihrer Eltern und eines Knaben. Rodolfo als unternehmungslustiger, eleganter junger Mann war auf Anhieb von dem Mädchen entzückt, das ihm gleichfalls mit verstohlenen Blicken seine Sympathie zu erkennen gab.

Nach der Kinovorstellung folgten die beiden Brüder langsam der Familie des Mädchens, wobei sich mehrmals Gelegenheit bot, mit ihr Blicke stillen Einverständnisses zu wechseln. Rodolfo war ganz Feuer und Flamme, merkte sich Straße und

Haus, wo die Familie wohnte, und als ihm das Mädchen aus einem Fenster des ersten Stockwerks noch kurz zugewinkt hatte, kehrte er mit seinem Bruder ins Hotel zurück. Am darauffolgenden Tag gelang es ihm noch mehrmals, die junge Dame am Fenster zu erblicken, aber ohne ein einziges Wort mit ihr wechseln zu können. Auch ihr Name blieb ihm unbekannt, was im Zusammenhang mit dem späteren Geschehen betont zu werden verdient. Ein Telegramm rief die beiden Brüder kurzfristig aus Sao Paulo ab und Rodolfo hatte das kaum begonnene Liebesidyll sehr bald vergessen.

Zwölf Jahre später, im September 1920, lernte Rodolfo seine kaum achtzehnjährige Freundin kennen, eben diese Irena, von der hier die Rede war. Eines Nachts im Dezember des gleichen Jahres, vermochte Rodolfo wegen der drückenden Schwüle nicht einzuschlafen. Es war Vollmond, und Irena schlief an seiner Seite. Da hörte er plötzlich eine ihm unbekannte weibliche Stimme ganz deutlich fragen: »Warum hast du mich so schnell vergessen?«

Erstaunt wandte sich Rodolfo seiner Gefährtin zu, im Glauben, sie habe träumend gesprochen. Deutlich vernahm er nun aus dem Mund der Schlafenden die Worte! »Es ist nicht Irena, die spricht, sondern jemand, den du längst vergessen hast. Ich liebe dich aber trotzdem heiß und kann dich nie vergessen. Nun bleibe ich, so oft ich kann, bei dir.«

Rodolfo kam aus dem Staunen nicht heraus und fragte schließlich: »Wer bist du denn?«, worauf dieselbe Stimme antwortete: »Maria Eduarda Gonzales da Costa Silva, aber du hast meinen Namen nie erfahren.«

Den Mann machte die veränderte Stimme Irenas betroffen, dennoch glaubte er an Traumphantasien der Schlafenden. Er fragte: »Wann und wo haben wir uns gesehen oder gesprochen?« Die geheimnisvolle Stimme erwiderte: »In Sao Paulo, im Jahre 1908. Erinnere dich an das Kino im Stadtviertel Braz, als der Film (sie nannte den Titel) gespielt wurde, und du mit deinem Bruder rechts hinter mir saßest. Du folgtest mir, als ich mit meinen Eltern und meinem Bruder nach Hause ging. Erinnerst du dich jetzt?

Rodolfo begann sich nun tatsächlich jenes flüchtigen, längst vergessenen Beinahe-Abenteuers zu entsinnen, und es kam ihn ein unbeschreibliches Grauen an; denn wie konnte Irena hiervon etwas wissen, da er doch selber nie mehr daran gedacht hatte? Er fragte daraufhin nach Straße und Hausnummer, wo jenes Mädchen gewohnt hatte (was ihm ebenfalls restlos entfallen war), und er bekam prompt Antwort.

Von diesem merkwürdigen nächtlichen Erlebnis an, das ihn seelisch ungemein aufgewühlt hatte, erhielt Rodolfo, sobald Irena schlief, den Besuch Maria Eduardas. Sie teilte ihm alle Einzelheiten ihres Lebens mit, daß sie unglücklich verheiratet gewesen war, nachdem sie sich lange in der stillen Hoffnung, daß Rodolfo wiederkäme, den Werbungen ihres nachmaligen Gatten, eines Arztes, widersetzt hatte: daß sie 1911 in den Wohnort ihres Mannes übersiedelt sei, wo er praktizierte. Ferner, daß sie zwei Kinder gebar, die jetzt bei ihrer älteren Schwester in Sao Paulo erzogen würden, da sie selber (Maria Eduarda) nach der Fehlgeburt ihres dritten Kindes im Jahre 1919 gestorben sei. Sie gab ihm die genaue Anschrift ihrer Schwester, damit er sich erkundigen könne, und versicherte ihm, daß sie ihn nie vergessen habe, und daß eine tiefe, unerklärliche Liebe sie an ihn fessele. Nie sei sein Bild ihrem Gedächtnis entschwunden, und selbst in den Armen ihres Gatten habe sie stets nur an ihn gedacht...

Gessmann lauschte mit zunehmender Spannung den seltsamen Schilderungen seines Freundes.

Nicht weniger unglaublich aber war die Angabe, daß Maria Eduarda sich seitdem jede Nacht in Irena manifestiert und sich Rodolfo in zärtlichster Weise nähert. – Irena hatte von der Doppelrolle, die sie spielte, keine Spur einer Ahnung!

Rodolfo schilderte im weiteren die merkwürdigsten Phänomene, die er im Laufe der Zeit mit Irena und Maria Eduarda erlebte und sagte am Schluß, daß er heute abend, nach der Rückkehr vom Ausflug, das Bild Maria Eduardas zeigen würde, das er auf eigenartige Weise bekommen habe. Die Angaben Maria Eduardas hatte er übrigens von einer Auskunftei diskret überprüfen lassen und fand sie voll bestätigt.

Die beiden setzten dann ihre Wanderung fort und es gelang ihnen, das Gipfelplateau des Gavea-Berges zu erklimmen. Weil jedoch Kompaß und Taschenlampe vom Ingenieur vergessen worden waren, konnte bei der in den Tropen rasch einbrechenden Dunkelheit der Abstieg nicht mehr gefunden werden. Im Zuge einer weiteren außergewöhnlichen Begebenheit, die zu schildern hier aus Platzgründen unterbleiben muß, fanden sich die vermißten Gegenstände in einem der (zuvor ergebnislos ausgeleerten) Rucksäcke, so daß eine Rückkehr noch in der gleichen Nacht möglich wurde.
In Übereinkunft mit Rodolfo begann nun Gessmann mit Versuchen, Irena vom Einfluß Maria Eduardas zu befreien. Freilich erwies sich dieses Vorhaben als schwieriger, als er selbst geglaubt hatte, aber schlußendlich gelang es ihm mittels hypnotischer Behandlung, und er vermochte Maria Eduarda davon zu überzeugen, daß sie durch ihr egoistisches Verhalten sowohl ihren Freund als auch Irena gesundheitlich schädige. Sie erklärte jedoch, daß sie es bis zur Geburt des Kindes nicht unterlassen könne, sich zu manifestieren, und daß sie sich in dem neu entstehenden Körper wiedereinverleiben dürfe. Des weiteren teilte sie mit, daß es ihr mit fortschreitender Schwangerschaft immer schwerer fallen würde, sich zu äußern. Auf jeden Fall sei dies mit der Geburt des zu erwartenden Mädchens zu Ende, und sie werde Rodolfo eine sehr anhängliche und liebevolle Tochter sein!
Gessmann erwiderte hierauf, es sei leicht, solche Behauptungen aufzustellen; wie wolle sie denn einen glaubwürdigen Identitätsbeweis ihrer Reinkarnation liefern? Darauf entgegnete Maria Eduarda, daß sie als Tochter Rodolfos an ihrem siebenten Geburtstag einen Satz äußern würde, der dem Vater diese Gewißheit geben kann. Dieser Satz würde lauten: »Sag mir, Vater, warum heiße ich Maria Eduarda?«
Und das wirklich Wunderbare traf ein, denn Gessmann erhielt Ende 1928 durch Vermittlung des brasilianischen Generalkonsulats in Paris einen Brief von Rodolfo, worin er mitteilte, daß sein Töchterchen Maria Eduarda, an deren siebentem Geburtstag, als sie miteinander allein waren, ihm wortwörtlich die da-

mals angekündigte Frage stellte, an die der Vater nicht im entferntesten mehr gedacht hatte. Rodolfo schrieb ferner, daß seine Frau, mit der er sich sehr gut verstünde, nie wieder paranormale Zustände gehabt und ihre Medialität vollständig verloren habe. Lediglich äußerst lebhafte und deutliche Träume habe sie zuweilen.

# Die Lehre vom Karma, Spekulation oder Gesetz?

> Das Überleben der westlichen Zivilisation hängt von der Wiedereinführung der Karma-Idee im Denken der Masse ab.
> *Paul Brunton*

Keinem zur Weisheit strebenden Menschen kann verborgen bleiben, daß Harmonie ein Universalgesetz im Naturgeschehen ist. *Surya* bemerkt hierzu: »Ein Aspekt dieses Universalgesetzes ist *Karma*, das Gesetz der ausgleichenden Gerechtigkeit, das fortwährend bestrebt ist, in allen Dingen und Verhältnissen immer wieder das Gleichgewicht, die Harmonie herzustellen; was aber nur geschehen kann, wenn die störenden Ursachen beseitigt oder in harmonisch wirkende umgewandelt werden. Aber alles, was sich auf die Dauer aus Eigenwillen dem Gesetz der Harmonie widersetzt, wird von der von ihm selbst ins Leben gerufenen Reaktion früher oder später zermalmt.«

Karma, die Nemesis der Griechen, ist die »ausgleichende göttliche Gerechtigkeit« in der christlichen Mystik. »Alles verschiedene Namen für ein und dieselbe Sache, für das große Gesetz, wonach Aktion gleich Reaktion ist«, schrieb Surya und sagt weiter: »Nur ein kleiner Unterschied ist zwischen der Wirkungsweise dieses universellen Gesetzes auf der physischen und der moralischen Ebene, nämlich der, daß die Reaktion auf der ersteren meist sofort erfolgt, hingegen auf der moralischen Ebene meist erst nach längerer Zeit, weil oft erst in einem späteren Erdenleben sich dazu Gelegenheit bietet.«

Dies widerspräche allerdings völlig der Lehre von den angeblich ewigen Höllenstrafen[47] samt der paulinischen Ansicht von der Prädestination, der göttlichen Vorherbestimmung. Letztere kann eigentlich nur denselben Fatalismus zur Folge haben wie eine dogmatisch aufgefaßte Reinkarnationslehre.[48] Aber gerade das Verhalten und die Aussagen Jenseitiger, bezeugt aus

zahllosen und in bestimmten Merkmalen übereinstimmenden Berichten, kann – nach du Prel – nur aus ihrem vorangegangenen individuellen Leben erklärt werden und aus der Veränderung, die der Tod herbeiführte. So tiefgreifend diese Veränderung auch sein möge, all das, was unsere ichbewußte Persönlichkeit ausmacht, bleibe davon unberührt. Hier gelte die Lehre vom Karma, der zufolge wir nach dem Abscheiden aus dem Diesseits nur diejenigen Wirkungen erwarten können, zu denen wir auf Erden die Ursache legten. Der Satz von der Erhaltung der Energie umfasse den materiellen Bereich ebenso wie jenen der ethisch-moralischen und geistigen Prinzipien. Infolgedessen würden wir nicht *für* unser Verhalten belohnt oder bestraft, sondern *durch* dasselbe. Die Stimme des Gewissens, welches die Stimme unseres transzendentalen, eigentlichen Ichs sei, und die schon während des Erdenlebens »als eine die Empfindungsschwelle überschreitende Mahnung« uns oft oder zuweilen leitet, werde nach dem Ablegen des irdischen Körpers frei von diesem Hemmnis und uns dadurch in aller Schärfe bewußt. Intensive Wünsche, die unser Leben prägten, könne der Sterbevorgang nicht ausmerzen, »und was uns in den letzten Lebensaugenblicken als Liebe, Haß, Reue beseelte, wird auch nach dem Tode seine Befriedigung suchen«.[49]
Schon während unserer diesseitigen Lebensspanne erfahren wir Folgen und Auswirkungen unserer Verhaltensweisen. Diese jedermann offenkundige Tatsache beweist das Vorhandensein einer Gesetzmäßigkeit, die dem Begriff »Karma« entspricht. Karma heißt soviel wie Tat oder Werk, bedeutet aber zugleich die Frucht oder Folge des Tuns (oder Unterlassens). Auf die Wiedergeburtslehre bezogen ist nach Eduard Ludl unter »Karma« das Wirken des Kausalitätsprinzips, des Gesetzes von Ursache und Wirkung zu verstehen, das über Geburt, Leben, Tod und Wiedergeburt hinweg, von der weitesten Vergangenheit bis in jene ferne Zeit reicht, da wir dorthin zurückkehren dürfen, von wo wir vor Äonen ausgegangen sind, zu Gott.
Die Karmalehre soll um etwa 600 v. Chr. entstanden sein und damals in religiöser Hinsicht ein gründliches Umdenken bedeutet haben: Des Menschen Zukunft über den Tod hinaus

hing nicht mehr von der Launenhaftigkeit irgendwelcher Gottheiten ab, die mit Opfern und Lobhudeleien gnädig gestimmt werden mußten, auch nicht mehr von der Wirksamkeit priesterlicher Rituale, sondern einzig und allein vom Menschen selber, von seinem eigenen Verhalten.
Damals wie heute weist diese Lehre beachtliche Qualitäten auf, eben weil sei von der Angst vor Göttern und deren unberechenbaren »Ratschlüssen« zu befreien vermag. Das Karmaprinzip, als Gesetz verstanden, darf sehr wohl als ethisches Lebensgesetz gelten, das auch an mehreren Stellen im Neuen Testament klar zum Ausdruck kommt, wie: »Mit welcherlei Maß ihr messet, wird euch gemessen werden«; »Wer das Schwert nimmt, wird durch das Schwert umkommen« und andere mehr. Ja schon im Vaterunsergebet ist das Karmaprinzip verankert, wenn wir bitten, uns in gleichem Maße zu vergeben, wie wir das anderen gegenüber tun. Und selbst das, was Reinkarnationsgläubigen gern vorgehalten wird, nämlich die Unbarmherzigkeit eines gnadenlosen Vergeltungsprinzips, finden wir auch in der christlichen Lehre: die Sünde wider den Geist wird nicht vergeben, »weder in dieser noch in jener Welt«, d. h., weder im Diesseits noch im Jenseits (Matth. 12,32). Hier wäre dem Vorwurf der Unbarmherzigkeit nur mit dem Hinweis auf Wiedergutmachung im Rahmen eines neuen Erdenlebens zu begegnen, sonst hätte das Christentum dem Buddhismus in punkto Ausgeliefertsein an ein starres und unpersönliches Vergeltungsprinzip nichts voraus. Die christliche Hoffnung wird fundamental getragen vom Glauben an einen persönlichen Gott, Schöpfer und Erhalter des Alls, bei dem das Verzeihenkönnen doch weitaus denkbarer sein müßte als bei einem irdischen Vater. Während sich über den Buddhisten – bildlich gesprochen – ein in ewiger Gerechtigkeit erstarrter Himmel wölbt, erscheint für den Christen dieses kalte Gewölbe gesprengt durch das Wort der Gnade: »Dir ist deine Schuld vergeben!« Auf der einen Seite also die logisch sehr einleuchtende, viele aber zum Pessimismus verleitende Lehre von Karma und Wiedergeburt, auf der andern der hoffnungsfrohe Glaube an Gnade und Vergebung. Schließen beide einander aus?

Nach verbreiteter indischer Auffassung kann man dem »Samsara«, dem Rad der Wiedergeburten nur entrinnen, indem man kein Karma mehr produziert. Im Gegensatz zu uns scheint man sich dort weniger vor dem Tode zu fürchten, als vielmehr vor einem Ewig-leben-müssen, vor der endlosen Tretmühle ständig neuer Inkarnationen. Yogis versuchen deshalb, mittels mystischer Übungen und Verinnerlichung diesem Kreislauf zu entfliehen, um endlich eingehen zu können ins Nirwana und dem damit verbundenen Freisein von jedweder Lebensgier, die zu einer Reinkarnation führen könnte.[50] Fast scheint es, als würde hier Indien diesmal vom Westen befruchtet und nicht umgekehrt, indem die pessimistische, zu Passivität und Resignation verleitende Karma- und Wiedergeburtslehre einen optimistischen Charakter annimmt, der aus dem sturen Kreislaufdenken herausführt, hin zum Evolutionsprinzip der Höherentwicklung durch Selbstarbeit.

Betrachten wir kurz einige Aspekte des üblichen Karmaverständnisses.

**Karma-Ursachen** – *Gina Cerminara* gibt in ihrem Buch »Erregende Zeugnisse von Karma und Wiedergeburt«, das auf den Aussagen von *Edgar Cayce* fußt, vier Ursachenbereiche an: physische, seelische, geistige und ethische. Nach Emanuel gibt es zwei Faktoren, die den Geist in die Wiedereinkörperung führen können: Lebenslust (weswegen im Buddhismus Begierdelosigkeit angestrebt wird) oder der Wunsch nach rascherem geistigen Fortschreiten. Hier wäre wohl noch der dritte und sehr wahrscheinlich häufigste Inkarnationsgrund anzuführen, der des Müssens; denn bis zu einer bestimmten ethischen Entwicklungsstufe scheint sich das Reinkarnationsprinzip als *Zwang* zu manifestieren.

*Adelma von Vay* wurden vier Arten von Einverleibung genannt: 1. Die Einkörperung zutiefst entarteter Geister, die alle Vernunft verloren haben, in Völker, die wie Tiermenschen leben. Bei solchen müsse die Vernunft im Verlaufe mehrerer Inkarnationen erst wieder entwickelt werden. 2. Sühnungen, mithin ebenfalls solche, die dem Sühnegesetz unterliegen, aber ohne »Rückstufung« in ein sogenanntes Naturvolk, und 3.

Missions-Einverleibungen. Diese seien freiwilliger Art. Die 4. Kategorie betreffe außergesetzliche, erzwungene Inkarnationen. »Silberbirke« nennt nur zwei grundverschiedene Arten von Reinkarnation: Inkarnation der alten Seele, die wieder in die Materie hineingeboren wird, und Fleischwerdung einer neuen Seele, die zum ersten Mal »als individuelle Persönlichkeit in der physischen Welt antritt«. Mit der »neuen Seele« ist hier eine aus einer Tiergruppenseele herauspotenzierte Wesenheit gemeint, die alle Phasen der Tier-, Vogel-, Fisch- und Reptilienentwicklungen bis zurück zum ersten Keimen des Lebens im Urschlamm der Erde durchlaufen hat.[51]

**Unterlassungssünden,** z. B. unterlassene Hilfeleistung oder Gleichgültigkeit der Not anderer gegenüber (wozu auch die Tierwelt gehört), wirken sich karmisch nachteilig aus. Den Cayce-Akten entstammt der Fall eines Mannes, dessen Gattin, nach der Geburt eines Mädchens mit einem sogenannten Wasserkopf, gestorben war. Für dieses Kind erhielt man keine der bei Cayce üblichen Lebensbotschaften, so daß ein Hinweis auf karmische Ursachen der Mißgestaltung fehlt. Dem Vater jedoch wurde gesagt: »In deiner letzten Inkarnation hättest du helfen können und tatest es nicht. Du sollst nun jetzt besser helfen.« Er sei Kaufmann in D. gewesen, habe intellektuell und materiell gewonnen, spirituell jedoch verloren. Gleichgültigkeit gegenüber fremdem Leid als »passive Sünde« wiegt demnach genau so schwer wie ein aktiv begangenes Verbrechen, weshalb allein schon aus dieser Sicht der Glaube an Karma und Reinkarnation niemals zum Fatalismus verführen dürfte.

Im genannten Beispiel könnte man von einer indirekten karmischen Folge sprechen, einer Art stellvertretendem Leiden, indem der Mann »einer schmerzlichen, erziehungswirksamen Erfahrung bedurfte, um einen Charaktermangel zu beheben und Mitgefühl zu entwickeln« (über das Karma der Mitleidlosen findet sich in Cerminaras Buch ein lesenswertes Kapitel). Solchermaßen indirekte Auswirkungen vergangenen Fehlverhaltens betrachtet die Verfasserin als Hinweis, daß das Karmagesetz *nicht* mit der automatischen Präzision einer Maschine arbeitet. Karma sei zwar sicherlich ein genaues Gesetz; dessen

Zweck sei jedoch ein erzieherischer, was letztlich unserem spirituellen Fortschritt und somit dem persönlichen Glück diene, wenn wir dieses Gesetz richtig auffassen.

**Der Mißbrauch von Begabungen** zum Zweck des Erwerbs ausschließlich materieller Vorteile kann offenbar ebenfalls sehr ungute Folgen zeitigen. So ist in den Cayce-Botschaften von einer jüdischen Familie die Rede, wo angeblich die Schönheit der Tochter von deren Eltern dazu mißbraucht worden war, politische Vorteile zu ergattern. Die drei inkarnierten wiederum als Familie, wobei die Tochter von früher Kindheit an mit Epilepsie behaftet ist.

**Unduldsamkeit,** Kritik- und Verdammungssucht, Hochmut oder gar Haß gelten allgemein als karmisch folgenschwere Fehler, die man möglichst vermeiden sollte. Charakterlich-moralisches Fehlverhalten könnte im nächsten Erdenleben seelische oder körperliche Leiden zur Folge haben, oft in Form von Drüsenstörungen. Die Drüsen gelten als »Brennpunkte karmischer Auslösung«. So wird vor dem Hintergrund der unter dem Begriff »Karma-Lehre« erkannten Schicksalsgesetze das geflügelte Wort »Gottes Mühlen mahlen langsam, aber sicher« erst in seinem tieferen und umfassenden Sinn erkennbar.

Unduldsam sollten wir nur gegenüber der Unduldsamkeit sein; was freilich keinen Verzicht auf Widerstand bedeuten darf gegen das Böse an sich. Freilich, was unter bestimmten Verhältnissen gut sein kann, erweist sich unter veränderten Umständen als böse und umgekehrt, aber das ist hier nicht gemeint. Es gibt prinzipiell Böses, und »der gute Mensch in seinem dunklen Drange, ist sich des rechten Weges wohl bewußt«.

**Kritiksucht** als moralischer Mangel bleibt nach Cayce ebenfalls nicht folgenlos für den Urheber. In einer Botschaft hieß es: »Wir finden, daß die Wesenheit im Verlauf der Verschlechterung ihres Charakters, auch ziemlich hart in ihrer Kritik gegenüber anderen geworden ist. Diese Neigung sollte gemäßigt werden, denn was man über andere sagt, wird gewöhnlich einst der eigene Zustand in dieser oder jener Form.« Somit erschiene auch Matth. 12, 36–37 in einem klareren Licht, wonach »am Tage des Gerichts« jeder auch nach seinen Worten beurteilt wird. Gina Cerminara hält es nicht für unlogisch, diesen »Gerichtstag« auf jenen Zeitpunkt zu beziehen, an welchem die karmische Schuld fällig wird.

Besonders schwere Fesseln schmiedet der **Haß.** Er verhindert nach unserem Tode die Loslösung vom irdischen Bereich und bindet uns an diejenigen Personen, Gruppen oder Dinge, die wir mit unserem Haß begifteten. Auch Nationalitäten-, Rassen- oder Klassenhaß ziehen artverwandte Folgen nach sich, so daß man im nächsten Leben, möglicherweise als Angehöriger der verachteten Gruppe, den (oft unbegründeten) Haß anderer selber zu spüren bekommt. Auflösbar ist die Fessel des Hasses nur durch Vergebung. Vergebung scheint überhaupt die einzige Möglichkeit zu sein, negatives Karma aufzuheben, denn sie macht eine Sühnung überflüssig.

Haben im Irrtum oder in Gutgläubigkeit begangene Handlungen dieselben karmischen Folgen wie bewußtes Tun?

Die Karma-Lehre besagt, daß das *Motiv* einer Handlung ausschlaggebend sei. Spendet beispielsweise jemand eine Summe Geldes für wohltätige Zwecke, um damit sein Ansehen zu erhöhen, so tut er zwar Gutes auf der physischen Ebene, auf der moralischen aber schädigt er sich selbst, indem er sich zu einem Menschen minderwertigen Charakters degradiert. Dasselbe gilt für jemanden, der z. B. aus Spekulationsgründen Wohnhäuser errichten läßt. Jede Kraft wirkt auf der ihr gemäßen Ebene.

**Krankheiten körperlicher oder geistiger Art, angeborene Leiden, behinderte Kinder.** – Gina Cerminara meint, daß für Eltern von behinderten Kindern das Wissen um Karma und Wiedergeburt »eine Quelle der Tröstung und des Mutes« werden könne. In den Cayce-Akten fänden sich nur wenige Beispiele von angeborenen Leiden, die nicht auf karmische Ursachen zurückzuführen sind. Immer wieder sei in diesbezüglichen Botschaften die Wendung enthalten: »Hier handelt es sich um Karma sowohl für die Eltern als auch für das Kind.« Dies sei jedoch keineswegs immer der Fall, »Zufälle und Unfälle« seien durchaus möglich.

Als Beispiel wird ein von Geburt an auf einem Auge blindes

und seit früher Kindheit taubes Mädchen angeführt. Die Cayce-Botschaft für dieses Kind begann mit den Worten: »Ja, welch ein trauriger Zustand. Und kein karmisches Geschehen, sondern ein Unfall oder der Mangel an ausreichender Sorgfalt der Kinderschwester in den ersten Erdentagen des Babys. Die hier angewendeten antiseptischen Mittel wirkten ungünstig auf das Nervensystem des Kindes und verursachten Entzündungen, welche die gesunde Funktion des Nervensystems zerstörten.«
Ein anderer Fall betraf eine Geistesstörung. Hier lautete die Aussage, daß weitgehend geholfen werden könne, weil hier kein karmisches Geschehen, sondern »eine Pfuscherei des Arztes« vorliege. Für die Verursachung dieses Unglücks würde wohl jemand »Wiedergutmachung leisten müssen«.
Aus anderen Antworten sind ebenfalls Hinweise auf physische Ursachen ersichtlich, z. B., daß der Zustand »auf den Verzehr zu vieler stark gewürzter Speisen zurückzuführen« sei. Einem Mann, der als 15jähriger bei einem Unfall ein Bein einbüßte, wurde gesagt: »Dieser Unfall war für deine bessere Entfaltung notwendig. Nicht als irgendeine karmische Schuldabtragung, sondern damit du die Wahrheit erkennen kannst, die dich frei macht.« Womit offensichtlich das gemeint ist, was schon so mancher in seinem Leben selber erfuhr, nämlich, daß ein momentan als Unglück empfundenes Geschehen sich später rückblickend als segensreich erweist. Karmisch gesehen, hätten derlei »Zufälle« dann doch ihren tieferen Sinn gehabt, wie wohl jedes Leiden, jede Krankheit, jeder »Schicksalsschlag« und jedes Herzeleid einen spirituellen Sinn beinhaltet, der als solcher eben erkannt werden will.
Was Geisteskrankheiten anbelangt, so sollen diese, nach Emanuel, stets karmischer Natur sein.[52]
Zu Vererbung wurde bereits Stellung genommen. Ergänzend sei lediglich noch Prof. Ian Stevenson zitiert, der in seinem Buch »Reinkarnation« (S. 230) Rattenzüchtungen erwähnt, bei denen nicht eine bestimmte Fähigkeit als solche vererbt worden sei, sondern lediglich die Neigung, die betreffende Fähigkeit rascher zu erlernen als die Kontrolltiere. Stevenson

meint, Vererbung könne *Ähnlichkeiten* unter Familienmitgliedern erklären, Reinkarnation hingegen einige der *Unterschiede*.

**Verbrechen und Karma** – Hier dürfte sinngemäß dasselbe gelten wie bei Verfehlungen, die im guten Glauben des Rechttuns oder im Irrtum (Unwissenheit) begangen wurden: es kommt auf das *Motiv* an, auf die innere Haltung des Schuldiggewordenen und schlußendlich auch auf die jeweiligen Umstände. Wer im Kriege aus Mordlust tötet oder grundlos brutal gegen Frauen und Kinder des »Feindes« vorgeht, dessen Tun wird karmisch ein anderes Gewicht haben als jemand, der auch seine Soldatenpflichten als Mensch erfüllt, ohne jemandem unnötigerweise Leid zuzufügen.

Mord und böswillig zugefügte Verletzungen, sowohl physischer als auch seelischer Art, ziehen auf jeden Fall karmische Folgen nach sich. Vesme berichtet im 3. Band seiner »Geschichte des Spiritismus« von einem zu Mailand gestorbenen Beamten, dem die Angehörigen irrtümlich ein Medaillon mit in die Gruft gegeben hatten, das sie wiederhaben wollten. Bei der Sargöffnung stellte sich heraus, daß der Mann als Scheintoter begraben worden war. Er hatte sich im Sarg herumgedreht und eine Hand angebissen. Während eines nachfolgenden Kontaktes mit seinem Geist erklärte dieser, sein grausamer Tod sei eine Strafe für ihn gewesen, weil er in seinem Vorleben aus Eifersucht seine Frau lebendig eingemauert habe.

Massenmördern stehen gemäß der Karma-Lehre mehrere schlimme Todesarten bevor. Grundsätzlich gelte jedoch: Jedes mit Vorbedacht verübte Unrecht muß vom Urheber getilgt werden; das sei, so wird von drüben versichert, Gesetz. Die karmischen Folgen unrechten Tuns seien zugleich deren Sühne und das »Zahlungsmittel« zur Begleichung der Schuld.

**Kollektivschuld und Gruppenkarma** – Da unser Leben als Einzelperson nicht nur in das einer Familie, sondern auch in das unseres Volkes und der ganzen Menschheit eingebettet ist, lassen sich unschwer entsprechende Verbindungen und schicksalhafte Wechselwirkungen vermuten. Wir wirken ohnedies, meist unbewußt, durch unser Denken, Tun oder Unterlassen schicksalmitgestaltend über unseren Verwandtschafts- und Freundeskreis hinaus. Somit dürfte es keineswegs egal sein, ob wir uns gegenüber Unrecht oder gar Grausamkeiten gleichgültig verhalten oder ob wir im Rahmen unserer Möglichkeiten dagegen Front machen.[53]

*K. O. Schmidt* nennt fünf »Schicksalszonen«, in die wir und die gleichzeitig auf uns einwirken: 1. Familie, Freunde und »Feinde«; 2. Nachbarn, Bekannte, Arbeitskollegen, wirtschaftliche, soziale und kulturelle Umweltkontakte am Wohnort oder auf Reisen; 3. Volk und Land; 4. Menschheit; 5. unser Anteil am kosmischen Geschehen. Aus der Schicksalsverwobenheit der ersten Zone kann man sich bis zu einem gewissen Grade, vielleicht sogar völlig, durch Wohnungswechsel herauslösen, aus jener der Zonen zwei und drei möglicherweise durch Auswanderung. Auf jeden Fall aber kann man Auswirkungen des bereits vorhandenen Anteils am Kollektivkarma durch rechtes Denken und Handeln nachhaltig beeinflussen und mitbestimmen. Zuvörderst jedoch besteht unsere Pflicht, der Familie, »in die wir hineingeboren wurden, mitzuhelfen, daß das gemeinsame Schicksalsgut sich optimal segenbringend für alle auswirkt, insbesondere dann, wenn das gemeinsame Karma negative Komponenten enthält«. K. O. Schmidt, von dem diese Worte stammen, war überzeugt, daß man auch in den Stürmen kollektiver Katastrophen immer des eigenen Schicksals Gestalter bleibe. Und da man nicht wisse, in welches Land und Volk man das nächste Mal inkarniert, solle man danach streben, »daß überall auf der Erde Verhältnisse geschaffen werden, wie wir sie bei unserer Wiederkehr anzutreffen wünschen«.

Man unterscheidet *drei Arten von Karma:* a) das zur Reife und somit zur Auslösung gelangende derzeitige Ernte-Karma, in Indien »Pralabd-Karma« genannt. Hier handelt es sich um jenes Schicksalsgut aus unserer Vergangenheit, mit dem wir im gegenwärtigen Leben zu tun haben. b) das verborgen noch in uns ruhende künftige »Sinchit-Karma«, das es irgendwann einmal aufzuarbeiten gilt, und c) das Saat-Karma (»Kriyaman-Karma«), für das wir im jetzigen Leben die Ursachen legen und mit dem wir unsere weitere Zukunft gestalten.

Kann karmische Schuld verändert, verringert, aufgeschoben, aufgehoben oder stellvertretend getragen werden? – Die Möglichkeit einer positiven Beeinflussung und somit Änderung des Karmas, eine Art Schicksalsumformung also, deutet allein schon die alte Erfahrungsweisheit an, die da lautet: »Wenn sich der Charakter ändert, ändert sich das Schicksal.«
Ist man aufgrund gewonnener Einsichten zur Überzeugung gelangt, daß man der Baumeister seines eigenen Schicksals war, ist und immer sein wird, so wäre es mehr als unklug, sein Verhalten nicht entsprechend einzurichten. Mit anderen Worten: wir werden bestrebt sein, nur noch positive Kausalketten in Gang zu setzen. Logischerweise zeitigt das andere Folgen als es sonst der Fall gewesen wäre, und eine solche Vollzugsmöglichkeit des Umdenkens und der nunmehr bewußten Schicksalsgestaltung steht jedermann jederzeit offen. Hier liegt *die große Chance* für jeden von uns!
Unser verhältnismäßig freier Wille gestattet uns, zu überlegen, bevor wir handeln. Zumindest haben wir, von Ausnahmesituationen abgesehen, die Freiheit der Wahl in unseren Entscheidungen. Der Entschluß, hier und jetzt ab sofort eine Kurskorrektur zum Positiven hin zu vollziehen, ist und bleibt somit allein eine Sache unseres Willens und der Ausdauer. Eine derartige »Kursberichtigung« beginnt mit und beruht ständig auf unserem Bemühen um Charakterveredelung. Wer dies versucht und durchhält, dessen Schicksal *muß* einen anderen Verlauf nehmen als den, den es genommen hätte, wenn diese Willensanstrengung nicht erfolgt und alles seinen bisherigen Trott weitergegangen wäre. Auf diese Weise ist ausnahmslos jedem von uns eine Schicksalsumformung und damit Karmaveränderung möglich.
Unser *Wollen* ist also erforderlich, um Schicksalszwang in Freiheit umzuwandeln und die vom bisherigen Karma gestellten Weichen umzustellen. Allein diese Tatsache zeigt deutlich auf, daß das Karmagesetz nicht wie ein programmierter Computer arbeitet. Gina Cerminara bringt einen guten Vergleich hierzu: Ein in Bewegung gesetzter Körper zieht gemäß physikalischer Gesetze seine vorbestimmte und vorausberechenbare

Bahn. Seine Bewegungsrichtung könne ebenfalls abgeändert und seine Kraft verringert werden, wenn die neue und starke Energie rechter Gedanken und richtiger Handlungen eingesetzt wird. Dasselbe sagen uns die Botschaften Cayces. Verhaltensfehler seien Folgen mangelnder Erkenntnis und der Willensschwäche oder Bequemlichkeit, erkenntnisgemäß zu handeln. Eine positive Kurskorrektur sei aber letztlich nur auf der Grundlage eines entsprechenden Bewußtseinswandels vollziehbar, das heißt, Beseitigung negativen Karmas setzt voraus, daß ein Mensch seine Geisteshaltung konsequent ändert.

»Obwohl Sklaven der Vergangenheit, sind wir Gebieter der Zukunft«, soll *Blaise Pascal* gesagt haben. Der tschechische Mystiker Karl *Weinfurter* meinte, wenn Karma unveränderbar wäre, gäbe es keine Willensfreiheit. Das noch ruhende, kommende Karma könne man überwinden und beherrschen, indem man alle Kräfte daransetzt, seinen positiven Kurs beizubehalten. Wenn man überdies alles »um Gottes willen« tue, d. h. ohne Hintergedanken auf einen »Lohn«, so würde man kein neues negatives Karma mehr schaffen. »Sobald der Mensch so weit ist, daß er wenigstens einen Teil der geistigen Gesetze erkannt hat, wenigstens einen unbedeutenden Bruchteil seines Verhältnisses zum Schöpfer, ist ihm auch die Macht gegeben, auf das Schicksal bzw. Karma zu wirken, es abzuändern.«[54]

Wenn die Reinkarnationslehre stimmt, so hätten wir noch allerlei Karma aus früheren Existenzen aufzuarbeiten. Das ist keine verlockende Vorstellung. Laut Cayce und der indischen Theorie von den drei Arten von Karma, kann dieses über mehrere Inkarnationen hinweg aufgeschoben bleiben. Für dieses Sinchit-Karma scheint demnach das Sprichwort zu gelten: »Aufgeschoben ist nicht aufgehoben.« Unter »Karma im Aufschub« wird gemeinhin das noch auf seine Auswirkung wartende Schicksalsgut verstanden, welches erst dann zur Einlösung ansteht, wenn die passenden Gesamtbedingungen (Zeitumstände, Familienverhältnisse etc.) gegeben sind oder die Aussicht besteht, die Schicksalslast zu ertragen, ja vielleicht sogar deren eigentlichen Sinn zu erkennen und daran charakterlich zu erstarken. Hier dürfte wohl auch der Grund zu suchen

sein, weshalb gerade gute Menschen oft viel leiden müssen. Zudem hat es den Anschein, als ob derjenige, der mit der erwähnten Kurskorrektur ernst zu machen beginnt, eben dadurch einen größeren Teil von ruhendem Karma an sich zieht, als er andernfalls derzeit zu tragen gehabt hätte. Diese anscheinend alte Erfahrung, die auch Mystiker und Heilige machen mußten, mögen zu der Ansicht von Hebr. 12,6 geführt haben: »Wen Gott lieb hat, den züchtigt er.«[55]
Wie ist es nun mit der **Übertragbarkeit von Karma?** Wäre »stellvertretende Sühne« denkbar?
Buddhismus und Hinduismus unterscheiden sich, von kleinen Gruppen abgesehen, in dieser Frage. Hindus halten die Karmaübertragbarkeit für unmöglich; jeder muß laut hinduistischer Anschauung das auslöffeln, was er sich eingebrockt hat. Im Buddhismus hingegen kennt man die stellvertretende Übernahme von Leiden ebenso wie im Katholizismus. Die »Seherin von Dülmen«, *Katharina Emmerich* (1774–1824), war ob ihrer Fähigkeit bekannt, die Krankheiten anderer übernehmen zu können. Ärztlicherseits wurde dies in einer Reihe von Fällen bestätigt. Es traten bei dieser Nonne verschiedenste, teils schwere Erkrankungen auf, die sie manchmal an den Rand des Grabes zu bringen schienen, dann aber auf ebenso rätselhafte Weise verschwanden, wie sie aufgetaucht waren. Wenn wir annehmen wollen, daß schwere Krankheiten zumeist karmischer Natur sind, so läge bei Menschen wie Katharina Emmerich oder Pater Pio eine teilweise Schicksalsübernahme von anderen vor und somit »stellvertretendes Sühneleiden«, denn diese anderen wurden ihre Krankheit los. Warum auch nicht? So, wie man jemandem materiell helfen, ihm eine Last abnehmen oder erleichtern kann, so müßte dies auf anderen Gebieten doch ebenfalls möglich sein?
Auch **verkehrte Einverleibungen** wären im Rahmen der Reinkarnationslehre vorstellbar. Wie wir bei de Rochas sahen, geschah dies als Sühne für Verfehlungen gegenüber dem anderen Geschlecht. Die uneinverleibten Geister, so heißt es bei Adelma von Vay, würden in ihrem Zustand relativ denselben Versuchungen, Aufgaben und Sühnen unterliegen wie als

Menschen. Durch eigenwillige Widersetzlichkeit komme es mitunter zu verkehrten Einkörperungen; Mannweiber, weibische Männer und physische Hermaphroditen seien Ergebnisse solch »gegensätzlicher Rotation«, wozu mitunter auch Scheinschwangerschaften gehören.

Abschließend sei zur Karmalehre betont, daß sie gewiß jeden Vergleich mit der Ethik des Christentums, des Islam und der mosaischen Religion aushält, ja in diesen Religionen sogar enthalten ist, nur in teils grober Entstellung. Mutet es nicht vernünftiger an, zu wissen oder wenigstens zu ahnen, daß der Mensch sich durch sein Betragen selber belohnt oder bestraft, als dem unberechenbaren Richterspruch einer Gottheit ausgeliefert zu sein, deren Wohlwollen mit Opfern und entwürdigenden Lobhudeleien ergattert werden muß? Gott in solcher Weise zum Despoten erniedrigen zu wollen zeugt von einem bedenklichen Niveau seiner Verehrer. Zudem möge jeder selbst beurteilen, was gottwürdiger ist: Sühne durch Wiedergutmachung, eventuell mittels wiederholter Erdenleben, oder nach einem einmaligen Erdenwandel für alle Ewigkeit in der Hölle verdammt zu sein.

Mit unserer Existenz müssen wir uns wohl oder übel abfinden. Selbstmord wäre kein Ausweg, sondern eine Sackgasse. Der Sinn unseres Daseins geht weit über Fortpflanzungs- und soziale Faktoren hinaus. Über diesen Lebenssinn können uns die Schulwissenschaften nur unbefriedigende Antworten geben. Es muß daher erlaubt sein, auf anderen Wegen als den ihren nach solchen Antworten zu suchen.

*Das Karma*

Es treibt mich das Schicksal im schwimmenden Kahn
auf rastlos sich schäumenden Wogen.
Oft seh' ich die Klippen, den Untergang nahn
und jäh mich zum Abgrund gezogen.
Dann wölbet sich wieder ein heiteres Blau
mit schöpferisch neuen Gedanken,
es gleichet das Dasein der grünenden Au,
läßt mutig den Willen nicht wanken.

Ich frage: »Warum denn die wechselnde Zeit,
bald herzige Freude, bald Trübsal und Leid,
solange auf Erden wir leben?«
Da spricht aus der Stille mein wachender Geist:
Nie kannst du dem Karma entgehen;
ob Licht oder Schatten dein Leben umkreist,
die Proben hier mußt du bestehen!
Es gilt noch zu kämpfen, und wird dir auch heiß,
nur vorwärts und mutig getragen!
Einst winkt dir die Krone, des Siegenden Preis,
warum also kleinlich verzagen?

Der Geist als die innerst lebendigste Kraft,
will mahnen die Seele, daß tätig sie schafft,
veredelnd nach Reinheit zu streben.

*Robert Bornemann*

# Karma und Astrologie

Die alte Streitfrage, ob Astrologie ernst zu nehmen sei oder nicht, wird auf der Erfahrungsebene von Statistiken entschieden. Seit dem Zweiten Weltkrieg, in dem sich sowohl die Alliierten als auch Hitler der Astrologie bedienten, entstanden neue Systeme mit erweiterten Deutungsgesichtspunkten. Zudem setzte eine weltweite Grundlagenforschung in Form statistischer Erhebungen ein, welcher bemerkenswerte Ergebnisse und Einsichten in kosmische Zusammenhänge zu verdanken sind. All dies hat zwar mit Jahrmarktshoroskopie nichts gemein, wohl aber mit der Vorstellung von energetischen Wechselwirkungen zwischen irdischen Organismen und dem Kosmos.[56]
Als 1968 eine Gruppe sowjetischer Wissenschaftler die Entdeckung des feinstofflichen Bioplasma-Körpers bekanntgab, wurde unter anderem betont, daß derselbe auf alle subtilen Einflüsse reagiere, »von dem Gras, auf dem wir gehen, bis zu den Planeten im All.«
Im Westen sind es neben Amerikanern vor allem *M. Gauquelin*, *H. J. Eysenck*, *R. Danneel*, *H. Fiedelsberger* und andere, die bedeutsame Beiträge zur Rehabilitierung der Astrologie leisteten.
Zum Verhältnis Astronomie und Astrologie ist zu sagen, daß sie sich zueinander verhalten wie die Biologie zur Psychologie, denn es handelt sich um zwei grundverschiedene Betrachtungsweisen. *C. G. Jung* schrieb in »Seelenprobleme der Gegenwart«: »Wir sind zu einem Augenblick, an einem gegebenen Ort geboren worden und wir besitzen, gleich wie berühmte Weinsorten, die Qualität des Jahres und der Jahreszeit, die uns zur Welt kommen sah. Nicht mehr behauptet die Astrologie.«
Der verdiente französische Forscher *M. Gauquelin* sagt in seinem Buch »Die Uhren des Kosmos gehen anders«: »Der Mensch wird im Augenblick der Geburt entsprechend einer genetischen Programmierung auf ganz bestimmte ›Planeten-Uh-

ren‹ eingestellt. Danach reagieren Menschen mit gleichem Erbgut auf bestimmte Einflüsse gleich, mit verschiedenem Erbgut jedoch verschieden. Der Organismus eines Kindes wird durch Vererbung geprägt, und dieser Prozeß macht das Kind bei der Geburt empfänglich für bestimmte Gestirneinflüsse.«
Astrologie ist in erster Linie Seelenkunde. Das astrologische Geburtsbild zeigt symbolisch die Struktur des Inhabers, seine Anlagen und die auf ihn beziehungsweise auf seinen Astralkörper einwirkenden Kräfte der Astralebene. Wem freilich die Existenz der »Seelenwelt«, auch »Astralplan« genannt, unbekannt ist, der wird von psychisch beeinflussenden Kräften der Sterne (lat. Astra) kaum zu überzeugen sein. *Paracelsus* sprach vom »Astrum« des Menschen und meinte damit dasselbe, was Schillers Worte »In deiner Brust sind deines Schicksals Sterne« aussagen: das anlagemäßig in uns vorhandene Potential an Möglichkeiten und Tendenzen zur Selbstverwirklichung.
In ihren Grundzügen sind diese Persönlichkeits- und Schicksalsformen vorgegeben. Hingegen wird aus einem Horoskop kaum herauszulesen sein, was man im Laufe seines Lebens aus diesen Vorgaben machen und wie man sich in bestimmten Situationen verhalten wird.
Ein alter astrologischer Grundsatz lautet: »Die Sterne machen geneigt, aber sie zwingen nicht.« Es läge am Menschen selber, ob ungute Gestirnseinflüsse sich voll oder überhaupt auszuwirken vermögen. Durch ethische Bestrebungen könne man sie abschwächen oder völlig neutralisieren und sich dadurch ein besseres Schicksal gestalten, als es ursprünglich beschieden gewesen wäre. Gestützt wird diese Theorie durch die Erfahrung, daß Horoskopinterpretationen und Prognosen bei geistig uninteressierten Durchschnittsmenschen eine bemerkenswert höhere Treffsicherheit aufzuweisen pflegen. Das würde bedeuten: Wer keinerlei Willenskraft zu seiner Charakterveredelung entfaltet, dessen Schicksal läßt sich astrologisch verhältnismäßig genauso vorausberechnen. Schon *Paracelsus* lehrte, daß auf »geistig Wiedergeborene« weder Planeten noch Aszendenten irgendwelche schlimmen Einflüsse auszuüben vermögen. *Surya* sagt hierzu: »Es mag wohl sein, daß gewisse karmische

Schulden in diesem Erdenleben ihre unausbleiblichen Wirkungen erzeugen, hingegen ist es auch möglich, daß andere schlimme karmische Kräfte durch die in diesem Erdenleben erzeugten *guten* Gegenwirkungen sehr gemildert, vielleicht sogar aufgehoben werden. Bis zu einer gewissen Grenze ist also jeder Mensch trotz seines mitgebrachten Karmas seines Glückes Schmied. Der Sternstand im Augenblick der Geburt ist eigentlich nur das Zifferblatt der Schicksalsuhr, d. h. der Mensch wird in jenem astrologischen Augenblick geboren, der seinem bisherigen Karma entspricht. Er tritt mit gewissen karmischen ›Aktiva und Passiva‹ ins Dasein und sein jetziger Lebenslauf ist absolut nicht starr festgelegt; es kommt sehr viel darauf an, welchen Gebrauch der Mensch von seinen Kräften und Anlagen macht. Wer nicht ganz Sklave seiner Leidenschaften ist, kann manchen bösen Einflüssen widerstehen, und so materialistisch auch unser Zeitalter ist, es bietet doch Gelegenheit genug, Gutes zu tun und sich selbst zu vervollkommnen.«[57] Hinsichtlich des Geburtszeitpunktes haben wir hier also dieselbe Auffassung wie *Goethe* sie in die berühmten Worte faßte:

> Wie an dem Tag, der dich der Welt verliehen,
> Die Sonne stand zum Gruße der Planeten,
> Bist alsobald du fort und fort gediehen,
> Nach dem Gesetz, wonach du angetreten.

Gewiß, kosmische Einflüsse sind es nicht allein, die persönlichkeitsprägend wirken. Vererbung, Erziehung und Umweltfaktoren spielen bei alledem ihre gewichtige Rolle, nach Dr. med. *Heinz Fiedelsberger* sogar eine überragende. Er habe aufgrund astrologischer Zwillinge (zwei Geburten in einem Kreißsaal, von verschiedenen Müttern zur gleichen Minute) genügend Beweise in der Hand, »wie massiv die Erbfaktoren sind und wie wenig oft der prägende Faktor der Geburtskonstellation eine Rolle spielt.«[58]

Zieht man dann noch die heutzutage übliche Manipulation der Niederkunft auf einen dem Klinikpersonal genehmen Werktag in Betracht, so gerät die vielfach vertretene Ansicht, man käme genau zum rechten Zeitpunkt seines »karmischen Fahrplans« auf die Welt, füglich ins Wanken.[59]

Zweifellos klingt es bestechend logisch, wenn man hört, jeder bekäme das Horoskop, das er sich karmisch »verdient« habe. Demzufolge hätten wir nicht diesen oder jenen Charakterzug, weil unser Kopf entsprechend geformt oder unsere Hand in eigentümlicher Weise gezeichnet ist, und wir hätten nicht dieses Schicksal, weil unser Horoskop es uns quasi aufzwingt, sondern umgekehrt: *weil* wir so sind, haben wir diese Kopfform, diese Handlinien und dieses Horoskop.[60] *Dr. Max von Kreusch* gelang in zahlreichen Fällen der Nachweis, daß Astrologie, Phrenologie (Charakterkunde nach der Schädelform), Chiromantie (Handlinienkunde) und Graphologie (Handschriftendeutung) in ihren Resultaten übereinstimmten. Und das *müssen* sie letztlich auch, wenn an all diesen divinatorischen, nämlich ehedem als göttlich bezeichneten und mit seherischer Begabung verknüpften »Grenzwissenschaften« etwas dran sein soll.

Wenn also, wie die Erfahrung lehrt, astrologische Einflüsse abgeschwächt oder gar durch Umwandlung in höhere Potenzen (wenn dieser homöopathische Vergleich gestattet ist) zu einer anderen Wirkung transformiert werden können, so wären damit unsere Möglichkeiten zur Schicksalsbeeinflussung ein weiteres Mal offenkundig. Fatalismus kann es daher für folgerichtig Denkende niemals geben.

*Surya* unterteilte uns Menschen in drei Kategorien: die Sklaven, die Halbfreien und die Ganzfreien.

Sklaven ihres Schicksals sind die Triebabhängigen[61] sowie jene, die da wähnen, man dürfe tun oder unterlassen, was immer einem beliebt, weil Religion »Opium für das Volk« sei und es keine Vergeltung gebe.

Halbfreie sind solche, die eingesehen haben, daß man sein Schicksal durch Denken, Wollen und Tun selber mitgestaltet, und man sich deshalb um Weisheit, Charakterveredelung und entsprechendes Verhalten bemühen sollte. Diese Menschen bleiben zwar von »Schicksalsschlägen« nicht verschont, weil

karmische Schulden zu begleichen sind, aber deren Schicksal wird zumeist anders verlaufen als usprünglich vorgezeichnet, und so manche karmische Folge wird sich nur noch in vermindertem Maße auswirken.
Ganzfreie sind Weise und Erleuchtete. Solche haben »überwunden«, haben keine karmischen Schulden mehr und schaffen auch keine neuen. Trifft sie dennoch Leid, so mag dies eher eine Folge ihrer freiwillig übernommenen Aufgabe sein; es ist ihr großes Opfer, das sie bringen, um Tieferstehenden zu helfen.
Bei Katastrophen mit zahllosen Toten und Verletzten erhebt sich die Frage, ob das Geschehen für alle Betroffenen karmisch bedingt war und zu jenem Zeitpunkt alle eine entsprechende astrologische Konstellation hatten?
Wenn dem so wäre, so müßte man das Karmagesetz tatsächlich als computermäßig-mechanisches Vergeltungsprinzip alttestamentlicher Prägung auffassen und in unserem Lebensverlauf nichts anderes sehen können als eine ständige Abwicklung von Karma (siehe das über Fatalismus Gesagte). *Dr. Antonin Ralis* dürfte daher ohne weiteres zuzustimmen sein, wenn er sagt, der ursprüngliche Zweck unseres Lebens könne niemals vorherbestimmtes Leiden sein, sondern geistiges Wachstum mit Hilfe angenehmer und unangenehmer Erfahrungen. Da der Mensch aber Leiden und Anstrengungen gern zu vermeiden sucht und zum Angenehmen tendiert, sorgt sein Karma dafür, daß er vor lauter Wohlsein und Vergnügen nicht zu träge wird.[62]
Andererseits ist die uns Menschen innewohnende Sehnsucht nach Glück vielleicht nichts anderes als ein unterschwelliges Erinnern an längst verklungene Zeiten, in denen wir unvorstellbar glücklich waren?
Wie dem auch sein mag, »der Umgang mit der seriösen Astrologie kann uns helfen, die Bestimmung und Begrenzung des eigenen Lebens zu kennen und guten Mutes anzuerkennen im Bewußtsein, daß unser ganzes jetziges Leben nur eine kleine, aber wichtige Episode darstellt auf einem langen und mühevollen Weg zur geistigen Höherentwicklung. In diesem Sinne ist

das Horoskop nicht nur der ›Kontoauszug‹ aus unseren früheren Daseinsformen, sondern zugleich auch der Kompaß, der uns das Entwicklungsziel für unser gegenwärtiges Leben aufzeigt.«[63]

# Kosmos und harmonikale Gesetze

An dieser Stelle sei eines anderen Fachgebietes Erwähnung getan, das exakter als die Astrologie Hinweise auf kosmische Ordnungsprinzipien eröffnet: die harmonikalen Gesetzmäßigkeiten! Der Winterthurer Komponist und Musikwissenschaftler *Willy Hess* sandte mir einen diesbezüglichen Aufsatz und bemerkte dazu:
»Es gibt wunderbare Zusammenhänge zwischen musikalischen Formgesetzen und den Gesetzen des Kosmos. So entsprechen die drei Arten des Gleichgewichts (stabil, labil, indifferent) durchaus den drei Arten des Harmonischen: Konsonanz, strebende und schwebende Dissonanz. Die mythische Zahl Drei spielt in der Musik ebenfalls eine Rolle: Dreiteilig sind die aufbauenden Urformen Bogen und Bar, die ihrerseits Symbole sind des in sich Ruhenden und des Weiterschreitenden. Dreifaltig ist der musikalische Klang: Höhe, Farbe, Stärke und so weiter.
Ferner: Sieben Tage, sieben Grundstufen der diatonischen Tonleiter. Zwölf temperierte Halbtöne, zwölf Monate (ebenfalls ›temperiert‹ durch den Schalttag; in reiner Stimmung würden die Ketten reiner Intervalle ebenso ins Unendliche führen wie unsere Zeitrechnung ohne den Schalttag alle vier Jahre). Kurz, der Beziehungen sind unzählige.«
In seinem Beitrag »Das harmonikale Hörbild und seine Symbolik«[64] bezieht sich Hess auf die Forschungen des genialen *Hans Kayser* (1891–1964). Dieser wies nach, daß die Schwingungszahlen der konsonanten Intervalle im gesamten belebten und unbelebten Kosmos wirksam sind. »In den Blattadern, den Kristallstrukturen der Minerale, im Rhythmus von Ebbe und Flut, im menschlichen und tierischen Organismus ebenso wie auch in jedem echten Kunstwerk und in den Proportionen architektonischer Werke jener Hochkulturen, die noch den Zusammenhang mit kosmischen Kräften empfanden« schreibt Hess und ergänzt:

»Sogar im Bau der Atome finden wir diese Normen, und selbst in den Planetenbahnen, deren Abstände, in musikalische Töne umgerechnet, eine Tonleiter ergeben, die zur Hälfte Dur-, zur Hälfte Moll-Charakter hat.« Und weiter: »In der Welt der Töne offenbaren sich uns hörend Gesetze, welche gestaltend und ordnend im Universum wirken. Wir verstehen nun auch die ungeheure seelisch-geistige Macht der Welt der Töne über die Seele und das Unheilvolle, ja Satanische einer unedlen, entgötterten Musik.«

Die sogenannte Ober- oder Naturtonreihe, eine Folge von Tönen, deren Schwingungszahlen sich wie 1:2:3:4:5:6 verhalten, ergibt den ausgebreiteten Dur-Dreiklang. Von C aus:

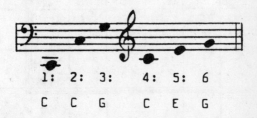

Natürlich geht diese Reihe ins Unendliche weiter, wobei die Tonabstände immer kleiner werden. Es ist gewissermaßen eine tönende Perspektive. Die ersten sechs Töne dieser Reihe nun ergeben die konsonanten Intervalle Oktave, Quinte, Quarte, große und kleine Terz, eben jene Intervalle, deren Schwingungszahlenverhältnisse im ganzen Kosmos wirksam sind.

Bilden wir diese Reihe von oben nach unten, mit den Schwingungszahlen $1 : 1/2 : 1/3 : 1/4$: etc., so erhalten wir ganz analog den ausgebreiteten Moll-Dreiklang.

Schon die alten Griechen kannten diese Gesetze und bildeten jenes Diagramm, das Kayser in etwas vereinfachter Form als »harmonikales Hörbild« aufstellte und das so aussieht: (siehe folgende Seite)

| | | | | | | | |
|---|---|---|---|---|---|---|---|
| 1/1 c | 2/1 c' | 3/1 g' | 4/1 c'' | 5/1 e'' | 6/1 g'' | 7/1 | 8/1 c''' |
| 1/2 'c | 2/2 c | 3/2 g | 4/2 c' | 5/2 e' | 6/2 g' | | 8/2 c'' |
| 1/3 'f | 2/3 'f | 3/3 c | 4/3 f | 5/3 a | 6/3 c' | | 8/3 f' |
| 1/4 ''c | 2/4 'c | 3/4 'g | 4/4 c | 5/4 e | 6/4 g | | 8/4 c' |
| 1/5 ''as | 2/5 ''as | 3/5 'es | 4/5 'as | 5/5 c | 6/5 es | | 8/5 as |
| 1/6 ''f | 2/6 ''f | 3/6 'c | 4/6 'f | 5/6 'a | 6/6 c | | 8/6 f |
| 1/7 | | | | | | 7/7 c | |
| 1/8 '''c | 2/8 ''c | 3/8 ''g | 4/8 'c | 5/8 'e | 6/8 'g | | 8/8 c |

Die kleinen Striche (''') rechts eines Tones geben an, um wie viele Oktaven der betreffende Ton höher ist als der Ausgangston; jene links, wie viele Oktaven der betreffende Ton tiefer ist.

Von links nach rechts haben wir lauter Obertonketten, von oben nach unten lauter Untertonketten. Unter Zugrundelegung der Schwingungszahlen entspricht das aus den Obertönen bestehende Dur-Geschlecht der Welt des Makrokosmos und geht ins Unendliche.
Die Reihen der Untertöne gehen bis ins Kleinste und sind ebenfalls ohne Ende. »Und daß dieses Größte und Kleinste denselben ewigen Gesetzen untertan sind«, bemerkt Willy Hess, »erkennen wir in der Übereinstimmung des Sonnensystems mit einem Atom: In beiden Fällen umkreisen Trabanten (Planeten, Elektronen) einen festen Punkt (Sonne, Atomkern). Und dieses Bild ist wiederum Symbol für alles Sein für jede Individualität: Für mich bin *ich* Mittelpunkt, um den sich alles Geschehen dreht; für ein Tonstück ist es seine Haupttonart, um die sich die Nebentonarten gruppieren; in einer Dichtung umkreisen Nebenhandlungen die Haupthandlung, und jedes echte Werk der bildenden Kunst hat seinen Mittelpunkt, ruht harmonisch in sich selber. Erst eine natur- und gottferne Gegenwart hat auch dieses Urgesetz mißachtet und glaubt in Asymmetrie und Disharmonie neue künstlerische Werte zu finden. Der Gegensatz von Dur und Moll, Konsonanz und Dissonanz, ist für die Musik von so elementarer Bedeutung wie die Gegensätze Psyche und Physis, Licht und Finsternis, Freude und Leid, weiblich und männlich, Leben und Tod, Werden und Vergehen.«
Diese einander durchdringenden Gegensätze, diese beiden urgegensätzlichen »Reiche von Dur und Moll« sind aus der Einheit gezeugt und tragen diese Einheit in sich, indem keines der beiden je in Reinkultur vorhanden ist. Wie jeder weiß, der Harmonielehre studiert hat, gibt es im Dur-Geschlecht auch Moll-Akkorde und umgekehrt. Bekanntermaßen ist in jedem Mann etwas Weibliches und in jeder Frau etwas Männliches vorhanden. Reine Typen gibt es nirgends, es herrscht lediglich ein Typus vor, und dieser gibt dann dem Individuum das Gepräge, wie jeder Psychophysiognomiker weiß. Deshalb sind Monokulturen naturwidrig und stören das biologische Gleichgewicht. Die Natur braucht zwar die Gegensatzspannung, weil ohne sie kein

Leben denkbar wäre, aber gleichzeitig gilt auch für sie das Gesetz: »Etwas von allem ist in allem.«
Und nun zur Wiedereinkörperung, den mehrmaligen Erdenleben: Kayser wies anhand seines Hörbild-Diagramms nach, daß es sie naturgesetzlich geben muß! – Willy Hess schreibt:
»Ein aufmerksamer Blick auf unser Hörbild zeigt dem geübten Auge bald, daß jeder der Töne mehrfach vorkommt, in anderer Umgebung und in neuen Zusammenhängen. Jeder Komponist weiß, wie sehr ein Ton, ein Intervall oder ganzer Akkord sich in seiner Ausdruckskraft, seiner seelisch-geistigen Strahlung verändern kann, je nach dem Zusammenhang, in welchem er erklingt.«
»Kayser sieht darin ein Symbol für die Wiederverkörperung: Auch wir Menschen kommen mehrmals auf die Erde, in immer neuer Umgebung und mit neuen Aufgaben. Ja, die Analogie ist geradezu verblüffend! Jeder Ton hat zwei ›leibliche Eltern‹, da er ja im Kreuzpunkt einer Ober- und einer Untertonreihe liegt, quasi ganz regulär von einem Elternpaar, von Dur und Moll (Vater und Mutter) gezeugt wird. Sein geistiges Sein aber wurzelt in dem geheimnisvollen Punkt o/o, denn dort treffen sich alle Linien, welche die gleichen Töne verbinden. Unser geistiges Ich ist also eine Geburt aus Welten, die jenseits des Physischen liegen. So wird das schöne Wort ›Ihr seid alle Gottes Kinder‹ harmonikal auf eine ganz wunderbare Weise bestätigt.«
Der Mensch, betont Hess, ist sonach Bürger *zweier* Welten, und der Verlust des Kontaktes mit seiner geistigen Urheimat habe jenen grauenvollen Materialismus gezeitigt, an welchem heute die gesamte Menschheit zugrunde zu gehen droht.
Dr. *Wolfgang Ehrenberg*, München, bemerkt in seiner lesenswerten Abhandlung »Die erfahrungswissenschaftliche Grundlage der Religionen«[65] unter anderem:
»Von dem Gesichtspunkt aus, daß wir von der vorletzten Stufe aus die sichersten Hinweise auf die Beschaffenheit der höchsten Stufe gewinnen können, liegt es nahe, vom spezifisch Menschlichen aus, nämlich unserem Sinn für Werte, auf die Existenz absoluter Werte auf überpersönlicher Stufe zu schließen. Danach wäre zu erwarten, daß im Endeffekt – für das

Ganze und für die einzelnen Individuen – alles Chaotische einer organischen Ordnung und alles Häßliche einer Verschönerung zustrebt, daß alles Böse einem Veredelungsprozeß unterworfen ist und allem Leiden eine Verwandlung in Freude bevorsteht, kurz: daß, musikalisch gesprochen, jede Dissonanz nur um ihrer nachfolgenden konsonanten Auflösung willen da ist. Da jedoch die diesseitigen Lebensläufe der meisten Individuen dissonant enden, setzt eine solche musikalische Weltschau ihre Weiterexistenz im Jenseits voraus sowie die Chance, sich dort zu bewähren, wo man versagt hat, also die Gelegenheit zu einer Wiederverkörperung.«

Man ersieht aus alledem, daß eine bessere Beobachtung der Natur und der ihr innewohnenden Gesetzmäßigkeit sehr wohl zu Analogieschlüssen führen würde und müßte, die zur Ausweitung der Prinzipien naturgesetzlich-kosmischer Ordnung auf den seelisch-geistigen und religiösen Bereich geradezu zwingt! Willy Hess meint, es sei beglückend und erstaunlich, wieviel grundsätzlich Übereinstimmendes Hans Kayser anhand der harmonikalen Normen in den Religions- und Philosophiesystemen aller Völker und Zeiten nachzuweisen vermag. In seinem Werk »Orphikon« fordere Kayser nachdrücklich die heute weitgehend verlorengegangene Verknüpfung von Glauben und Wissen, indem er zu bedenken gibt:

»Erhebt in einer klaren Nacht euren Blick zum Sternenhimmel und denkt darüber nach, daß dort oben im unendlichen Dunkel des Weltenraumes, um die unzählbaren Milliarden von Sonnen mit höchster Wahrscheinlichkeit noch weit unzählbarere Milliarden von ›Erden‹ kreisen, die ihr nicht einmal seht! Und dann wagt es noch, euch einzubilden, daß hier, auf diesem winzigen Planeten, ausgerechnet *euer* Glaubensbekenntnis vor Gott, dem Schöpfer des Universums, das einzig wohlgefällige sei!«[66]

# Bibel, Kirche und Reinkarnation

## 1. Judentum und Altes Testament
Wie überall, so lassen sich auch in der Vielfalt des jüdischen Geistesgutes die Aussagen zu den Grundfragen des Lebens auf keinen gemeinsamen Nenner bringen. Die alttestamentlich trostlosen Auffassungen über Tod und Jenseits wandelten sich infolge der Berührung mit anderen Kulturkreisen allmählich, bis etwa um 200 v. Chr. erkannt wurde, daß das Jenseits nicht bloß aus dem »Schattenreich«, Scheol genannt, besteht und nur dunkle Stufen der Hoffnungslosigkeit enthält, sondern auch Bereiche der Glückseligkeit (»Abrahams Schoß«). Hier ist also die Astralwelt im ganzen gemeint, mit ihren Zustandsbereichen der Sühne (Hölle), der Läuterung (Purgatorium) und den »Gefilden der Seligen« (Paradies), worüber anscheinend erst späteren Generationen des Judentums Aufschluß zuteil geworden war. Das mag auch der Grund sein, warum sich erst bei den Pharisäern des spätantiken Judentums und im Talmud der Auferstehungsglaube findet. Im Talmud auch die Präexistenz sowie Hinweise auf eine Art Seelenwanderung, wenn es beispielsweise heißt, Abels Seele sei in Seths Körper und von dort in Moses übergegangen. Im Buch des Israeliten *Schalom Ben-Chorin* »Bruder Jesus, der Nazarener in jüdischer Sicht« wird gesagt, der Wiedergeburtsgedanke sei im Judentum der Zeit Jesu offensichtlich Volksglaube gewesen. Im Talmud fänden sich »oft merkwürdige Notizen, die auf einen Seelenwanderungs- oder Wiedergeburtsglauben schließen lassen, wie etwa die Bemerkung: ›Mordechai, das ist Samuel‹. Hier will gesagt sein, daß der Jude Mordechai, der Onkel der Königin Esther, eine Wiedergeburt des Propheten Samuel war.« Ben-Chorin bemerkt weiter, daß die Seelenwanderungslehre, die mit der Reinkarnation organisch zusammenhänge, in der jüdischen Mystik, der Kabbala, weiterentwickelt und später in den chassidischen Volksglauben eingegangen sei. Nach dieser Vorstellung würde der Mensch mehrfach wiedergeboren, mache

einen »Gilgul-Neschama« (eine Seelenwanderung) durch oder hefte sich einer anderen Seele an (»Ibbur-Neschama«) und werde so lange wiedergeboren, bis er seinen »Tikkun«, seine Erlösung, gefunden habe.[67]
Wollen wir nun im folgenden die Bibel zum Reinkarnationsgedanken befragen, so geschieht dies unter einem ausdrücklichen Vorbehalt, nämlich der Voraussetzung, daß die jeweils zitierten Stellen auch wirklich dem ursprünglichen Text entsprechen. Das ist leider sehr unsicher, besonders was das Neue Testament (NT) anbelangt.[68]
Denn auch die Bibel hat ihre Geschichte, wurde oft überarbeitet, und noch heute wird an ihren Texten herumgefeilt. Zur Frage der Reinkarnation wollen wir sie jedoch so nehmen, wie sie uns jetzt vorliegt, und obwohl die verschiedenen Übersetzungen in zahlreichen Punkten voneinander abweichen.
Im Alten Testament (AT) finden wir wenig, was auf den Wiederverkörperungsgedanken hinweist. Da haben wir die Verse 3 und 4 des 90. Psalms, wo es heißt: »Du lässest die Menschen zum Staub zurückkehren und sprichst: ›Kommt wieder, ihr Menschenkinder!‹«[69]
1. Mose 9,6 lesen wir: »Wer Menschenblut vergießt, dessen Blut soll wieder *durch Menschen* vergossen werden.« Das deckt sich mit Kap. 13, Vers 9 u. 10 der Johannes-Offenbarung, wo geschrieben steht: »Wer andere in Gefangenschaft führt, wandert selbst in Gefangenschaft; wer mit dem Schwert tötet, muß selbst durch das Schwert den Tod finden.« Mit diesen Stellen kann die irdische Justiz schon deshalb nicht gemeint sein, weil es ja in der Praxis damals wie heute die wenigsten sind, die im Erdenleben jenes Schicksal selber erleiden, das sie anderen zugefügt haben. Somit käme zum Verständnis dieser beiden Bibelstellen bloß die Karmaphilosophie im Zusammenhang mit der Wiedereinkörperung als Vergeltungsmöglichkeit in Betracht. Da so schwere Verfehlungen in der Materie begangen wurden, wäre es denkbar, daß sie wiederum nur in derselben gesühnt werden können. Das wären dann die sogenannten »*Todsünden*«; Sünden also, die eine Wiedereinverleibung bedingen.[70]

Eine belangreiche Stelle finden wir im »Buch der Weisheit«, wo im 2. Kap. Vers 5,21 und 22 vom Denken der Gottlosen gesagt wird: »Ein Schatten, der vorüberzieht, das ist unser Leben, und eine Wiederkehr (unseres Endes) gibt es nicht; denn fest versiegelt ist es, und zurück kommt keiner...« – »So denken sie und gehen dabei irre, denn ihre Bosheit macht sie blind. Sie haben keine Kenntnis von Gottes Geheimnissen, haben keine Hoffnung auf einen Lohn für die Frömmigkeit und wollen nichts wissen von einem Ehrenpreis für unsträfliche Seelen.«
Obwohl die Worte »unseres Endes« diese Stelle etwas verdunkeln, und wenngleich hier das alttestamentliche Lohndenken zum Ausdruck kommt, so wird dennoch die Auffassung der Gottlosen, es gebe keine Wiederkehr, als folgenschwerer Irrtum gekennzeichnet. Eine andere sehr bemerkenswerte Stelle besagten Buches, die zwar keinen Hinweis auf die Reinkarnation, aber einen um so deutlicheren auf unser vorgeburtliches Dasein enthält, lautet: »Ich war aber ein wohlbeanlagter junger Mann, oder vielmehr, *weil* ich gutgeartet war, war ich in einen unbefleckten Leib gekommen« (Kap. 8, 19 u. 20). Hier spricht der Verfasser ganz klar von der Zeit vor seiner irdischen Geburt.[71]

Der Prophet Maleachi (Malachias) spricht im 4. Kap. Vers 5 des nach ihm benannten Buches (bei Menge: 3. Kapitel, Vers 23): »Siehe, ich will euch senden den Propheten Elia, ehe denn da komme der große und schreckliche Tag Jahwes.« – Maleachi soll aber im 5. Jh. v. Chr. gelebt haben, also vier Jahrhunderte *nach* Elias. Im übrigen mag hier dasselbe gelten wie das, was wegen Johannes dem Täufer und Elias noch zu sagen sein wird.

In Hesekiel (Ezechiel) 34,23 wird die Reinkarnation König Davids angekündigt, woraus geschlossen werden könnte, daß zur Zeit dieses Propheten die Wiedereinkörperungslehre bekannt war: »Und ich will ihnen einen einzigen Hirten erwecken, der sie weiden soll, meinen Knecht David. Der wird sie weiden und soll ihr Hirte sein.« David lebte um 1000 v. Chr., Hesekiel 400 Jahre später.

Gerne wird die Bibelstelle »Ich suche heim die Sünden der Väter bis ins dritte und vierte Glied« (2. Mose 20,5 und 5. Mose 5,9) zugunsten der Reinkarnationslehre ausgelegt; hiermit sei die dritte und vierte Inkarnation gemeint oder, daß jemand sich in der dritten oder vierten Generation selber wieder verkörpern muß. Der Textzusammenhang jedoch ergibt eine andere, überdies moralisch recht anfechtbare Aussage.[72]

In der jüdischen Kaballa(h) wird gelehrt, daß der Mensch ursprünglich von Gott stamme, daß er von Gott ausgegangen sei und zu ihm zurückkehre, um die verlorene Unsterblichkeit wiederzugewinnen, d. h., einen Zustand zu erreichen, der kein Sterbenmüssen mehr erfordert. Hierzu müsse man so oft wieder inkarnieren, bis dieser Zustand bzw. Reifegrad erreicht ist.[73]

## 2. Neues Testament und Christentum
Im NT finden sich mehrere Stellen, die im Sinne der Reinkarnation ausgelegt werden können
*Heilung des Blindgeborenen* (Joh. 9,2). Seinetwegen wurde Jesus gefragt: »Meister, wer hat gesündigt: dieser, oder seine Eltern, daß er blind geboren wurde?« – Wenn die Jünger also annahmen, daß der Blindgeborene selber gesündigt haben könnte, so wäre dies nur vor seiner Geburt denkbar. Jesus nun, wenn man der Überlieferung glauben darf, bestätigte in seiner Antwort dieses typische Karma-Denken nicht. »Weder dieser hat gesündigt, noch seine Eltern, sondern die Werke Gottes sollen an ihm offenbart werden.« Wäre somit jener Mensch nur deshalb blind geboren worden, damit Jesus später an ihm ein Wunder tun konnte? Es gab doch gewiß noch andere Blindgeborene? Manche Theologen tun sich schwer, die Begebenheit Joh. 9 mit ihrer wunderlichen Gottesvorstellung und einem halbwegs normalen Gerechtigkeitsempfinden in Einklang zu bringen. So bieten sie denn dem Kirchenvolk gewagteste Spekulationen an, wie zum Beispiel, der Blindgeborene habe bereits im Mutterleibe gesündigt oder er habe die Strafe schon im voraus erhalten, um dann im Laufe seines Lebens die entsprechenden Fehltritte noch zu begehen![74]

Hier wäre zu fragen: Könnte es nicht vielmehr so gewesen sein, daß bei diesem Bedauernswerten keine karmische Schuld vorlag, daß seine Erblindung nicht schicksalsbedingt, sondern auf andere Ursachen zurückzuführen war und Jesus ihm eben deshalb helfen konnte bzw. durfte? Auch diese Deutung ist noch wunderbar genug und schmälert Jesu Verdienst und das Geschehen als solches in keiner Weise!

*Johannes der Täufer als wiedergekommener Elias* (Matth. 16,13–14; Mark. 8,27–28; Luk. 9,18–19). »Wer, sagen die Leute, daß ich sei?« fragte Jesus seine Jünger. Antwort: »Sie sagen, du seiest Johannes der Täufer, etliche aber, du seiest Elias; andere aber, es sei der alten Propheten einer auferstanden.«

Diese Stelle wird gerne als Beleg für die Reinkarnationsidee in Anspruch genommen und von Gegnern ebenso gerne widerlegt: Johannes der Täufer war Zeitgenosse Jesu, konnte also nicht in ihm wiedergeboren sein, und Elias galt als nicht gestorben, sondern als »zum Himmel aufgefahren«; um aber reinkarnieren zu können, muß man logischerweise zuvor gestorben sein. Theologischerseits werden wir ferner belehrt, wäre Johannes der Täufer wirklich der reinkarnierte Elias gewesen, dann hätte auf dem »Berge der Verklärung« Johannes erscheinen müssen und nicht Elias.

Hierzu liegen nun allerdings widersprüchliche Angaben im NT selber vor, denn Joh. 1,21–25 zufolge sagt Johannes von sich, er sei *nicht* Elias. Während man dies noch als typisches Merkmal fehlender Erinnerung deuten könnte, sagt Jesus von ihm, er *sei* Elias (»so ihr's wollt annehmen«; Matth. 11,14 und 17,10–13). Lukas 1,17 hinwiederum besagt, Johannes würde dereinst »im Geist und in der Kraft des Elias« wirken, eine Formulierung, die sich nicht als Reinkarnationshinweis deuten läßt. Nur die Antwort der Jünger als solche (»Die Leute sagen, du seiest der Wiedergekommene...«) wäre ohne Wiederverkörperungsglauben unverständlich. Hiergegen wäre höchstens einzuwenden, die Juden damals hätten nur an die Wiederkehr heilsgeschichtlich besonders wichtiger Persönlichkeiten geglaubt.

Aus diesem einen Fall von »Bibelauslegung« kann man ersehen, wie gewagt es mitunter ist, sich auf bestimmte Stellen zu berufen, ja womöglich sogar ein theologisches System darauf zu gründen.

Als einen Hinweis auf Reinkarnation könnte man evtl. die Stelle Offbg. 3,12 betrachten, wo es heißt: »Wer überwindet, den will ich zum Pfeiler im Tempel meines Gottes machen, und er soll nicht mehr hinausgehen.« – Wie viele mögen es wohl sein, die »überwinden« und nicht mehr »hinausgehen«, d. h. inkarnieren müssen? Theoretisch wäre es in einem Erdenleben zu schaffen, in der Praxis aber...

Eine andere Stelle, die auf den ersten Blick nichts mit Reinkarnation zu tun hat, ist Matth. 16,28: »Es stehen etliche hier, die nicht schmecken werden den Tod, bis daß sie des Menschen Sohn kommen sehen in seinem Reich.« Vorausgesetzt, diese und andere auf die Wiederkunft Jesu bezüglichen Worte sind richtig überliefert, so läge hier ein menschlicher Irrtum Jesu vor, weil besagte Wiederkunft bis heute ausblieb. Wollen wir die Irrtumsfähigkeit Jesu für ausgeschlossen halten, so muß er sich damals anders ausgedrückt haben und wurde mißverstanden. Aus den Texten ergibt sich aber der Eindruck, daß die Jünger seinerzeit das kurz bevorstehende Weltende erwarteten und im Zusammenhang damit die Rückkehr Jesu. Das mag sie während der vermeintlich kurzen, noch zur Verfügung stehenden Zeitspanne zu großen Anstrengungen veranlaßt haben, um der erwarteten Herrlichkeit würdig zu werden.

Ein solches gleichsam »Berganstürmen« unter Aufbietung aller Kräfte ist einem spirituellen Vorwärtskommen zweifellos ungemein förderlich, damals wie jederzeit. Vielleicht war es sogar gut, daß der christlichen Kirche das Wissen um die wiederholten Erdenleben verlorenging, weil es für rohe, träge und denkfaule Menschen, die nur durch Androhung furchtbarster Höllenstrafen (vielleicht) wachzurütteln sind, wohl eher schädlich wäre zu wissen, daß man ja noch viel, viel Zeit hat – ganze Ewigkeiten, um das, was man jetzt zu tun versäumt oder nicht schafft, ja irgendwann später einmal nachholen zu können! Von diesem Blickwinkel aus betrachtet, ist das Wissen um die Möglichkeit wiederholter Erdenleben bloß für reife, geistig vorwärtsstrebende Menschen heilsam. Und wem der Reinkarnationsgedanke unannehmbar erscheint, dem mag vielleicht das Karmagesetz einleuchten und ihn veranlassen, an sich zu arbeiten und bewußt seinen Beitrag zu leisten fürs große Ganze, für menschenwürdigere Verhältnisse auf Erden. »Dem Ganzen zum Heil, tue jeder sein Teil!« Gegebenenfalls wird ein solcher Mensch sogar, sofern er frei ist von jedwedem Lohndenken, in seiner spirituellen Entwicklung rascher vorankommen als ein Reinkarnationsgläubiger, der sich schon aus Gründen der Selbstliebe hütet, negative Kausalketten in Gang zu setzen.

In einer Jenseitsbelehrung wird Matth. 16,28 folgendermaßen erläutert: Jesus bemerkte unter seinen Jüngern etliche, die reif geworden waren, in dieser Körperlichkeit (Inkarnation) die letzten Schlacken abzuwerfen und Bewohner höherer Welten zu werden, »wo ihr Geist nicht mehr in so grobe Schalen gezwängt werden muß, um in diesen zu sühnen.« Für sie hatte das Reinkarnationsgesetz aufgehört, ein Fortschrittsmittel zu sein.

Vom »*letzten Heller*« (Matth. 5,26 und 18,34–35) war bereits die Rede. Aus dem Textzusammenhang dieser Stellen ist aber ersichtlich, daß das Entrichten des letzten Hellers nur für denjenigen gilt, der nicht bereit war oder ist, »seinem Bruder von Herzen zu vergeben«. Immer wieder wird alle Betonung auf das Vergeben, das Verzeihen gelegt, auf diese überaus starke Erlösungs- und Befreiungskraft aus schuldhafter Verstrickung. Das jährliche Versöhnungsfest bei den Juden ist eine weise Einrichtung! Als vorerst letzte Möglichkeit sollte man zumindest am Sterbelager Vergebung gewähren oder zu erlangen suchen.

Eine der umstrittensten Stellen im NT ist *das Gespräch Jesu mit Nikodemus*. Joh. 3,3 lautet: »Wahrlich, wahrlich, ich sage dir: Wenn jemand nicht von neuem geboren wird, so kann er das Reich Gottes nicht sehen.«

Genaugenommen spricht diese Antwort *für* die Reinkarnation. Aber die gleiche Aussage ist im übernächsten Vers verändert durch den Zusatz: »Wenn jemand nicht aus (oder durch) Wasser und Geist geboren wird, kann er nicht in das Reich Gottes eingehen.« In Vers 7 heißt es dann wieder: »Wundere dich nicht, daß ich dir gesagt habe: Ihr müßt von neuem geboren werden« (Übersetzung Menge).

Hier haben wir also kurz hintereinander die gleiche Aussage Jesu, nur sind beim zweiten Mal die Worte »aus Wasser und Geist« eingefügt. Vers 5 läßt den Verdacht späterer »Bearbeitung« aufkommen; der ursprüngliche Text sollte wohl zugunsten der Taufe als Vorbedingung einer Aufnahme ins Reich der Himmel verändert werden.

Ob das Nikodemus-Gespräch überhaupt wortgetreu aufgezeichnet worden sein mag, darf füglich bezweifelt werden. Vielfach begegnet man der Meinung, hier sei eine *geistige* Wiedergeburt gemeint. Dem hält jedoch der Aramäisch-Experte Pfarrer *Günther Schwarz* entgegen, daß der Abschnitt Joh. 3,3–13 »etliche Zusätze enthält, die eben diese Deutung ermöglichen sollen, entgegen dem ursprünglichen Sinn.«[75]

Unter »geistiger Wiedergeburt« versteht Emanuel eine Erweiterung des Erkenntniskreises und dessen Betätigung. Dieser Vorgang fände in der Entwicklung eines Geistes unzählige Male statt und sei das jeweilige Überschreiten der Grenze in eine höhere Sphäre der Erkenntnis und der Tatkraft. Laut »Eremit« ist geistige Wiedergeburt das Aufgehen der Seele im Geist, »die Entwicklung der Seele und des Geistes bis zu deren Vereinigung, deren ›Wiedergeburt‹«. Der Verfasser des 2. Korintherbriefes schreibt: »Darum, ist jemand in Christo, so ist er eine neue Kreatur; das Alte ist vergangen, siehe, es ist alles neu geworden« (Kap. 5,17). – Wenn übrigens der Glaube an die Wiederkehr damals so allgemein gewesen wäre, wie Schalom Ben-Chorin meint, so hätte das Nikodemus-Gespräch keinen Sinn gehabt, oder einen, den wir nicht wissen.

Schließlich wollen wir noch Hebr. 9,27 unter die Lupe nehmen, der sowohl von christlichen Gegnern der Reinkarnationslehre, als auch von Vertretern der theologischen »Ganztod-Theorie« gerne ins Feld geführt wird: »Und wie den Menschen gesetzt ist, einmal zu sterben, darnach aber das Gericht ...« Die an sich kaum zu rechtfertigende Betonung des Wortes »einmal«, womit man die Ganztod-Theorie zu begründen pflegt, vermeidet

Menge und übersetzt: »Und so gewiß es den Menschen bevorsteht (oder: bestimmt ist), einmal zu sterben...« Nach Günther Schwarz, dessen Rückübersetzungsergebnisse ins Aramäische überaus belangreich sind, müßte der ursprüngliche Text gelautet haben: »Wie lange den Menschen bestimmt ist zu sterben, danach aber ein Gericht...« Diesem Sachverständigen zufolge ist Hebr. 9,27 »kein tauglicher biblischer Beleg gegen den Wiedergeburtsglauben, sondern eher ein indirekter Beleg *für* ihn.«[76]

## 3. Kirche und Reinkarnation

Die heutigen Gegner der Reinkarnationslehre in den Kirchen und kirchenähnlichen Glaubensgemeinschaften machen es sich mit ihren Gegenargumenten zwar leicht, aber wenn sie sich ernsthaft und unvoreingenommen mit diesem Problem beschäftigen, wird ihr Stand zunehmend schwieriger, zumal die Meinungen und Aussagen der maßgeblichen Kirchenführer von Anbeginn uneinheitlich waren, besonders was die Frage der »Theodizee« anbelangt.

Unter diesem theologischen Fachausdruck versteht man die Rechtfertigung des Glaubens an einen Gott der Liebe im Hinblick auf das oft so sinnlos scheinende Leid in der gottgeschaffenen Welt. Welchen Sinn beispielsweise sollte man im Leiden von Kindern und Tieren erblicken können?

Wegen dieses Problems »rauchten« nicht bloß Theologenköpfe. Schon im AT finden wir die Frage nach dem Warum als zentrales Thema, unter anderem im 37. und 49. Psalm, und vor allem im Buch Hiob. Nur, die Antwort auf die quälende Frage, warum der Fromme leiden muß, während es dem Gottlosen in der Regel recht wohlergeht, fällt in der Bibel recht mager aus und erschöpft sich in der Gegenfrage, ob denn jemand überhaupt das Recht habe, mit Gott zu hadern? Jesaias faßt das in die vorwurfsvollen Worte: »Spricht auch der Ton zu seinem Töpfer: was machst du?« Der Verfasser des Römerbriefes kommt, obwohl er sich mehrere Kapitel lang mit diesem Problem abquält, auch zu keinem anderen als dem höchst unbefriedigenden (um nicht zu sagen: resignierenden) Schluß: »So liegt es nicht an jemandes Wollen oder Laufen, sondern an Gottes Erbarmen« und »Ja, lieber Mensch, wer bist du denn, daß du mit Gott rechten willst? Spricht auch ein Werk zu seinem Meister: Warum machst du mich also?«

Der Weisheit letzter Schluß ist jedenfalls immer der, daß alles in Gottes unerforschlichem Ratschluß begründet liegt, daß wir uns damit abzufinden haben und daß jede diesbezügliche Frage eine gotteslästerliche Anmaßung darstellt.

Warum Kinder leiden müssen, wußte sich auch *Augustinus* nicht zu erklären. Ehrlicherweise bekannte er: »Kommt man auf die Leiden der Kinder zu sprechen, so glaubet mir, daß ich in die größte Verlegenheit gerate und absolut nicht weiß, was ich antworten soll.« Er würde dann nur, so fährt Augustin fort, von der Pein sprechen, die den Kindern nach ihrem Tode droht, wenn sie ohne christliche Taufe sterben (!).

An sich mündet jede Lebensphilosophie zwangsläufig in die Theodizee-Frage ein, wenn versucht wird, den Lauf der Dinge zu begreifen und für ursächlich-hintergründiges Geschehen eine sinnvolle Erklärung zu finden.

Was nun die Kirchengeschichte im Hinblick auf die Reinkarnation anbelangt, so soll sich immerhin eine stattliche Reihe von Kirchenvätern und -lehrern dafür oder zumindest nicht dagegen ausgesprochen haben.

Was *Origenes* (185–245) anbelangt, so lehrte er im wesentlichen die Präexistenz, das vorgeburtliche Dasein. Ferner, daß wir Menschen ursprünglich Wesen einer *geistigen* Welt waren, daß wir infolge Mißbrauchs unserer Freiheit, durch eigenes Verschulden, aus der Gottnähe in die Gottferne gerieten, und nunmehr in die *danach* entstandene materielle Welt einverleibt wurden, um hier zu büßen. Christus habe uns sodann den Rückweg in unsere verlorene Heimat aufgezeigt, indem er uns sagte, wie wir uns verhalten müssen, um wieder in das Reich der Himmel eingehen zu können.[77]

Bei dem denkwürdigen 5. Allgemeinen Konzil zu Konstantinopel im Jahre 553 wurde auf Betreiben Kaiser Justinians die Ansicht von der Präexistenz der Seele verworfen, nachdem schon zehn Jahre zuvor, auf einer Synode der Ostkirche, die betreffende Lehre des Origenes durch Edikt mit dem Bann belegt worden war. Von da an galt jeder als verflucht und vogelfrei, der an dieser Anschauung festhielt. An die Stelle der hoffnungsfrohen Rückführung und Rückkehrmöglichkeit der gefallenen Geister zu Gott trat nun die zutiefst widerchristliche Lehre von der ewigen und somit unwiderruflichen Verdammnis. Aber auch dieser Entscheidung waren viel Streit, Zwang und Intrigen vorausgegangen.[78]

Offiziell nach dem Konzil zu Nicäa (325), aber gewiß auch schon vorher, begann die Abänderung oder Ausmerzung mißliebiger oder unverstandener Bibelstellen in den neutestamentlichen Schriften. Von kirchlichen Behörden ernannte »Correctores« wurden bevollmächtigt, Schrifttexte im Sinne dessen zu korrigieren, was zu jener Zeit als richtig galt. Schlimmer wurde es dann während späterer Jahrhunderte, wo Einschübe, Streichungen und Verfälschung von Texten gang und gäbe waren. Unsere derzeitigen Theologen und Seelsorger sollten daher in der ungeprüften Ablehnung der Wiederverkörperungslehre etwas zurückhaltender sein, und die Besonnenen unter ihnen sind es ja in der Tat. Der Münchener protestantische Theologe Prof. *Adolf Köberle* kann sich zwar mit der Allgemeingültigkeit der Reinkarnation nicht anfreunden, erklärte aber: »Wenn Gott Herr ist über alle Elemente im Himmel und auf Erden, wenn er in seiner Freiheit Verstorbene beauftragen kann, Lebenden in Stunden der Gefahr Wink, Weisung und Warnung zu geben (Vorgänge, die aus der Zeit der großen Kriege glaubwürdig bezeugt sind), dann wollen wir es nicht von vornherein ausschließen, daß der Herr des Alls auch ein verstorbenes Leben zu neuem Auftrag auf die Erde senden kann.«[79]

Dr. *Norbert Klaes*, Professor für Fundamentaltheologie in Paderborn, schreibt im Nachwort zu Torwestens Buch »Sind wir nur einmal auf Erden?«: »Es bleibt zu wünschen, daß der Dialog über die Wiedergeburtslehre weitergeführt wird.«[80]

Im Lager der katholischen Theologie wird die Rechtmäßigkeit des 553er Konzils zu Konstantinopel zunehmend in Zweifel gezogen. Der damalige Papst Vigilius, Günstling der intriganten Kaisersgemahlin Theodora, war 544 gewaltsam nach Konstan-

tinopel gebracht worden, um die Dekrete von 543 zu unterschreiben. Dem Konzil von 553 blieb er ebenfalls fern.[81]
Gerüchtweise verlautete vom letzten Vatikanischen Konzil, daß die Reinkarnationsfrage im Gespräch gewesen sei. Von einem hohen Würdenträger im Vatikan erhielt ich die schriftliche Auskunft, wonach er »mit einem der besten Konsultoren des Konzils sprechen« konnte, der ihm gesagt habe, »daß die Frage aus den Vorbereitungsschemen des Konzilstoffs beseitigt worden ist. Pius XII., aller Wahrscheinlichkeit nach, hat nie solche Gedanken gehabt.«
Sicherlich ist auch dem derzeitigen Oberhaupt, Papst *Johannes Paul II.*, die Lehre von der Wiederholbarkeit des Erdenlebens nicht unbekannt. Am 16. Juni 1984 während seines Schweizbesuches wurde er vom Zürcher Architekten Stefan von *Jankovich* darauf angesprochen. Von Jankovich, der nach einem schweren Autounfall etwa fünf Minuten klinisch tot war, bekam in Luzern Gelegenheit, sein diesbezügliches Buch und einen Brief dem Papst mit ein paar kurzen Erklärungen persönlich zu überreichen.[82]
Während seines klinisch toten Zustandes gewahrte Stefan von Jankovich das für die sogenannten »Sterbe-Erlebnisse« geradezu typische *Ablaufen des Lebensfilmes*, verbunden mit einer enormen Bewußtseinserweiterung, die ihm gestattete, sein bisheriges Leben ethisch glasklar zu beurteilen. Er schreibt: »Der Lebensfilm war bisher mein großartigstes Erlebnis. Ich konnte als Beobachter ganz deutlich sehen, wer ich bin und wie ich bin! Eine dramatische Vorführung des eigenen Charakters mit allen in mir vorhandenen guten und schlechten Eigenschaften. Eine Selbsterkenntnis, wie sie sonst nie möglich ist, wurde dargeboten. Ein schmerzliches Erwachen: bin ich wirklich so?« Und: »Der Lebensfilm zeigte mir, daß wir für alle Taten und *auch Gedanken* die Verantwortung zu tragen haben.« – »Bei der Beurteilung spürte ich, daß das ganze Leben eine Probe war, voll mit Problemen, Hindernissen und Hürden. Wichtig war, wie man diese Probleme, diese Situationen, im Sinne der Harmonie löste.«
Der »Film« habe etwa 2000 Szenen seines Lebens wiedergege-

ben, rückwärtslaufend vom Zeitpunkt des Unfalls bis zur Geburt. Jede Szene sei in sich abgeschlossen gewesen, mit Anfang und Ende, und er habe alles so wahrgenommen, als ob er nicht bloß Hauptdarsteller, sondern zugleich auch Beobachter wäre. »Ich betrachtete mich von allen Seiten und hörte zu, was ich selber sagte. Ich registrierte mit allen meinen Sinnesorganen, was ich sah, hörte, spürte, und auch was ich gedacht hatte. Auch die Gedanken wurden irgendwie Wirklichkeit.«

Wer entsinnt sich da nicht der Stelle Matth. 12,36–37, wo beim »Jüngsten Gericht« von der Beurteilung selbst unserer Worte die Rede ist? Vielleicht enthielt der ursprüngliche Text gar nicht das Wort »jüngsten«? Könnte Jesus nicht jenes »Gericht« gemeint haben, das wir in Form unseres Lebensfilmes am Ende unserer Erdentage vor Augen geführt bekommen, wie zahllose der sogenannten Reanimierten, der klinisch Totgewesenen und Wiederbelebten übereinstimmend bekunden?

Gewiß, bei ihnen war es noch nicht der endgültige Tod, auch nicht bei Stefan von Jankovich, aber das Geschehen wird als echtes Todeserlebnis empfunden und registriert; daher haben die Betreffenden seither auch keine Angst mehr vor dem Sterbenmüssen. Nationalität, Rasse und Weltanschauung scheinen bei solchen Sterbe-Erfahrungen völlig bedeutungslos zu sein, denn alle erleben dasselbe; auch Atheisten (die es dann am längsten gewesen sind). Nur Selbstmörder bilden offenbar eine Ausnahme. Auch wie Kriminelle den Sterbevorgang erleben, wäre interessant zu erfahren.

# Gnade und Erlösung

Was den Karmagedanken so einleuchtend macht, ist die ihm zugrundeliegende logische Gesetzmäßigkeit. Ob christliche Theologen dies anerkennen oder nicht, bleibt ohne Belang, weil Naturgesetze sich um Meinungen nicht zu kümmern pflegen.
Wie aber verträgt sich die Karma-Idee mit dem Gnadenfaktor, mit Vergebung und Erlösung, die doch im Christentum eine so bedeutende Rolle spielen, obwohl sie in krassem Gegensatz zur durchaus gnadenlosen Erbsünden-Lehre und zu manchen Bibelaussagen stehen wie »Aug' um Auge« oder daß keiner von dannen herauskommen wird, ehe denn der letzte Heller bezahlt ist?
Hier haben wir das heiße Eisen der Nur-Reinkarnationsgläubigen vor uns, und nur in wenigen Büchern, in denen die Wiedergeburtslehre vertreten wird, findet dieser gewichtige Punkt überhaupt Erwähnung.[83] Zuweilen hört man zwar, das Karmagesetz sei wohl unbestechlich, aber nicht gnadenlos, weil es »Abzahlungen in Raten« gestatte, kleine Tilgungsraten, so daß die Gesamtschuld erträgbar wird. Da aber jedes neue Leben zwangsläufig auch neue Belastungen mit sich bringt, ist das ein schlechter Trost. Außerdem sind zu solcherlei »Gnade« selbst Zinswucherer fähig, um zu ihrem Geld zu kommen. Wo bleibt da die Vergebung, die »Erlösung von dem Übel«, die vielgepriesene Liebe?
Das sind zweifellos Fragen, die auf den ersten Blick anklagend erscheinen mögen, auf die es aber bei näherer Betrachtung überlegenswerte Antworten gibt.
Das Wort Gnade hat in der Art, wie man es allgemein aufzufassen pflegt, einen Beigeschmack despotischer Willkür. Es soll jedoch von dem altdeutschen Wort »Genahde« abstammen, das soviel wie »sich neigen, herablassen, sich nahen« bedeutet. In religiöser Beziehung wäre das so zu verstehen, daß Gott dem Menschen naht, ihm näherkommt. In der Regel scheint es aber so zu sein, daß der Mensch eine Hilfe erst wollen muß, daß er

seine Willenskraft in dieser Richtung betätigen muß. Dies tut er sonst, wenn es um Vorteile geht, gewöhnlich in recht ausgiebiger Weise; warum nicht auch hier? »Nahet euch zu Gott, so naht er sich zu euch« (Jak. 4,8). Hilfe von oben ist ohne das Streben von unten oft machtlos. Wenn man zu versinken droht, muß man das zugeworfene Seil ergreifen, sonst wird es dem Retter schwer, wenn nicht gar unmöglich, helfend einzugreifen. Das göttliche Prinzip braucht sich uns allerdings nicht erst zu nahen, denn es ist überall und stets gegenwärtig; wir selber verursachen Kontaktschwierigkeiten durch Unglauben oder Unwissenheit. Letztere wäre entschuldbar, Unglaube hingegen muß man als Merkmal geistiger (nicht intellektueller) Degeneration bezeichnen.

Gnade könnte aber auch als ein Ausdruck der Liebe verstanden werden im Sinne von »Gnade vor Recht ergehen lassen«. Was unter Menschen üblich ist, müßte doch auf höherer Ebene erst recht möglich sein. Wäre »Sündenvergebung« vielleicht so zu verstehen, daß die *Folgen* unseres Fehlverhaltens erlassen werden? Das wäre gewiß etwas Großes, Göttliches, aber dadurch wären noch nicht unsere Charaktermängel beseitigt; die werden wir wohl selber überwinden müssen.

Der Glaube allein enthebt nicht des Tuns. In den Gemütern der Gläubigen sollte daher jede ethisch hochwertige Religion als Anleitung zu rechtem Denken und Handeln empfunden werden. Es sei denn, man hält eisern am theologischen Trägheitsdogma fest, wonach Gnade ist, glauben zu können, ja daß man überhaupt nichts anderes zu tun brauche als zu glauben, alles andere liege in Gottes Gnade und Erbarmen, daß Jesus zu unserer Erlösung schon alles getan habe und so fort.

Ob das wirklich so einfach ist?

Verfehlungen gegen uns selbst, z. B. in Form einer unvernünftigen und somit naturwidrigen Lebensweise, werden wir wohl auch selber »sühnen«, nämlich die Folgen tragen müssen. Was jedoch anderen zugefügt wurde, wird logischerweise nur derjenige vergeben können, den es betraf. Deshalb hat ja, wie nachtodliche Erfahrungen deutlich machen, das Verzeihen, das Verzeihenkönnen und das Verziehenbekommen eine so enorm

lösende, *er*lösende und somit befreiende Wirkung! »Vergib uns, wie wir vergeben.« Sühne wird dann überflüssig, weil derjenige, dem großmütig verziehen wurde, aufgrund seines (schon jetzt oder nach dem Tode) erweiterten Erkenntniskreises ohnehin bemüht sein wird, sich der ihm widerfahrenen Großmut würdig zu erweisen. Somit wäre unser erlösendes Verzeihen ein geistiges Plus sowohl für uns selber, als auch für den andern.
Es ist, wie *Friedrich Funcke* ganz richtig sagt, ein gegenseitiges Freimachen in Liebe. Allgemein angewandt, würde ein solches Verhalten zu menschenwürdigeren Verhältnissen im Diesseits führen und gleichzeitig karmisch unseren künftigen Weg ebnen. Die Worte »Richtet nicht, damit ihr nicht gerichtet werdet« enthalten den Gnadenfaktor, nämlich eine quasi versprochene Schulderlassung, sofern wir nach dieser Richtlinie handeln.
Einer Gnade gleich kommt ferner das Vergessen unserer vorigen Entwicklungsphasen, das Nichterinnern an unsere vorgeburtliche Existenz und somit an das, was wir vormals verschuldet haben im Guten wie im Bösen. Schon im gegenwärtigen Leben möchte man gerne manches ungeschehen machen und nicht daran erinnert werden; um wieviel weniger erst an die Schuld oder Mitschuld vergangener Jahrtausende, um die zu wissen gleichbedeutend wäre mit lähmender Furcht vor noch bevorstehender karmischer Vergeltung.
Von christlich-theologischer Seite wird der Karma- und Reinkarnationslehre vor allem entgegengehalten, daß sie a) die Selbsterlösung an die Stelle der Erlösung durch Christus setze, und b), daß seit dem Erscheinen Jesu alles anders sei und daß seitdem »das Gesetz der Gnade« walte.
Auf den Vorwurf der Selbsterlösung wäre zu erwidern, daß es sich bei der Reinkarnationsidee nicht um Selbst*er*lösung handelt, sondern um Selbst*arbeit*, um Eigenleistung, und damit um *Entwicklung*. Auch dem Neuen Testament zufolge scheint es keine Erlösung ohne Selbstarbeit zu geben, zumal letztere auch Selbst*überwindung* einschließt. Denn wir ernten gemäß unserer Saat, und auch das Wort vom Letzten Heller deutet

darauf hin, daß alles harmonisiert, ausgeglichen werden muß.
– Schreibmedial empfangene Verse des jenseitigen Dichters
»Ephides« besagen hierzu:

> Erlösung kommt von innen, nicht von außen,
> und wird erworben nur, und nicht geschenkt.
> Sie ist die Kraft des Innern, die von draußen
> rückstrahlend Deines Schicksals Ströme lenkt.
>
> Was fürchtest Du? Es kann Dir nur begegnen,
> was Dir gemäß und was Dir dienlich ist.
> Ich weiß den Tag, da Du Dein Leid wirst segnen,
> das Dich gelehrt, zu werden, was Du bist.

Christliche Gegner der Wiedergeburtstheorie sagen, seit Jesus sei alles anders geworden. *Alfons Rosenberg* meint in seinem Buch »Die Seelenreise«, durch Jesus sei zwar nicht das Gesetz der Entwicklung im physischen, seelischen und geistigen Bereich aufgehoben, »aber doch durchkreuzt durch die anteilnehmende Gnade einerseits« und andererseits durch die nunmehr möglich gewordene Freiheit des Menschen, sich für Gut oder Böse entscheiden zu können. Nun, konnten das die Menschen vor Jesus Zeiten nicht?
Immerhin findet sich eine ähnliche Aussage in einer medial empfangenen Erläuterung des Lukas-Evangeliums, in welcher die Reinkarnationslehre stark betont wird und wo es heißt, mit Christus habe die Ära individueller Gewissensfreiheit begonnen, während mit dem modernen, höheren Spiritismus die Ära allgemeiner Denkfreiheit eingesetzt habe.[84]
In einem der äußerst wenigen Bücher gegen die Reinkarnations-Idee bezieht sich der Verfasser auf die von *Jakob Lorber* empfangenen Belehrungen und schreibt: »Seit dem Opfertod Christi gilt nicht mehr das naturhaft primitive Karmagesetz mit Reinkarnationszwang, sondern das Erlösungsgesetz der Liebe und der Gnade, also der Kraft aus dem Hl. Geist, die einer höheren Sphäre angehört.«[85] Emanuel hingegen bestreitet die

Aufhebung des Reinkarnationsgesetzes durch Jesus; in der Welt der ewigen Gesetze Gottes könne nie eine Wirkung ausklingen, ohne daß zuvor die Ursache aufgehoben sei. Der Zweck des Kommens Jesu sei gewesen, uns Wahrheit zu bringen. »Und wenn ihr, diese Wahrheit erkennend, ihr *lebt*, so macht sie euch frei von Gesetzen, die bis zu dieser Erkenntnis *zwingend* für euch gewesen. Doch wenn euer freier Wille und eure tatkräftige selbstlose Arbeit euch nicht erhebt und befreit, so bleibt ihr diesen Gesetzen verfallen; denn Christus kam nicht, das Gesetz umzustoßen, sondern zu erfüllen. – Sein Kommen auf die Erde brachte euch Lehre; doch nicht das *Bringen* der Lehre befreit euch, sondern ihre *Befolgung*. Wie kann es denn auch anders sein?«[86]

Somit könnte unter dem Begriff »Erlösung« durchaus auch das Freiwerden vom Rad der Wiedergeburten verstanden werden, und damit »die Freiheit der Kinder Gottes«.[87] Nach der von Baronin *Vay* empfangenen Sphären-Einteilung unterliegen die Bewohner der ersten drei »atmosphärischen Ringe« mit ihren jeweils sieben Bereichen dem Reinkarnationsprinzip als geistesgesetzlichem Zwang, während ab der ersten Stufe des vierten Ringes die Wiederverkörperung eine Sache der Freiwilligkeit sein soll.[88]

Vom Gnadenfaktor ist auch in den Cayce-Botschaften die Rede. Gnade trete als Gesetz durch betätigte Liebe in Kraft. Also auch hier wieder die Wechselwirkung: Schenke Liebe, so empfängst du welche (nicht unbedingt sofort und von Menschen, sondern auf höherer Ebene); vergib, so wird auch dir vergeben; klopfe an, so wird dir aufgetan, d. h. du erlangst jenen Anteil an göttlichen Licht- und Segenskräften, der dir nach dem Intensitätsgrad deines Wollens »zusteht« bzw. zugänglich wird. Das Karmagesetz, so heißt es bei Cayce, sei nicht alles. Es sei zwar wichtig, aber nicht alleinbestimmend. Wäre es dies, so gäbe es keine Hoffnung, »aus diesem Meer des Irrtums aufzutauchen« und der Kette unserer Erdenwanderungen zu entfliehen, weil wir geradezu ersticken müßten allein schon an dem Übermaß an kollektiver Mitschuld (Volk, Rasse, Menschheit), ganz zu schweigen von der persönlichen Belastung. Wer könnte in Anbetracht dieser Sachlage noch von Selbsterlösung reden wollen? Niemand kann sich am eigenen Zopf aus dem Sumpf ziehen, wir alle sind auf Hilfe angewiesen. Ob diese Hilfe als direkt von Gott oder von unserem Schutzengel kommend empfunden wird oder als Beistand jenseitiger Freunde, die sich der gottesgesetzlichen Ordnung unterstellt haben, ist dabei weniger wichtig (als »Zufälle« können sie nur dem Materialisten erscheinen). Wichtiger ist die daraus sich eröffnende Ahnung, daß niemand von uns allein, verlassen, ohne Hilfe ist. Daß solche Hilfe jedoch, von Ausnahmen abgesehen, auch ein wenig verdient werden sollte, dürfte wohl nur recht und billig sein.

»Gnade geht dem Gesetz voran, da diese das Gesetz geboren hat«, heißt es in der auf paranormale Weise empfangenen Schöpfungsgeschichte »Geist, Kraft, Stoff«. Auch hier ist, wie in nahezu allen Religionen, von einem ursprünglichen Geisterfall die Rede; ein Fall, der als Ergebnis falschen Denkens und naturgesetzwidrigen Verhaltens gilt.[89] Es heißt da, was von Gott erschaffen worden war, das was aus ihm entstanden war und sich durch eigene Schuld selbstwillig entartet hatte, das habe er nicht vernichten wollen, sondern einem Versöhnungsgesetz unterstellt, »durch welches der Gegensatz, selber arbeitend, sich potenzieren und reinigen sollte«. Gnade aus dieser Sicht wäre somit der Einschluß des gegensätzlichen Prinzips und seiner Träger in das Naturgesetz der Potenzierung, der Wiederaufwärtsentwicklung, so daß niemand »auf ewig verloren« sein kann. Und hier hat auch das Reinkarnationsprinzip seinen Platz, nämlich als *ein* Hilfsmittel jenes lichtwärts führenden Gesetzes, das im Christentum »Heimweg ins Vaterhaus« genannt wird. *Karl Weinfurter* meint, ein kriminell Veranlagter würde immer wieder mit den gleichen Neigungen inkarnieren, wenn die göttliche Gnade nicht eingriffe, das heißt, wenn den Betreffenden das ständig selbst zugefügte Leid nicht endlich doch zur Vernunft brächte. Unter Gnade versteht Weinfurter religiöse Erkenntnis; der Weg zu Gott sei der Weg des Guten, und je höher die Erkenntnis, desto verantwortlicher werde man.

Bei *Martinus*, einem dänischen Mystiker, heißt es: »Das göttliche Gesetz fordert Liebe zum Nächsten und zum Fernsten, zu den Tieren und zur ganzen Schöpfung. Wer dieses Gesetz mißachtet oder verletzt, der wird, nach dem Gesetz von Ursache und Wirkung, früher oder später in Lebenslagen versetzt, die ihm seinen Irrtum veranschaulichen.« Das sei keine angenehme, aber eine unserem Fortschritt dienende Angelegenheit.

In einer anderen Schrift hierzu steht: »Im Fleische sündigen wir, im Fleische sühnen wir.« Wir hätten uns so weit von unserem Ursprung, Gott, entfernt, daß jede Verkörperung einer Gnade gleichkommt, weil sie vielerlei Bewährungsmöglichkeiten in sich schließt. So betrachtet, sei unser irdisches Leben bloß eine Station auf dem Wege zu Gott. Wie oft und wie lange solche Stationen zu durchwandern sind, das hänge allein von den Ergebnissen unseres Verhaltens und somit von unserem Eigenwillen ab.

# Erbsünde und Willensfreiheit

Die selbst innerhalb der Theologenzunft umstrittene Lehre von der Erbsünde scheint einen wahren Kern zu enthalten, nämlich den, daß man eine Schuld abzutragen hat, die man nicht im gegenwärtigen Leben auf sich lud.
Unter Berufung auf Röm. 5,12–21 wird unter »Erbsünde« in der christlichen Dogmatik eine durch den Sündenfall Adams und Evas sich über alle Menschengeschlechter forterbende Belastung verstanden, die der göttlichen Vergebung bedarf. Die Erbsünde hatte den Verlust der ursprünglichen Gottebenbildlichkeit zur Folge, was sich in Form der Lebensmühsale sowie durch leiblichen und spirituellen Tod manifestiert. Nach Augustin bedingt die Erbsünde eine naturhafte, das Menschengeschlecht schuldig machende völlige Untüchtigkeit zum Guten, die nur bei Auserwählten durch Gnade aufgehoben wird!.
Während in der katholischen Kirche die Erbsünde zumeist lediglich als eine Verschlechterung der menschlichen Natur interpretiert wurde, sah Luther hierin eine radikale Verderbnis, die unseren Willen ständig gegen Gott bestimme. Diese Auffassung stellt praktisch den Gegenpol zu seiner Lehre von der Rechtfertigung dar. Die orientalischen Kirchen schwanken zwischen beiden Lehrtypen. In einem religionswissenschaftlichen Handbuch heißt es hierzu: »Die Schwierigkeiten, die Erbsünde als eine historische Tatsache zu nehmen und ihren Schuldcharakter zu begründen, haben in der neueren protestantischen Theologie weitgehend zur Preisgabe oder Umbildung dieses Lehrstückes geführt.«[90] Fürwahr, ein heilloses Durcheinander!
Von der Reinkarnationsphilosophie her werden da recht klare Antworten gegeben: »Erbsünde« ist die karmische Belastung, die man ins Erdenleben mitbringt. Erbsünde ist die Verstofflichung des geistigen Prinzips, die, durch den biblischen »Fall« bedingt, menschliche, materielle Körperformen notwendig

machte. Die Naturgesetze, so heißt es in einer Belehrung aus anderen Dimensionen, sind Auswirkungen bzw. Folgen jenes legendären Geisterfalles, der als »Sündenfall« in die jüdisch-christliche Überlieferung einging. Der Fall selber (nach Emanuel »fiel« der Geist nicht bloß einmal, sondern viele Male, bis er so niedere Stufen wie die irdische erreichte) wurde durch die All-Liebe in ein versöhnendes Naturgesetz eingeschlossen, das uns »die Heimkehr ins Vaterhaus« ermöglicht. Stufenweise, wie es abwärts ging, geht es wieder lichtwärts, sofern wir den Willen dazu aufbringen. Dieses Versöhnungsgesetz[91] bedingt bei jeder Einverleibung von dem Moment an eine neue Phase, wo der sich verkörpernde Geist von seiner den irdischen Verhältnissen angepaßten »Hülle« Besitz ergreift, wenn also göttlich *Er*schaffenes (Geist-Ich) und naturgesetzlich *Ge*schaffenes (Leib) zwecks irdischen Wirkens vereinigt werden.

Wir starten also, um Max Kemmerichs Vergleich aus dem Pferdesport zu gebrauchen, mit schweren Gewichten gehandicapt. Er meint, es sei doch weit ungerechter, für die Verfehlungen eines Urmenschenpaares büßen zu müssen, als für solche, die man vordem selber beging.[92]

Nun zum **Problem der menschlichen Willensfreiheit.** Wir sprachen bereits davon, daß unser freier Wille – von Ausnahmesituationen abgesehen – sich in der Wahl- und Entscheidungsfreiheit erschöpft. Eine Entscheidung setzt ja bis zu einem gewissen Grade Freiheit voraus. Idioten haben keine Willensfreiheit, sie stehen ausschließlich unter Naturzwang. Neben dem Bewußtsein ist der Wille Eigentum des Geistes und gehört damit zu seinen höchsten Gütern. Als geistige Kraft wirkt der Wille in die materielle Welt ein und beweist damit die Herrschaft des Geistes über den Stoff.

Kausalität, dieses Abhängigsein jedweder Wirkung von einer Ursache, definierte ein tibetischer Lama als Verbindung von Willensfreiheit mit Naturnotwendigkeit, wobei das prozentuale Verhältnis zwischen beiden je nach Individualität verschieden sei. *Antonin Ralis* meint, der Spielraum unseres Handelns sei durch äußere Umstände und innere Möglichkeiten begrenzt; daher könnten wir weder in physischer noch ethischer

Hinsicht unsere Möglichkeiten überschreiten.«Unser Wille ist demzufolge nicht so frei, wie er einst gedacht war. Er ist in den Bereich innerhalb der von Körper und Psyche gesetzten Grenzen gezwungen. Mit diesem von vorgegebenen Möglichkeiten beschränkten Willen entscheiden wir also über ebenfalls vorgegebene und nur begrenzt frei wählbare Handlungsalternativen.[93]. In seinem 10. Glaubenssatz sagte *Gustav Theodor Fechner* (1801–1887): »Ich glaube, daß der freie Wille nur den Weg zu diesem Ziele, nicht aber das Ziel selber ändern kann.«
Hierzu drei Meinungen aus dem Jenseits. Zuerst *Emanuel*: »Der aufwärtsstrebende Geist strebt vollendeter Freiheit zu; seine vornehmste Aufgabe ist es, sich schon im Erdenleben wahrer Freiheit bewußt zu werden.« – Zur gängigen Auffassung, man sei letztlich das Produkt der sozialen Umwelt (Erziehung) und seiner Anlagen, und daß man eben nicht anders als seinem Charakter gemäß handeln könne, sagt Emanuel, nicht das Schicksal habe unseren Charakter gebildet, »sondern dieser, als das äußere sichtbare Zeichen des inneren wahren Wertes des Geistes, formt das Schicksal oder die Atmosphäre, die diesem Geist im Augenblick notwendig ist.« Und weiter: »In groben Umrissen formt ihr euer Erdenleben, bevor ihr in es tretet. In täglicher, stündlicher Arbeit formt ihr daran weiter, stets Herren eures Schicksals in dem Maße, wie ihr Herren seid eurer selbst.« Wir Menschen würden alles nur in seiner Erscheinungsform sehen, nicht seinem wahren Wesen nach, das der Form zugrunde liegt. Selbstbeherrschung nach innen und außen sei die erste Notwendigkeit zum Wachstum wahrer Freiheit.[94]
Eine andere Quelle besagt: »Gewissen Einflüssen aus seiner Umgebung ist der Mensch ausgesetzt. Er lebt unter gewissen Bedingungen, und insofern ist er unfrei; aber innerhalb dieser Grenzen ist er frei.«[95]
Der dritten Auskunft zufolge soll unser Wille Herr, die Seele Vermittlerin und der Leib Diener des Geistes sein. »Solange ihr Menschen seid, sollte die Seele die Vermittlerin des Geistes sein; aber geistig vermitteln heißt, nur die *reinen* Wünsche und Gefühle des Geistes zu übernehmen.« Hätten wir Men-

schen gar keinen freien Willen, so wäre damit auch unsere Verantwortlichkeit aufgehoben.
Zusammengefaßt ergibt sich der Schluß: In unserem *äußeren* Leben sind wir zwar allerlei Zwängen unterworfen und von zahlreichen Umständen und Leuten abhängig, aber hinsichtlich unseres *inneren* Lebens sind wir frei!
Wem nun all diese bislang aufgezeigten Zusammenhänge denkbar, ja sogar einleuchtend erscheinen, der kommt möglicherweise zu dem Ergebnis, daß unwissende oder einfältige, gedankenlos in den Tag hineinlebende Leute doch eigentlich glücklicher dran sind als jene Menschen, die sich Gedanken machen über sich selbst und ihre Umwelt, über das Warum und Wozu, und die sich mitverantwortlich fühlen für das, was geschieht. Nun, ob die Erstgenannten wirklich glücklicher genannt zu werden verdienen, sei unter dem Aspekt der Reinkarnation dahingestellt; auf jeden Fall sind sie die »besseren« Staatsbürger, denn nur mit Leuten solchen Schlages läßt sich erfolgreich herkömmliche Politik gestalten. Aber auch der Karma- und Wiedergeburtsglaube kann zu »braven Untertanen« führen, nämlich dann, wenn sie schicksalsergeben genug sind, alles widerstandslos über sich ergehen zu lassen. Solcher Fatalismus kann außerdem noch in mitleidlose Gleichgültigkeit gegenüber der Not des andern ausarten, weil der ja »sein Schicksal verdient« hat und man in dessen Karma nicht ohne selber Schaden zu nehmen eingreifen dürfte. Es gibt esoterische Richtungen, welche aus diesem Grunde ihren Anhängern sogar vom Beten für andere abraten! In letzter Konsequenz dieser Denkart dürfte demzufolge auch kein Arzt mehr helfen, keine Hebamme, keine Rettungswacht oder Feuerwehr... Wir kommen bei den Gegenargumenten noch einmal darauf zurück.

# Inkarnationsintervalle und Geschlechtswechsel

## 1. Intervalle

Was liegt an Aussagen hinsichtlich der *Zeiträume* zwischen zwei Einverleibungen vor?

Gestorbene *Kinder* scheinen im allgemeinen, sofern ihr Leben kein abzutragender »Karma-Rest« war, sehr bald wieder zu inkarnieren. Dasselbe soll bei Menschen der Fall sein, die eines unnatürlichen Todes starben, wie Unfall-, Verbrechens- oder Kriegsopfer. Dethlefsen sieht hierin die tiefere Ursache für die nach Kriegen gewöhnlich auftretende Bevölkerungsexplosion; bei Rückführungen der Jahrgänge um 1950 herum käme fast regelmäßig ein Leben zum Vorschein, das während des 2. Weltkrieges endete.

In der Theosophie wird gelehrt, daß die Pausen zwischen zwei Inkarnationen durchschnittlich 1500 bsi 2000 Jahre (nach irdischer Zeitrechnung) dauern. Das Ich (nach theosophischer Ansicht eigentlich nur ein Teil-Ich des wahren Selbst, ein »Manas-Strahl«) gelangt in die Devachanebene (Himmel), wo es ein freudenreiches Dasein führt und sich ausruht. Bis zur nächsten Inkarnation widmet es sich der Verarbeitung seiner irdischen Erfahrungen, um sie, als neue Persönlichkeit, in Form von Charaktereigenschaften mit ins folgende Erdenleben zu nehmen. Bei Alltagsmenschen und solchen von niederer Gesinnung sollen die Intervalle kürzer sein, je nachdem, wieviel Gutes man im letzten Erdendasein getan hat.[96]

Den Einsichten des dänischen Mystikers *Martinus* zufolge bestimmen spirituelle Interessen des Individuums die Dauer des Aufenthaltes in den geistigen Welten, nachdem die Astralwelt (bei Martinus die 1. Sphäre) durchschritten worden ist. Die Dauer soll dem letzten Erdenleben entsprechen können, »oder auch länger« sein.

Nach *Seth* gibt es kein Schema für die Intervalle, aber gewöhnlich soll ein Individuum nicht länger als drei Jahrhunderte warten, da dies sonst »die Orientierung erschweren« und die Gefühlsbande zur Erde zu sehr lockern würde. Zur Vorbereitung des nächsten Erdenlebens sei unter anderem telepathische Kommunikation mit allen, die es angeht, erforderlich. Manche können jedoch laut Seth sofort wieder inkarnieren, um ein wichtiges Projekt zu beenden und so weiter.

*Yogananda* spricht von 500 bis 1000 Jahren, aber diese Schematisierung, zu welcher der Mensch nur zu gerne neigt, widerspricht der allenthalben im Leben und in der Natur zu beobachtenden Vielfalt; solchen faustregelartigen Angaben sollte man daher mit höflicher Skepsis begegnen. Glaubwürdiger klingt dann schon die Aussage, wonach die Zeitspanne zwischen zwei Inkarnationen je nach dem Reifegrad des Geistwesens unterschiedlich lang sein soll.

Für denjenigen, der an die Wiedereinkörperung zu glauben geneigt ist, läßt sich die Frage nach den Zwischenzeiten kurz und bündig beantworten: Die Länge eines Intervalles richtet sich a) nach der Dauer der Läuterung (Reinigung) in den dafür zuständigen Bereichen der Astralwelt (Purgatorium), die sich ihrerseits aus dem Stand der Aktiva und Passiva der persönlichen Lebensabschluß-Bilanz ergibt, b) nach der Stärke der individuellen Triebe und Neigungen, und c) nach dem Grade der Entwicklungsstufe und der damit verbundenen Freiheit oder Unfreiheit (immer vorausgesetzt, daß es im Jenseits *kein* Fortschreiten gibt). Letzteres sich vorzustellen war für *Carl du Prel* undenkbar.[97] Liebe ist hier wie dort die Vorbedingung zur Erkenntnis, und sowohl Liebe als auch Erkenntnis – und die Betätigung beider – erlauben Wiedergutmachungs- und Entwicklungsmöglichkeiten, im Jenseits wohl nicht minder als im Diesseits.

So gibt z. B. jene Trancepersönlichkeit, die als jenseitiger Arzt *Dr. Fritz* bekannt wurde, an, nach seinem Abscheiden aus dem Erdenleben ein Geist niederen Entwicklungsgrades gewesen zu sein. Infolge seiner vieljährigen Zusammenarbeit mit dem brasilianischen Medium *Zé Arigó* jedoch, wodurch tausenden Kranken geholfen werden konnte, habe er eine höhere Stufe erreicht. Dasselbe behauptete die weiland berühmte *Katie*

*King,* die angab, zur Zeit der britischen Königin Elisabeth I. gelebt und zur Sühne ihrer damals begangenen Verfehlungen die Aufgabe übernommen zu haben, mittels Materialisationen (über das Medium Cook) der irdischen Wissenschaft Beweise für das Weiterleben nach dem Tode zu liefern.

## 2. Geschlechtswechsel

Hier geht es um die Annahme oder Behauptung, man könne zuweilen in der Rolle des anderen Geschlechts zur Erde kommen. Eine solche Aussicht mag manchem ebensowenig verlockend erscheinen wie die Reinkarnation überhaupt; aber persönliche Zu- oder Abneigungen haben zurückzustehen vor der rein sachlichen Erwägung aller Fakten, die geeignet erscheinen, den Fragenkomplex »Reinkarnation, ja oder nein?« aufzuhellen.

Wie aus dem Fall Jean-Claude Bourdon (de Rochas) ersichtlich war, kommt es bei experimentellen Altersregressionen manchmal vor, daß ein Geschlechtswechsel erfolgt; bei spontanen Erinnerungserlebnissen ebenfalls. Dethlefsen bekennt, anfangs darüber erstaunt gewesen zu sein, daß er bei seinen Rückversetzungen nie einem Geschlechtswechsel begegnete. Das habe jedoch daran gelegen, daß er anfänglich nur kleine Zeitstrecken zurückging. Jetzt führe er tausende von Jahren zurück, und da kämen solche »Contra-Inkarnationen« vor.

Unter Theosophen verlautet, daß der Mensch zwei Grundkräfte und -fähigkeiten in sich vereinige, nämlich positive und negative, aktive und passive. Das positive und aktive (schöpferisch zeugende) Prinzip gilt als männlich, das negative und passive (gebärende, erhaltende) Prinzip hingegen als weiblich. Die Aufgabe »der Seele« bestünde nun darin, beide Arten von Kräften in sich zu entwickeln, weshalb männliche und weibliche Verkörperungen stattfinden müßten. Freilich wird hier wieder einmal schematisiert und mit angeblich östlichen Geheimlehren herumgeheimnist, wonach jeweils sieben weiblichen Inkarnationen sieben männliche folgen und umgekehrt, immer schön hintereinander.[98]

*Herbert Engel* wurde im »Sphärenwanderer« dahingehend belehrt, daß ein Mann bekanntermaßen auch einen Anteil weiblicher Potenzen in sich trage, und auch die weiblichste Frau einen Anteil männlicher Potenzen besitze. Nicht anders sei es in jenen Welten, die nicht zur groben Materie gehören. Es sei logisch, daß ein Wesen, welches auf der Erde mehr Erfahrungen zu seiner weiteren Vervollkommnung sucht, während seiner Verkörperung eben *das* Geschlecht haben wird, das seinen überwiegenden Potenzen entspricht. Nimmt ein Wesen als Mann während seiner Erdenphasen unentwegt weibliche Wesensmomente auf, dann wird es, nach vielen Inkarnationen, auch einmal als Frau wiederkehren. Ebenso würde es Frauen ergehen, die sich vermännlichten.

*Emanuel* lehrt: Auf dem langen Weg zur Vollendung unserer individuellen Wesenheit »sucht der Geist sich nach jeder Richtung hin zu entwickeln und auszubilden, und da ist es ihm gesetzlich (durchaus) möglich, das Menschenkleid des Mannes oder der Frau zu wählen, um die ihm fehlenden Eigenschaften leichter zu erringen oder schon vorhandene zu stärken.«[99]

Wie dem auch sein möge, ein Geschlechtswechsel im Verlaufe unserer Inkarnationen (wenn wir diesen Entwicklungsweg für möglich halten wollen), »in der Kette unserer Leben, erdennah und erdenfern«, wie es in einem Gedicht von *Manfred Kyber* heißt, wäre durchaus denkbar, und sollte es sich wirklich so verhalten, so werden wir uns damit ebenso abfinden müssen wie mit unserer Existenz an sich. Freilich bewirkt diese Vorstellung ein etwas unsicheres Gefühl, das in der Frage gipfeln mag: Was bin ich nun eigentlich von Urbeginn her? Bin ich Mann oder Frau? Und wie vertragen sich solche »Contra-Inkarnationen« mit dem Dualseelen-Prinzip?

# Die Dualseelen-Lehre

Mit der Frage nach dem tieferen Sinn unseres Verhältnisses zum anderen Geschlecht berühren wir ein noch immer geheimnisvolles Gebiet unserer Lebensbeziehungen.
Für und wider die Unauflösbarkeit der Ehe wurde schon viel gestritten. Katholischerseits wird sie mit dem Bibelwort begründet: »Was Gott zusammenfügte, das soll der Mensch nicht trennen.«
Bekanntermaßen handelt es sich bei dieser Bibelstelle um die Frage der Pharisäer an Jesus, was er von der Ehescheidung halte. Jesu geschickte Gegenfrage lautet: »Wie hat Moses euch denn geboten?« Die Pharisäer antworteten: »Moses hat erlaubt, einen Scheidebrief auszustellen.« Darauf Jesus: »Wegen der Härte eurer Herzen hat er es euch gestattet; von Anbeginn aber ist es nicht also gewesen.« Markus 10,6 lautet etwas deutlicher:

> »Von Anbeginn der Schöpfung hat Gott die Menschen als Mann und Weib geschaffen. Darum wird ein Mann seinen Vater und seine Mutter verlassen und seinem Weibe anhangen; und die beiden werden zu *einem* Leibe werden, so daß sie nicht mehr zwei sind, sondern *ein* Leib. – Was Gott zusammengefügt hat, das soll der Mensch nicht trennen.«

Hier wäre nun zu fragen: *Was* fügte Gott zusammen, und *was* ist von Anbeginn nicht so gewesen? Jedermann kann sich doch unschwer von der Tatsache überzeugen, daß man trotz Heirat nicht zu *einem* Leibe wird, sondern daß nach wie vor *zwei* Leiber existieren, zwei Individualitäten, wovon zuletzt jede für sich allein sterben muß. Sollte mit jenen Worten vielleicht etwas ganz anderes gemeint sein als ein standesamtlich beglaubigter und kirchlich abgesegneter Ehebund?
Der christliche Spiritualismus als Weltanschauung, der den Dualismus aller Wesen lehrt, gibt da andere Antworten. Hier

finden wir die Auffassung, daß ursprünglich alle erschaffenen Geister als dualitätsbezogene Wesenheiten ins Dasein traten und in gegenseitiger Ergänzung eine spirituelle und energetische Einheit bildeten. Je zwei zusammengehörende Individualitäten, die eine das männliche und die andere das weibliche Prinzip personifizierend, waren zu einer so vollkommen übereinstimmenden Einheit verbunden, daß sie in treuer Zusammenarbeit an entwicklungsorientierten Aufgaben ihre Entfaltungsmöglichkeiten erkennen und ihr höchstes persönliches Glück finden konnten. Solche im besten Wortsinn füreinander geschaffenen und von Urbeginn an zusammengehörenden Geisterpaare nennt man Duale, Dual- oder Gattenseelen. In seiner Parabel »Die Verdammten« faßte *Frank Thieß* dieses Urgeschehen in dichterische Form.[100]
Diejenigen Geister nun, die im Verlaufe von Äonen durch gegensätzliches Denken und Verhalten vom Wege zu ihrem eigentlichen Ziel (leichtsinniger- oder vorsätzlicherweise) abwichen, veränderten hierdurch ihre persönliche Frequenz. Die Folge war eine Verdichtung ihrer ätherisch-feinstofflichen Leiber, wodurch sie »fielen«, sich quasi vom Zentrum des Urlichtes entfernten und nurmehr auf Seinsebenen zu leben vermochten, die ihrer Frequenz entsprachen. Im Menschheitsgedächtnis blieb dieser urzeitliche »Sündenfall« offenbar als dunkle Erinnerung an eine ungeheure Katastrophe haften und wird in Hochreligionen ebenso gelehrt bzw. angedeutet wie in den Mysterienkulten der Antike. Mit der »Vertreibung aus dem Paradies« hingegen dürfte ein weiterer Sturz in noch dichtere Atmosphären gemeint sein, denn der Geisterfall soll im Laufe der für uns unvorstellbar langen Zeitperioden ein mehrfacher, stufenweiser und individueller gewesen sein, je nachdem, wie lange der einzelne in naturgesetzwidriger Anwendung seines Eigenwillens verharrte.
Aber ob dieser Fall nun tief oder weniger tief war, »verdammt in alle Ewigkeit« war niemand, denn auf allen Seinsebenen und für alle Entwicklungsstufen sind angepaßte Lebens- und Entfaltungsmöglichkeiten gegeben, und außerdem steht jedermann allzeit der Weg der bewußt-willentlichen Umkehr offen.

Und erst wenn sich eine Kurskorrektur zum Positiven, dieses »Bußetun«, in der bewußten Betätigung erkannter Wahrheiten manifestiert, erst dann sind wir auf dem »Weg ins Vaterhaus«. Auf diesem Heimweg werden wir eines lichten Tages auch unserem Du begegnen, von welchem verkehrt eingesetzter Eigenwille uns vorzeiten trennte.

Da aber alles im Universum, ob im Kleinen oder Großen, bestimmten Gesetzen unterliegt, so ist auch die Wiedervereinigung der Duale, das Wiederfinden unseres Zweiten Ichs, durch unsere spirituelle Höherentwicklung gesetzlich bedingt. Ob wir diesen Punkt rasch oder erst in fernster Zukunft erreichen, hängt wiederum allein von uns selber ab, nämlich von der Intensität unseres Bemühens um bewußt gelebte Erkenntnis.

Jeder von uns hat somit von Urzeiten her sein Du, seine Dual- oder Gattenseele oder wie immer man sagen will. Dichter, Künstler und Philosophen der Neuzeit wußten um diese ursächlichen Zusammenhänge und brachten dies in ihren erhabensten Schöpfungen zum Ausdruck. In den Opern »Lohengrin«, »Tannhäuser«, im »Fliegenden Holländer« und im »Bajazzo« findet der Dualseelen-Gedanke seinen Niederschlag. In Goethes »Hermann und Dorothea« ist beiden schon in diesem Leben beschieden, vereint zu sein.

Im »Faust« schimmert das Dualseelenprinzip besonders eindrücklich durch. Hier ist es Gretchen, die Reine, die in ihrer bedingungslosen Liebe zu Faust schuldig wurde, und die ihn dennoch liebt, bis über das Grab hinaus. Als auch Faust den Übergang, »Tod« genannt, vollzogen hat, empfängt sie ihn, von edlen Geistern umgeben, und sagt zu Mutter Gloriosa:

»Vergönne *mir*, ihn zu belehren,
noch blendet ihn der neue Tag.«

Und Mater Gloriosa spricht:

»Komm, hebe dich zu *höhern* Sphären;
wenn er *dich* ahnet, folgt er nach.«

Und dann folgt der mystische Chor, mit den tiefgründigen Worten:

> Alles Vergängliche ist nur ein Gleichnis.
> Das Unzulängliche, hier wird's Ereignis.
> Das Unbeschreibliche, hier ist's getan –
> Das Ewig-Weibliche zieht uns hinan!

Mann und Frau sind durchaus gleichberechtigt, aber in einem anderen Sinn als im Bestreben, Frauen zu Schwerstarbeiten heranzuziehen oder Flintenweiber aus ihnen zu machen.[101] Die Gleichberechtigung ist vielmehr eine solche spiritueller Art, wobei jedem, seiner Natur gemäß, spezielle Aufgaben obliegen. Im Sinne des Dualseelenprinzips sind beide zwei gleichwertige Hälften eines Ganzen, wie die Pole eines Magneten. Auf Erden hatte die Frau wohl zu allen Zeiten das schwerere Los zu tragen und mehr zu leiden. In Aufopferungsfähigkeit und stiller Pflichterfüllung übertrifft sie den Mann bei weitem, solange sie liebt. Außerdem findet sich bei Frauen die Intuitionsgabe ausgeprägter, sie verfügen zumeist über ein empfindungsmäßig-unmittelbares Einfühlungsvermögen in Wesenszusammenhänge; dem männlichen Verstandesdenken liegt das weniger. Spirituell betrachtet, werden Frauen, die es den Männern gleichtun wollen, ihrer eigentlichen Aufgabe und Bestimmung untreu, was sich nicht selten in der Vermännlichung ihrer Gesichtszüge und ihres Wesens ausprägt, d. h. sich mit dem Verlust ihrer Fraulichkeit rächt. Schon vor einhundert Jahren hieß es hierzu in einer Stellungnahme aus höheren Ebenen, die *Adelma von Vay* erhielt, unter anderem: »Je mehr die Frauen keck ihre Häupter zwischen die Männer stecken, desto erbärmlicher werden sie, weil sie aus ihrem Gesetz, der empfangenden, hingebenden Natur heraustreten. – O Frauen, wollt ihr euch eurer angeborenen Größe berauben? Wollt ihr euren Wirkungskreis, der so umfassend in das innerste soziale und zivilisatorische Leben eingreift, selbst zerstören? Es wäre dies der größte Fehltritt und eine ungeheure Derotation aus eurem Gesetze.«

Echtes Frauentum, so wird betont, vermag Wissen und Bildung, Häuslichkeit und Demut harmonisch zu vereinigen. Der weibliche Wirkungsbereich sei umfassender, dehnbarer als der männliche und erfordere eine bedeutende Kraft und Flexibilität des Geistes. Diese Zweiseitigkeit finde man überwiegend bei Frauen, während Männer zumeist in einer Richtung festgelegt sind; zudem seien sie nicht so vielen täglichen Prüfungen und Entscheidungsanforderungen ausgesetzt wie eine Frau mit Kindern und Haushalt.
Die Frau solle von ihrem Wesen her auch Trägerin und Bewahrerin des Gottglaubens und Gottvertrauens sein. Erkennt der geistig gereifte Mann im vorbildlichen Leben seiner Frau das Göttliche, so habe sie ihre umfassende Aufgabe in beglückendster Weise erfüllt, und beide würden »sich der spirituellen Dual-Verbindung nähern«, nämlich der Wiedervereinigung mit ihrem Dual ein beträchtliches Stück nähergekommen sein.
In seiner Abhandlung »Liebe ist anders« schreibt Dr. *Beat Imhof*: »In der Partnerwahl zieht sich nicht nur Gleiches und Ähnliches an, sondern auch Gegensätzliches. Heißt das Affinitätsgesetz ›Gleich und Gleich gesellt sich gern‹, so besagt das Polaritätsgesetz ›Gegensätze ziehen sich an‹. Vor allem im Bereich der geschlechtstypischen Unterschiede strebt der Mensch nach Ergänzung durch jene Eigenschaften des Liebespartners, die er an sich nicht kennt oder bei sich nicht entwickelt hat. Dieses gegenseitige Ergänzungsbedürfnis beruht auf dem Streben des Menschen nach Ganzheit und Vollkommenheit. Sofern sich dieses nur auf der körperlich-seelischen Ebene abspielt, läßt sich da kaum ein Unterschied erkennen zwischen dem Menschen und der ihm biologisch nahestehenden Tier- und Pflanzenwelt. Statt von Liebe spricht man hier besser vom »Trick der Natur«, der alle Wesen zur Weitergabe des Lebens drängt. Dieser Zauber von Anziehung und Faszination, von Eroberung und Hingabe verströmender Lebenskräfte ist seit undenklichen Zeiten auf die stets gleiche Weise im Gang und zwingt alles Lebendige in den unaufhörlichen Kreislauf von Geburt und Tod. Ihm unterliegt auch der Mensch; meist unbe-

wußt zwar, doch nicht weniger heftig als die uns artverwandten Geschöpfe der Natur. Liebe ist dies jedoch nicht.«
Demgegenüber darf Dual-Liebe als die vielbesungene *wahre* Liebe gelten, das heißt, einer empfindet den andern als Teil seiner selbst. *Elisabeth Schramm-Schober* bemerkte hierzu: »Leider ist das Wissen um das Dual der Allgemeinheit vollständig verlorengegangen. Die Folge davon ist, daß sich der Mensch von heute in Dutzenden von billigen Abenteuern verzettelt, daß er – um ein Wort von G. K. Chesterton zu gebrauchen – mit allen Partnern *eines* erlebt, statt mit einem Partner *alles* zu erleben.«
Auf Erden ist es leider nur wenigen vergönnt, mit dem ursprünglichen Du vereint, das Leben meistern zu können. Zumeist bleibt es bei einer intensiven Begegnung oder einer kurzen, gemeinsamen Wegstrecke, und dann müssen beide warten, bis der eine dem andern ins Jenseits nachfolgt.
Das war offenbar bei einem jungen Mann der Fall, der einen seltsamen Traum hatte: Es erschien ihm ein blondes, blauäugiges Mädchen, mit einer Narbe an der rechten Wange. Sie winkte ihm zu und rief: »Komm, Geliebter, hilf mir!«
Während der nachfolgenden drei Jahre wiederholte sich dieser Traum in unregelmäßigen Abständen, so daß der Träumende deutlich ein grünes Kleid von spezieller Machart erkennen konnte. Ebenso klar sah er ihren Fingerring, mit einem Onyx und zeichnete diesen in sein Notizbuch.
Wiederholungsträume sind erfahrungsgemäß ohnehin beachtenswert, weil sie für den Träumenden in der Regel eine besondere Bedeutung haben. Im vorliegenden Falle erweiterte sich dieses Phänomen noch, indem der Mann begann, die ihm vertraut gewordene Stimme flüsternd manchmal sogar tagsüber zu vernehmen: »Nun komm aber bald, mein Vater will mich partout verloben!«
Der junge Mann wußte natürlich nicht, wie ihm geschah, was er tun und überhaupt von alledem halten sollte. Aber eines Tages weilte er in einer kleinen Stadt, wo er wegen eines geplatzten Geschäftes mißmutig durch die Straßen schlenderte. Da begegnete er einer jungen Dame, die ihn ansieht, stehenbleibt

und lächelt. Sie war seine Traumvision! Auch der Goldreif mit dem Onyx fehlte nicht, genau, wie er der Skizze in seinem Notizbuch entsprach! Sie verabredeten sich für den nächsten Tag, und da erschien sie in dem ihm längst bekannten grünen Kleid! Schließlich stand der Heirat nichts mehr im Wege, aber – der Tod trat dazwischen. Das Mädchen starb. Der Mann jedoch blieb unverheiratet sein Leben lang, und es läßt sich vorstellen, wie sehr er die Stunde der Wiedervereinigung mit ihr herbeigesehnt haben mochte.

Ähnlich erging es einem Engländer, der 1912 in der Nähe von New York starb. Weithin war er als »Jack, der Eremit« bekannt gewesen. Seinen richtigen Namen wußte niemand, aber sein Schicksal war bekannt:

Jack stammte aus London und war, nach dem Tode beider Eltern, als kleiner Bub hilflos und allein zurückgeblieben. Zu jener Zeit gab es keine organisierte Sozialfürsorge, und als er einmal, hungrig und weinend, durch die Straßen dieser Riesenstadt wanderte, traf er sein Schicksal: ein fünfjähriges Mädchen, das sich verlaufen hatte.

Jack half der Kleinen, ihren Vater wiederzufinden, und von da an waren die beiden unzertrennlich. Das veranlaßte den Vater der kleinen Mary, einen Seemann, den Waisenknaben mit auf sein Schiff zu nehmen, und nachdem dieser eine Anzahl Seereisen mitgemacht hatte, wohnte er schließlich im Hause seines Pflegevaters und der kleinen Mary.

Als die beiden herangewachsen waren, beschlossen sie zu heiraten, und Jack ging auf seine letzte Fahrt. Ein Jahr war er unterwegs, doch als er heimkehrte, mußte er erfahren, daß seine Braut kurz zuvor gestorben war!

Von da an wurde aus dem lebensfrohen jungen Mann ein anderer Mensch. Er verließ London, begab sich nach New York, durchschritt die Stadt und marschierte einen Tag lang aufs Geratewohl ins Land hinein. In der Nähe einer Landstraße machte er halt und errichtete eine kleine Bretterbude, in welcher er den Rest seines Lebens – 40 Jahre – verbrachte. Weitum kannte und schätzte man ihn als den stillen Einsiedler, denn so mancher fand bei ihm einen hilfreichen Rat.

So lebte er friedlich dahin, bis auch er abberufen wurde von dieser Welt, und wir gehen wohl kaum fehl in der Annahme, es habe sich hier um ein Dualseelenpaar gehandelt, das nunmehr beisammen bleiben durfte.
Von seinem Freund, Prof. K., erzählt ein gewisser *Dr. Sylvius* folgendes:
Jener K. galt schon in jungen Jahren als verträumter Außenseiter. Sein tiefempfindendes Gemüt wandte sich in stillen Stunden gerne von der rauhen Wirklichkeit ab und zog sich in die Welt seiner Gedanken und Träume zurück, die aber immer klarere Umrisse annahmen. Zunehmend festigte sich in ihm die Überzeugung, vor nicht allzu langer Zeit schon einmal gelebt zu haben, und zwar als junger preußischer Leutnant in einer kleinstädtischen Garnison, wo er mit der anmutigen Tochter seines Regimentskommandeurs eng befreundet war. Aber bald nach der Trauung mit ihr brach der deutsch-französische Krieg (1870/71) aus, und der junge Leutnant starb den Soldatentod. Irgendwie faszinierte den nunmehrigen Prof. K. dieses visionäre Geschehen, und das Bildnis jener Frau nahm immer deutlichere Züge an. Auch ihren Namen glaubte er zu wissen: Elvira.
Eines Tages lernte Prof. K. ein Medium kennen, in deren Beisein auch Materialisationen geschahen.[102] In deren Kreis verkehrte er drei Jahre lang, ohne jemals anzudeuten, was ihn innerlich so oft bewegte.
Als der Professor einmal mit dem Medium allein war, erhielt er die Mitteilung: »Was Du geistig erschaut, soll nun Dein leibliches Auge erblicken.« Eine starke seelische Erregung bemächtigte sich seiner, und schon anderntags, am 22. März 1922, geschah das von ihm Erhoffte, es kam zu einer ausgezeichneten Materialisation der Gestalt Elviras. Das wunderschöne Wesen wandte sich mit warmer, liebevoller Stimme an den Professor mit den Worten: »Die Allmacht hat uns zum Dual bestimmt. Wenn Du dermaleinst die materielle Hülle abgestreift haben wirst, dann werden wir beide in göttlicher, unbeschreiblicher Glückseligkeit wieder vereint sein.«
Dann teilte sie ihm mit, daß seine »Träume« nichts anderes ge-

wesen seien als Erinnerungsbilder aus seinem vorigen Erdenleben. Er sei tatsächlich preußischer Offizier gewesen und sie, Elvira, seine jungvermählte Gattin. Nach kaum halbjähriger Ehe habe er ins Feld ziehen müssen und sei am 16. August 1870 bei Mars la Tour gefallen. Aus Gram über seinen Tod sei sie selber, ein halbes Jahr später, gestorben. Nach irdischer Zeitrechnung hätten sie dann beide 14 Jahre in der jenseitigen Welt verbracht. Zwecks Erfüllung einer Mission inkarnierte K. noch einmal. Die kurze Zeitspanne zwischen den beiden Einkörperungen habe bewirkt, daß er seine Erinnerung an das frühere Leben größtenteils bewahren konnte.
Nach etwa halbstündiger Materialisation verabschiedete sich Elvira mit dem Versprechen wiederzukommen.
Dies ereignete sich am 4. April des gleichen Jahres, wobei als Zeuge ein guter alter Freund des Professors (der Berichterstatter) zugegen sein durfte. – Übrigens kannten weder das Medium noch Prof. K. das Datum der Schlacht von Mars la Tour. Als sie deshalb im Lexikon nachschauten, fanden sie, daß es von Elvira richtig angegeben worden war.
Immer vorausgesetzt, daß die Erlebenden wahrheitsgetreu berichten, sei hier ein besonders merkwürdiger Fall eingeflochten:[103]
Der Wiener *Hermann Medinger* war in jungen Jahren ein erfolgreicher Motorrad-Rennfahrer gewesen, wobei er einmal, in Laab im Walde bei Wien, schwer verunglückte. Mehrere Knochenbrüche sowie eine erhebliche Lungenverletzung ließen sein Überleben fraglich erscheinen.
Bei jenem Unfall hatte Medinger das typische Austrittserlebnis. Er sah seinen Körper neben dem zertrümmerten Motorrad liegen. Sanitäter und ein Rettungsarzt bemühten sich um ihn. Er selber, der damals schon um »diese Dinge« wußte, stand abseits und nahm seinen Astralkörper wahr. Er hörte den Arzt sagen, das Herz schlüge zwar noch, aber nur ganz schwach.
»Als ich so, in Gedanken verloren, dastand«, schreibt Medinger, »fühlte ich mich plötzlich von einer warmen, sanften Hand berührt, und als ich meinen Blick aufrichtete, erschien mir ein schemenhaftes Wesen, ganz in blauen Schein gehüllt. Ich

konnte zwar nicht beurteilen, ob es ein Mann oder eine Frau war; jedenfalls war das Antlitz von außerordentlicher Schönheit und Güte.«
Medingers erster Gedanke war: »Mein Schutzgeist!« – Mit ausgestrecktem Arm bedeutete ihm die Erscheinung, in eine bestimmte Richtung zu schauen, und als er das tat, erblickte er ein rätselhaft merkwürdiges Bild:
Es zeigte sich ihm eine Art »Spiegelkabinett« mit unzähligen Spiegeln, wovon einer den andern reflektierte. Und er sah sich selber darin, vereint mit jenem geheimnisvollen Wesen, das neben ihm stand! Meist glücklich umschlungen als Mann und Frau, aber manchmal auch umgekehrt, er als Frau und jenes Wesen als Mann. Manchmal sah er beide als Freunde, zuweilen als Widersacher. Stets aber trugen sie andere Gewänder, früheren Jahrhunderten zugehörend, bis zurück in die Antike. Medinger bemerkt hierzu: »Es fällt mir schwer, diese meine Schau klar zu Papier zu bringen, darum mache ich den Versuch, sie mit Spiegelbildern zu vergleichen. Immerhin war mir sofort klar: Dies waren meine Vorexistenzen, die mich immer wieder mit jenem schönen Wesen zusammenführten, sowohl im Guten als auch im Bösen; jedenfalls aber immer zu meinem Besten, nach den ehernen Gesetzen des Karmas.«
Dann beobachtete Medinger den Abtransport seines Körpers und dessen Einlieferung ins Krankenhaus. Er selber schwebte, gestützt von dem engelhaften Wesen, dem Unfallwagen nach. Schließlich sah er sich auf den Operationstisch gelegt und dann in ein Bett. Danach spürte er plötzlich einen Stoß und empfand von da an wieder alle Schmerzen wie im Augenblick seines Sturzes. Mit seinem Astralleib war er demnach wieder in den irdischen Körper zurückgekehrt. »So war ich also doch nicht tot?«, dachte er.
Die ihm so vertraute Lichtgestalt vermochte er in der Folge nicht mehr zu schauen, aber er empfand sie oft um sich. Dies tröstete ihn und gab ihm neuen Lebensmut.
Nach seiner Genesung weilte er im »Kurhaus vom weißen Kreuz« in Breitenstein am Semmering, um sich inmitten der winterlichen Bergwelt zu erholen.

Damit ist diese »Geschichte« aber noch nicht zu Ende. Medinger berichtet:
»Es war am Neujahrstag 1925 beim Mittagsmahle. Da öffnete sich die Tür des Speisesaales und herein kam eine junge, sehr hübsche Dame. Fast fürchtete ich ohnmächtig zu werden, denn es war dieselbe ›magische Person‹, die mir nach meinem Motorradunfall als Geist erschienen war und die ich seither nicht mehr vergessen konnte: mein Schutzgeist! Auch die junge Dame, die neben mir ihren Platz angewiesen bekam, war einigermaßen verwirrt und zerbrach sich während des folgenden Gesprächs den Kopf darüber, wo sie mir schon einmal begegnet sein könne; doch war all ihr Nachsinnen zwecklos, unsere Wege hatten sich in diesem Leben noch niemals gekreuzt...«
Wohlweislich verschwieg Medinger damals sein Erlebnis, um die Dame nicht zu erschrecken und Gefahr zu laufen, von ihr als Narr angesehen zu werden. – Jedenfalls war es bei beiden »Liebe auf den ersten Blick«, und sie heirateten bald danach.
Die Frau war stark medial veranlagt, und ihre Begabungen erwiesen sich in der Folgezeit als sehr nützlich.
Nach dem Anschluß Österreichs an Deutschland erwachte Medinger eines Nachts und sah seine Frau, im Nachtgewand, mitten im Zimmer stehen, umflossen von demselben blauen Licht wie seinerzeit am Rennplatz. Wieder zeigte sie mit ausgestrecktem Arm in die Ferne: Da sah er zu seinem Entsetzen brennende Städte, Teile Wiens in Schutt und Asche, kämpfende Soldaten und riesige Leichenfelder! Seine Gattin, die sich in einem somnambulen (schlafwandlerischen) Zustand befand, sprach: »Dies ist unsere Zukunft in allernächster Zeit. Es stehen uns grauenvolle Zeiten bevor. Wir beide werden wohl viel Leid zu ertragen haben, viel Materielles verlieren, dennoch aber einer besseren Zukunft entgegengehen. Das Morden wird fast ein halbes Dutzend Jahre dauern. – Vertraue mir in allen Lebenslagen, ich bin dein Schutzgeist!« Dann erfaßte ein Zittern ihren Körper, das blaue Licht verschwand und sie erwachte aus ihrem Zustand, ohne zu wissen, was sie eben gesprochen hatte.
Diese Schau half den beiden während der folgenden Kriegs-

jahre sehr, und so konnten sie ihr Lebensschifflein glücklich durch alle Stürme der Kriegszeit hindurchsteuern.
Hier liegt somit ein weiterer Fall vor, bei dem man annehmen darf, daß zwei, die seit Urzeiten zueinander gehören, (wieder einmal?) zusammengeführt wurden. Extrem außergewöhnlich aber mutet an, daß die Frau unbewußt Schutzgeistfunktionen für ihren Mann ausübte!
Auf die Worte Jesu zurückblendend, wonach es von Anbeginn »nicht also gewesen« sei, läßt sich nunmehr denken, daß mit diesem rätselhaften Ausspruch das Dualgesetz gemeint war. Kurz wiederholt, besagt es:
Geschaffen wurden reine, entwicklungsfähige *Geister*, und zwar so, daß jeweils zwei Individualitäten ungleicher Polarität auf einen gemeinsamen »Grundton« abgestimmt waren; einer Prägung vergleichbar, die sie von allen anderen Geschöpfen unterscheidet. Verbunden sind und bleiben sie durch eine Art magnetisches Kraftfeld oder Band, das niemals zertrennt werden kann, auch wenn sie infolge ihres möglicherweise unterschiedlichen Falles durch ganze Welten voneinander entfernt sein mögen. Wie anders sollte man sich »im Himmel geschlossene Ehen« vorstellen?
Der Dualseelengedanke bedeutet keine auch nur geringfügige Entwertung des irdischen Ehebundes. Zudem können auch dualgeistig nicht zusammengehörende Partner in glücklichster Gemeinschaft leben, während selbst Dualgeister so tief gefallen und entartet sein können, daß sie sich jetzt als Ehepaar schlecht oder gar nicht vertragen. Hinzu kommt, daß man heute allgemein von geistigen Zusammenhängen nichts weiß, oft auch gar nichts wissen möchte und infolgedessen einander wesensmäßig nicht zu erkennen vermag.
Im Lichte unserer Betrachtungsweise aber gewinnen, so seltsam das auch klingen mag, sogar unglückliche Ehen einen Sinn, weil sie von großem Entwicklungswert sein können für den ewigkeitsbezogenen Fortschritt des einzelnen. Liegt ein zum Ausgleich drängendes karmisches Geschehen vor, dann um so mehr. Somit könnte auch eine Ehe mit wenig Sonnenschein eine Gelegenheit darstellen, in solch harter Schule ei-

gene Charaktermängel zu beseitigen und durch vergebungsbereites Ertragen der gegenseitigen Unzulänglichkeiten eine womöglich alte Schuld zu tilgen. Es sei denn, ein Partner ist kriminell veranlagt, arbeitsscheu, suchtabhängig oder legt sonst ein auf die Dauer unzumutbares Betragen an den Tag, das die Kraft des Ertragens beim andern übersteigt und die Ehe mehr einer Hölle gleichen läßt als einem Lebensbund, dann sollte eine Trennung wohl doch gestattet und karmisch gesehen vertretbar sein.[104] Am vernünftigsten dünkt freilich eine Scheidung in gegenseitiger Übereinkunft, die keine Bitterkeit hinterläßt.
Was die im NT erwähnte Hochzeit zu Kanaan anbelangt, so wäre es vielleicht gar nicht so abwegig anzunehmen, daß Jesus nicht wegen des zu vollziehenden Weinwunders daran teilnahm, sondern weil er wissen mochte, daß es sich beim Brautpaar um Dualseelen handelte, die sich auf dieser Welt wiederfanden.
Wie ist es nun mit Ehegatten nach deren Tode?
Schon Jesus war (Luk. 20,27 ff.) gefragt worden, mit welchem ihrer sieben Ehemänner jene Frau wohl im Jenseits beisammen sein werde. Er soll darauf geantwortet haben, daß das auf irdischer Ebene übliche Freien und Sich-Freien-Lassen in der anderen Welt wegfalle. Und wer für eine höhere Welt würdig sei, der könne hinfort nicht mehr sterben; mit anderen Worten: er hat den »Tod«, den Zwang zu Wiederverkörperungen, überwunden und ist hinfort »den Engeln gleich«.
Aus den bisherigen Einblicken, die uns eine vergleichende Prüfung zahlreicher Jenseitsmitteilungen gewährt, ist die Schlußfolgerung vertretbar, daß die Art des nachtodlichen Weiterlebens von Eheleuten (ebenso wie bei allen Menschen und Beziehungen) von der Gestaltung ihres Erdenlebens abhängt. War ihr Gemeinschaftsleben ein ganz oder überwiegend harmonisches, so finden sie sich drüben wieder. Sind sie keine Duale, so bleiben sie in herzlichster Freundschaft und im Kreise seelenverwandter Gefährten einander verbunden. Waren die Ehegatten moralisch sehr ungleich, so gelangt jeder auf die seiner Stufe angepaßte Ebene. Notgedrungenermaßen kann dies hier nur in groben Strichen angedeutet werden. Zudem wäre es im

Hinblick auf die ungeheure Vielfalt menschlicher Schicksale verfehlt, bestimmte Regeln aufstellen zu wollen. Auf jeden Fall aber bleibt es ratsam, vor einer Eheschließung das bekannte Schiller-Wort zu beherzigen: »Drum prüfe, wer sich ewig bindet, ob das Herz zum Herzen findet. Der Wahn ist kurz, die Reu' ist lang...« Wer einer Horoskoperstellung durch zwei oder drei seriöse Astrologen nur ungenügendes Vertrauen entgegenbringen kann, der sollte vielleicht eine psychophysiognomische Analyse einholen.[105] Denn um glücklich zu werden, müssen wir fähig sein, andere glücklich machen zu können, und das strahlt dann erfahrungsgemäß auf uns selber zurück.

# Das Phänomen der Körpermale

Durch eine bemerkenswerte Entdeckung gewann die These von der Wiedergeburt sehr an Wahrscheinlichkeit: Kinder kommen mit Körpermalen beispielsweise in Form von Narben zur Welt, deren Herkunft Rätsel aufgibt.

Nun wird zwar die Entstehung von Muttermalen, Feuermalen und dergleichen, von alters her dem sogenannten »Versehen« der Frauen speziell während der Empfängnis und des ersten Schwangerschaftsstadiums zugeschrieben, indem man glaubt, daß intensive Eindrücke der werdenden Mutter sich psychisch auf den Fötus übertragen können. Dieser Ansicht war man allenthalben auch im Altertum, in China ebenso wie in Ägypten oder Indien. In Griechenland ließ man Frauen, die guter Hoffnung waren, formvollendete Gestalten (Statuen oder auf Gemälden) anblicken, um durch deren innige Betrachtung, verbunden mit Wunschvorstellungen, zur harmonischen Körperbildung der zu erwartenden Kinder beizutragen. Sogar bei Pferden pflegte man, wie der Arzt Soranos aus Ephesus zu Beginn des 2. Jahrhunderts n. Chr. berichtet, geeignet erscheinende Vorkehrungen zu treffen, was an die merkwürdige Geschichte von Jakob und Laban im 1. Mose 30,37–41 erinnert: Jakob stellte an der Viehtränke Stöcke auf, aus deren Rinde er weiße Streifen herausgeschnitten hatte. Wenn die Tiere sich beim Anblick dieser Stöcke begatteten, »so brachten sie gestreifte, gesprenkelte und gefleckte Junge zur Welt«.

Im Rahmen der Reinkarnationsforschung stellte sich jedoch in einer Reihe von Fällen heraus, daß Narben, Mutter- und andere Körpermale genau mit den in einer Vorexistenz erlittenen tödlichen Verletzungen übereinstimmen können.

Die Moskauerin *Barbara Iwanowa* berichtet u. a. von einem jungen Mann, der bei seiner Rückführung »sah«, wie er in Asien an einer Pfeilverletzung starb. Er behauptete, an der Einschußstelle einen starken Schmerz zu spüren, der auch nach Beendigung des Experiments noch anhielt. Man fragte ihn, ob er an der Brust ein Muttermal habe, was er verneinte. Beim Nachschauen zeigte sich jedoch genau an der schmerzhaften Stelle ein runder, blasser Fleck von etwa einem Zentimeter Durchmesser, den er infolge stark behaarter Brust noch nie bemerkt hatte. Von Reinkarnation hörte er erstmals nach jenem Experiment.

*Dethlefsen* erzählt von einem rückgeführten Patienten, der als deutscher Soldat im Ersten Weltkrieg einen Bajonettstich in die linke Hüfte erhielt und an dieser Verwundung starb. Gegenwärtig weist sein Körper genau an der angeblichen Einstichstelle eine Hautveränderung auf, die im ersten Moment wie eine Wundnarbe aussieht, in Wirklichkeit jedoch aus einer anderen Hautpigmentierung besteht.

Beim zentralindischen Volksstamm der Chamar pflegt man am Körper eines Toten ein Zeichen anzubringen. Wird in derselben Familie bald darauf ein Kind geboren, und findet man an dessen Körper besagtes Zeichen, so gilt dieses Kind als Wiedergeburt jenes Gestorbenen. – Bei Neugeborenen der Tinglit-Indianer Alaskas galt ein Muttermal, das dem eines inzwischen Verstorbenen entsprach, als Zeichen der Reinkarnation des letzteren, und man gab dem Kinde dessen Namen.

Die wertvollsten Forschungen auf dem Gebiet der Körpermale verdanken wir dem inzwischen leider verstorbenen türkischen Mediziner Prof. *Dr. Rezat H. Bayer*, der 150 gut dokumentierte Fälle von Personen mit solchen »Wiedergeburtszeichen« sammelte. Die Aussagekraft seines Studienmaterials erlaubt den Schluß, daß vorwiegend Menschen, die eines gewaltsamen Todes starben, in ihrem nächsten Leben derartige Merkmale am Körper aufweisen. Wer unter dramatischen Umständen sterbe, so meinte Prof. Bayer, der speichere »im Geist« (d. h. in seinem Bewußtsein, das vom Tode des physischen Leibes unberührt bleibt) die Erinnerung an das schreckliche Geschehen und übertrage dies psychokinetisch in Form von Narben oder Muttermalen auf seinen neuen Körper.

Eine schwere Verletzung, die noch dazu zum Tode führt, stellt zweifellos ein tiefgreifendes Erleben dar, und es wäre wohl so undenkbar nicht, daß ein starker Gefühlsimpuls dem Astralkörper seine Spuren einprägt, die von diesem auf den neuen physischen Leib übertragen werden. Wie, das wissen wir nicht, aber diese Hypothese sollte Berücksichtigung finden. Prof. Bayer betrieb viele Jahre lang diesbezügliche Nachforschungen, und sein ausgezeichnet belegtes Material gehört zum besten, was bislang zum Reinkarnationsproblem beigesteuert werden konnte. Öffentlich berichtete er erstmals 1973 auf einem parapsychologischen Kongreß in den USA darüber. Auswahlweise seien hier, stark gekürzt, drei Fälle angeführt:

## 1. Fall Achmed

1970 erhielt Bayer Kenntnis von einem damals achtjährigen Buben namens Achmed, der in einem Dorf der südlichen Türkei lebte und neun »Geburtszeichen« am Körper aufwies. Es handelte sich hierbei um Narben an der Brust, an den Armen und eine am Hals. Die Eltern behaupteten, der Junge sei mit diesen Wundmalen zur Welt gekommen. Ärzte, die vor Prof. Bayer das Kind untersucht hatten, vermochten keine Erklärung abzugeben.

Mit Unterstützung der türkischen parapsychologischen Gesellschaft, deren Präsident er war, begann Prof. Bayer umfangreiche Nachforschungen. Alle Polizeistationen des Landes erhielten ein Rundschreiben mit der Bitte um Auskunft über einen eventuellen Mordfall, bei welchem das Opfer durch neun Schüsse getötet worden war.

Der Erfolg blieb nicht aus. Das Polizeikommissariat von Adana meldete einen 15 Jahre zurückliegenden Mordfall und fügte Zeitungsausschnitte von damals bei. Seinerzeit war auf dem städtischen Marktplatz ein Mann namens Mustapha von einem eifersüchtigen Nebenbuhler mit neun Pistolenschüssen umgebracht worden.

Prof. Bayer begab sich nach Adana und erhielt die Erlaubnis zur Exhumierung. Die Untersuchung des Skeletts ergab, daß die Stellen der merkwürdigen Wundmale am Körper Achmeds genau denen des ermordeten Mustapha entsprachen!

## 2. Fall Semir (Schlangenbiß)

In einer Zeitungsmeldung war die Rede von einem jungen Mann, dessen rechter Daumen unerklärlicherweise die Bißnarbe einer Giftschlangenart aufweist, wie sie im türkisch-syrischen Grenzgebiet vorkommt. Der Betreffende könne sich jedoch nicht erinnern, gebissen worden zu sein.
Prof. Bayer machte den jungen Mann, mit Namen Semir, ausfindig. Dessen Mutter gab an, ihr Sohn habe die fraglichen Narben schon bei seiner Geburt gehabt.
Diesmal schrieb Bayer die Krankenhäuser im Gebiet von Antiochia an und hatte wiederum Glück: Aus einem Provinzhospital kam die Nachricht, daß dort vor 20 Jahren ein Bäcker namens Kashambash infolge eines Schlangenbisses in den rechten Daumen gestorben war. Die Unterlagen befänden sich noch im Archiv.
Das Studium derselben ergab, daß Kashambash im Alter von 40 Jahren starb. Er war für seine speziellen Fähigkeiten im Umgang mit Giftschlangen bekannt gewesen. Eines Tages war ihm eine aus dem Gehege entkommen, hatte sich im Backofen versteckt und den Bäcker in den Daumen seiner rechten Hand gebissen. Bevor es ihm gelang, das Reptil zu töten, biß es ein zweites Mal zu, diesmal in die linke Hand. Einige Stunden nach seiner Einlieferung ins Spital starb der Mann.
Hier ist nun bemerkenswert, daß nur der *erste* Biß einer Giftschlange tödlich sein kann, weil bei einem unmittelbar darauffolgenden Biß die Giftdrüsen leer sind. Das war des Rätsels Lösung, warum Semir, (der scheinbar reinkarnierte Bäcker Kashambash), lediglich die Spuren des *ersten* Bisses aufwies; nur dieser war, lt. Prof. Bayer, vom Unterbewußtsein des Getöteten registriert worden und hatte sich psychokinetisch auf den Körper des Wiedergeborenen übertragen. Warum sollte das so undenkbar sein? Zwar dachten sich kluge Leute hierzu ganz verwegene Hypothesen aus, aber diese erfordern eine erheblich größere Glaubensbereitschaft als die Annahme der Reinkarnation. Zudem sind gerade die von Bayer gesammelten Fälle aus dem islamischen Raum belangreich, weil dem Islam die Wiedergeburtsidee fremd ist.[106]

## 3. Fall Necip Budak

In der Familie Unlutaskiran in Adana (Türkei) kam 1951 ein Junge zur Welt, der den Namen Malik tragen sollte. Drei Tage vor der Niederkunft träumte die Mutter, das Baby verlange von ihr, Necip genannt zu werden. Sie vergaß den Traum, wurde aber in der darauffolgenden Nacht durch einen gleichartigen daran erinnert, so daß sie es ihrem Mann erzählte. Da es im Verwandtenkreis bereits einen Necip gab, einigte man sich auf den Namen Necati.

Es dauerte etliche Jahre, bis der Kleine endlich reden lernte, und nun bestand er darauf, Necip genannt zu werden. Nach und nach verdichteten sich seine Angaben zu Einzelheiten eines anscheinend vorgeburtlichen Lebens. Er behauptete, Necip Budak geheißen, in Mersin (80 km von Adana entfernt) gelebt und fünf Kinder gehabt zu haben. Neben den Namen von Ehefrau und Kindern gab er auch die Verwandten namentlich an und sprach des öfteren von einer Szene, wo er von der Hand des Schusters Ahmed Renkli mit vielen Messerstichen umgebracht worden sei.

Die Eltern kümmerten sich nicht um sein Gerede, sie hatten als bitterarme Familie andere Sorgen. Eines Tages aber kam der Großvater mütterlicherseits zu Besuch, der in Karavudar, einem Dorf neun Kilometer von Mersin entfernt, wohnte. Enkel Necati erzählte wieder von seinem angeblich vorigen Leben und erreichte schließlich mit viel Weinen und Betteln, daß der Großvater ihn mitnahm.

In Karavudar gab es dann bereits Szenen scheinbaren Wiedererkennens, die den Großvater stutzig machten. Zudem begann er sich des seinerzeitigen Mordfalls Necip Budak zu entsinnen, und so wanderte er eines Tages mit dem Buben nach Mersin. Mit größter Sicherheit bezeichnete der nunmehrige Necati seine frühere Frau und die Kinder, mit Ausnahme eines Mädchens, von dem sich herausstellte, daß es nach dem Tode von Necip Budak geboren war. Mit am überzeugendsten waren des Buben Worte an »seine Witwe«: »Wenn du nicht glaubst, daß ich dein Mann bin, so erinnere dich jenes Tages, an dem wir einen so heftigen Streit hatten, daß ich dir einen Messerstich ins

Bein versetzte.« – Prof. Bayer bemerkt hierzu: »Unsere Begleiterin konnte dieses Bein untersuchen und bestätigte das Vorhandensein einer Narbe. Die Witwe hatte sich seit geraumer Zeit wieder verheiratet, und der Junge bekundete seine Betrübnis darüber. Der Reinkarnierte lebt jetzt teils bei der einen, teils bei der anderen Familie.«
Allein und zusammen mit Prof. *Ian Stevenson* besuchte Rezat Bayer die beiden Familien während mehrerer Jahre, wobei die Gespräche aufgezeichnet wurden. Auch der Mörder, der dank einer Amnestie nach neun Jahren Gefängnis entlassen worden war, konnte ausfindig gemacht und interviewt werden. Prof. Bayer schreibt: »Die Besonderheit dieses Falles besteht in der Tatsache, daß der Reinkarnierte seit seiner Geburt am Körper eine beträchtliche Zahl seltsamer Zeichen aufweist. Wir hegten Zweifel, als wir den Mörder befragten, der sich exakt der Stellen am Körper des Opfers entsann, die er mit dem Messer getroffen hatte, und wandten uns deshalb an das Gericht in Mersin, um Einsicht in die Prozeßakten zu nehmen, aus welchen wir den Leichenbeschau-Schein des Necip Budak kopierten. Dieser Schein, datiert vom 7. Mai 1951 mit der Protokollnummer 219/1429, führt acht Verletzungen an und ist von zwei Ärzten aus Mersin unterzeichnet und beglaubigt.«
Aufgrund dieses Dokuments war zu konstatieren, daß die Geburtsmale am Körper des Jungen voll und ganz mit den in der Urkunde angegebenen Stellen übereinstimmten.

## Fall Reisinger
Ein besonders eindrückliches und zugleich schicksalhaftes Erlebnis im Zusammenhang mit einer Wundnarbe hatte im Jahre 1915 in Wien ein Mann namens Leopold Reisinger. In einer Reihe von Träumen erblickte er das Antlitz eines blonden Mädchens. Eigenartigerweise war es aber nicht in erster Linie dessen Anmut, die ihn beeindruckte, sondern ein mit dieser Traumerscheinung verbundenes unsägliches Heimwehgefühl nach einer längst versunkenen Vergangenheit.
Erst allmählich wandte er während des Träumens seine Aufmerksamkeit dem Mädchengesicht selber zu. Er hob den Haar-

knoten von ihrem Nacken und fand darunter eine leicht gerötete Narbe. Als er dieses Zeichen entdeckte, wurde ihm irgendwie klar, daß er selber diese Narbe verursacht hatte. Dann zogen in rascher Folge Bilder an ihm vorbei: Feuer, Menschen in Tierfellen, Abschiedsschmerz und Kampf... Im Traum zog er das Mädchen an seine Brust und bat um Vergebung. Da sagte sie: »Nun weißt du mein Merkmal und wirst mich auch im Leben wiedererkennen, selbst wenn du mein Gesicht vergessen haben solltest. Am Jahrestag werden wir einander begegnen.« Mit diesen Worten pflegte der Traum gewöhnlich zu enden.
Eines Tages schlenderte Reisinger durch die Neubaugasse in Wien, als er vor einem Firmenschild unvermittelt, fast wie angewurzelt, stehen blieb: »Plöhm, Maschinenschreib- und Stenographie-Lehranstalt«.
Gegenüber diesen Fächern hatte Reisinger seit jeher eine gründliche Abneigung, so daß jenes Schild eher einen abstoßenden als anziehenden Charakter für ihn haben konnte. Dennoch hielt ihn an dieser Stelle ein Gefühl fest, das er sich nicht zu erklären vermochte, und seine plötzliche Idee, sich hier als Schüler einschreiben zu lassen, erfüllte ihn sogar mit übermütiger Freude!
Reisinger begab sich ins Anmeldebüro, zahlte die erforderliche Gebühr und konnte sogleich am gerade laufenden Unterricht teilnehmen. Das ordnungsgemäße Datum auf der Gebühren-Empfangsbestätigung verwirrte ihn irgendwie; dunkel hatte er die Empfindung, für heute einen Termin verabredet zu haben, dessen er sich aber trotz allen Nachdenkens nicht zu entsinnen vermochte.
Er betrat den Unterrichtsraum. Es wurde gerade Stenografie gelehrt. Reisinger nahm Platz und begann sich zu langweilen. Obwohl in der ersten Reihe sitzend, schlug er seinen »Zarathustra« auf und wollte lesen. Die Lehrerin forderte ihn jedoch auf, in die Kanzlei zu gehen, dort bekäme er Papier und Bleistift. Reisinger erzählt: »Ich nahm Hut, Stock und Zarathustra und ging. Als ich die Tür des Klassenzimmers geschlossen hatte, öffnete sich die Tür des gegenüberliegenden Zimmers und... meine Traumbekanntschaft trat auf den Korridor!

Ich war heftig erschrocken und sah, wie das Mädchen errötete. Dann ein verwunderter Ausruf, und das Mädchen kam mir entgegen und bot mir die Hand. ›Gehen wir fort von hier‹, sagte ich. ›Ich habe mich doch eben einschreiben lassen‹, lachte sie und griff nach meinem Buch. Als sie den Titel sah, hielt sie mir das Buch, welches sie in der Hand trug, hin. Es war ebenfalls Zarathustra!
Wir waren beide keines Wortes mächtig, gaben einander nur die Hand und gingen zusammen fort.
›Ich habe von Ihnen geträumt, und als ich Sie vorhin erblickte, erschienen Sie mir als ein alter Bekannter. Aber das werden Sie wohl nicht glauben?‹ fragte sie ängstlich. Ich war völlig verwirrt, vermochte nicht an mich zu halten und fragte gänzlich unvermittelt: ›Haben Sie im Nacken unter den Haaren eine kleine Narbe?‹ ›Ja‹, sagte sie erstaunt...
Was dann in uns vorging, weiß ich nicht auszudrücken. Wir sahen uns an und hatten Tränen in den Augen.«
Bei diesem Erlebnisbericht ist man beinahe versucht zu sagen: »Und wenn sie nicht gestorben sind, so leben sie noch heute«, so märchenhaft klingt das Ganze! Für uns aber ist dieser Fall in doppelter Hinsicht interessant, einmal wegen der Narbe, und zum anderen liegt hier die Vermutung nahe, daß sich zwei, die von Ewigkeit her zusammengehören, nach langer, langer Zeit wiederfinden durften![107]

# Scheinbare Reinkarnations-Erinnerungen

Am Tage der Ermordung des US-Präsidenten Kennedy, am 22. 11. 1963, kam in München ein Junge zur Welt: *Johann Schuler.*

Schon früh offenbarte der kleine Johann ein erstaunliches Wissen über Kennedy, über Vorgänge im Weißen Haus, über Kennedys dortiges Arbeitszimmer, über Freunde und Bekannte des Präsidenten und über Einzelheiten aus der amerikanischen Geschichte. Er erzählte Privates aus der Ehe Kennedys mit Jackie, deren Foto in einer Illustrierten er sofort erkannte, während er ein Bild des Reeders Onassis, des nachmaligen Ehemannes von Jackie, zornig zerriß.

Hinzu kommt noch, daß Johann rechts am Kopf ein Muttermal aufweist, ungefähr an jener Stelle, wo den Präsidenten die tödliche Kugel traf. Aber, und das macht diesen Fall eben fragwürdig, Johann wurde um 12.48 Uhr amerikanischer Zeit geboren, während Kennedy um 12.30 Uhr ermordet wurde, also nur 18 Minuten zuvor. Die unverzügliche Wiedereinkörperung eines vor wenigen Minuten – noch dazu gewaltsam – ums Leben Gekommenen ist sehr unwahrscheinlich, zumal ein sich inkarnierender Geist vom Augenblick der Empfängnis an die Mutter umgibt und am Bau seines physischen Körpers mitbeteiligt ist. Es sei denn, man wollte annehmen, er sei von einem anderen, möglicherweise stärkeren Wesen abgedrängt oder aus irgendwelchen anderen Gründen veranlaßt worden, das Feld zu räumen.

Der Fall Schuler ließe sich mit der Besessenheits-Hypothese deuten, und zwar in etwas erweitertem Sinne, indem es keineswegs die Geistpersönlichkeit Kennedys selber sein müßte, die sich auf derartige Weise manifestiert, sondern eventuell eine mit dem Präsidenten eng verwandt oder befreundet gewesene Person, oder ein Gestorbener, der ein großer »Kennedy-Fan«, war.

*K. O. Schmidt*, der diesen Fall im zweiten Band seines »Abendländischen Totenbuches« erwähnt, meint, hier könnte es sich »um das Ergebnis eines durch unbekannte Umstände ausgelösten psychischen Kontakts der eben ins Dasein tretenden Seele des Johann Schuler mit der gerade in die geistige Welt hinübergleitenden Seele Kennedys handeln, die in Sekundenschnelle noch einmal ihr ganzes Leben vorüberziehen sah, wie das oft beim Tode der Fall ist. Diese Erinnerungsbilder wurden von der Psyche der gerade ins Leben tretenden Seele Johanns aufgefangen und so intensiv miterlebt, daß die Überzeugung entstand, Kennedy gewesen zu sein.« Eine sehr gekünstelt anmutende Hypothese, aber hier sind sowieso nur vage Vermutungen möglich.[108]

Aufgrund scheinbarer Erinnerungen neigen manche empfindungsmäßig zu der Ansicht, die Wiedergeburt einer geschichtlichen Person zu sein, einer historischen Größe. So sind mir zwei Damen bekannt, die beide das Gefühl haben, Marie Antoinette, die unglückliche Gemahlin Ludwigs XVI. gewesen zu sein. Dies beanspruchte aber schon *Helene Smith* (1861–1929), das berühmte Medium von Prof. *Flournoy*[141], und gleichzeitig eine Amerikanerin, welcher durch *Cayce* am 15. 7. 1925 die Botschaft zuteil wurde, sie sei in ihrer letzten Inkarnation jene enthauptete Königin gewesen.[109] Dieses Beispiel verdeutlicht zur Genüge, daß die Hypothese von der »Anzapfung der Kollektivpsyche« durchaus ihre Berechtigung hat. *K. O. Schmidt* meint zudem, wer in einem früheren Leben ein großer Charakter war, werde es wohl auch in späteren Einverleibungen sein. Und – angenommen – man war wirklich eine bedeutende Persönlichkeit, so ist es wenig rühmlich, im jetzigen Leben nichts Vergleichbares aufweisen zu können. Wenn man darüber hinaus Reinkarnation als Wiederholenmüssen einer Schulklasse nach nicht bestandener Prüfung auffaßt, ist erst recht kein Grund zum Stolzsein vorhanden.

In den meisten Fällen von Pseudo-Erinnerungen scheint Besessenheit die naheliegendste Deutung zu sein, wie beispielsweise im *Fall Alma F.*:

Diese Dame, eine Landschaftsmalerin, fühlte sich von einem unsichtbaren männlichen Wesen begleitet, mit dem sie sich regelrecht unterhalten konnte. Auf Drängen desselben reiste sie nach Florenz. Merkwürdigerweise kam ihr dort alles sehr vertraut vor, wohin ihr »Begleiter« sie auch führen mochte. Unzweifelhaft lag hier ein falsches Déjà vu-Empfinden vor, verursacht durch einen Jenseitigen. Die Malerin konnte nämlich von dem Fremdeinfluß befreit werden und war von da an wieder sie selber.[110]

Einen belangreichen Fall dieser Art erlebte der Wiener Ingenieur *Hans Malik* mit dem vierjährigen Töchterlein seines Kollegen Ing. *Willibald Mader*. Seit vier Tagen war die Kleine völlig apathisch, sie starrte teilnahmslos ins Leere, erbrach die eingenommenen Speisen und Medikamente, blieb auch des Nachts ohne Schlaf und verfiel von Stunde zu Stunde.

Die Gattin von Ing. Malik war ein ausgezeichnetes Tieftrance-Medium, was der Familie Mader zum Segen gereichen sollte. Es wurde eine Zusammenkunft vereinbart, und Frau Malik ging in Trance. In diesem Zustand kann sich, wie zahllose Erfahrungen zeigen, eine Fremdpersönlichkeit des Körpers des Mediums bemächtigen, so daß man mit ihr reden kann.

Ing. Malik hatte sich bereits einige Zeit vergeblich um Kontakt bemüht, als das Medium, plötzlich auffahrend, rief: »Loßt's mi außa!«

Überzeugt, es mit einem Jenseitigen zu tun zu haben, hielt Malik ihn (bzw. das Medium, das sich erhoben hatte) zurück und fragte: »Wohin willst du denn?« – Darauf er: »Gengan's außi! Weg, sog i!« Malik: »Nein, du bleibst hier, bis du mir klar sagst, wohin du willst!« Er, zornig: »Weg da! Endli(ch), endli!« und wollte wiederum den Raum verlassen. Malik erzählt:

»Den Geist sehr energisch zurechtweisend, erfuhr ich nun, daß er der ›Jogl Stoanbauer‹ (Georg Steinbauer) aus Grimmenstein sei. Mit dem Aufwand vieler Mühe stellte sich heraus, daß er im Jahre 1827 gestorben sei, verheiratet war und nun endlich seine Frau Leni wiedergefunden habe und nicht früher von ihr ablassen wolle, bis er mit ihr wieder vereint sein werde. Auf meine Frage, wo denn diese seine Frau sich befinde, sagte er (in seinem Dialekt): Da draußen in der Stube stünde sie jetzt bei einem kleinen Kind. Er habe sie vor fünf Tagen aus dem Körper des Kindes heraussteigen sehen, festgehalten ›und nimmer einig'lossen‹«.

Nun war Ing. Malik alles klar. Er mußte annehmen, daß die kleine Hansi die reinkarnierte Bäuerin Leni sei, und klärte nun den armen Jogl über den Sachverhalt auf. Als dieser nun erfuhr, daß er die Kleine durch sein Verhalten, wenn er nicht nachgäbe, umbringen würde, bekreuzigte er sich ganz erschrocken und versicherte hoch und teuer, so etwas niemals tun zu wollen. Er wandte sich in Richtung des Raumes, wo Hansi lag und sprach, als ob er seine Leni sehen würde: »No, so geh holt in Gotts Nam' wieder in die Kloane eini.«

»Wir waren«, so berichtet Malik weiter, »von diesem Erlebnis noch ganz eingenommen und sprachen darüber, als plötzlich die Tür aufgerissen wurde und die kleine Hansi mit geröteten Wangen und klaren Augen hereinstürzte und rief: ›Mama, ich hab' einen großen Hunger!‹ Wie dieses Ereignis auf uns alle wirkte, können Worte nicht schildern. Die kleine Hansi blieb von diesem Augenblick an und bisher gesund.«

Ing. Mader ersuchte danach seinen Vater (einen Oberlehrer und großen Zweifler), die Angaben des Jogl Steinbauer zu überprüfen. Ing. Hans Malik schließt: »Die völlige Richtigkeit der Angaben konnte aus der Tauf- und Sterbematrikel in Edlitz-Grimmenstein festgestellt werden und, was hier besonders wichtig erscheint, ist das Faktum, daß diese Familie und deren letzte Verwandte vor 55 Jahren ausgestorben sind. Die Dokumente, welche die Wahrheit des hier mitgeteilten Erlebnisses verbürgen, sind in meinem Besitze.«

Ein weiterer, nur kurz skizzierter Fall mögen dieses Kapitel abschließen:

Der 1959 gestorbene Bildhauer *Johannes Lotter* kam in jungen Jahren beruflich nach Zeitz, wo ihn das dortige alte Rathaus sehr interessierte. Als er es betrat, wußte er zu seinem maßlosen Erstaunen plötzlich, wie es weiter aussehen würde, wenn er im Flur um die Ecke biegen würde. Alles stimmte genau! Mehr noch staunte er, als er den Namen des Erbauers jenes Rathauses erfuhr: Hieronymus Lotter, sein Urahne![111]

In diesem Fall könnte spontanes Hellsehen vorliegen (eine unwahrscheinliche Annahme, wenn es nur einmalig auftritt) oder jenseitiger Einfluß, wenn wir annehmen wollen, daß der betreffende Gestorbene sich gerade oder noch immer am Ort seines vormaligen Wirkens aufhält. Der Gedanke einer Reinkarnation in die eigene Familie käme freilich auch in Betracht, genau wie bei jenem auf Seite 57 erwähnten Engländer, der im Gefühl des Vertrautseins mit den Räumlichkeiten eines erstmalig besuchten alten Gasthauses, den Namen seines gestorbenen Großvaters in einer Fensterscheibe eingeritzt fand.[112]

# Die häufigsten Gegenargumente

1. **Fehlende Erinnerung** ist das am meisten gebrauchte Gegenargument, verknüpft mit der Frage, warum nicht jedermann solche Erinnerungen an frühere Leben habe? Wenn sich alle ihrer vorangegangenen Existenzen bewußt wären, dann wüßte doch jeder genau, warum es ihm diesmal so und nicht anders geht, und das Problem wäre gelöst. Ohne im Gedächtnis verankerte Kontinuität kann es keine Verantwortung geben, und ohne Verantwortlichkeit plus Bewußtsein keine Schuld. Prof. Dr. *James Hyslop* schrieb einmal, daß die Reinkarnationsidee den wesentlichsten Aspekt, der das Weiterleben nach dem Tod interessant macht, unbefriedigt lasse, nämlich den, das Bewußtsein seiner persönlichen Identität zu behalten. Ein zukünftiges Leben müsse die Fortdauer dieses Bewußtseins garantieren, oder es sei überhaupt kein Leben für uns.

Eine jenseitige Stellungnahme, die durch ihr beachtliches Niveau auffällt, gibt zu bedenken, daß es keinem Menschen möglich wäre, unter verschiedenen Gestalten eine ganze Anzahl von Erdenleben durchzumachen und daraus mit einem ungebrochenen Bewußtsein seiner persönlichen Identität hervorzugehen. Es sage sich so leicht, die verschiedenen Erdenleben seien einer Schule mit unterschiedlichen Klassen vergleichbar, durch die man sich hindurcharbeiten müsse. Dieser Vergleich hinke jedoch insofern, als man sich in den Schulklassen stets der eigenen Identität bewußt bleibe. Auch das Argument, dieses Identitätsbewußtsein würde sich jeweils nach dem Tode wieder einstellen, und dann wüßte man, was man falsch oder richtig gemacht habe, sei anfechtbar; denn was nütze ein solches Wissen nachher, wenn die Chancen vorüber sind?[113]

In der Tat haben wir hier einen der schwerwiegendsten Einwürfe gegen die Lehre von den wiederholten Erdenleben, denn wie kann man für etwas verantwortlich gemacht werden, wovon man nichts weiß?

**Erwiderung:** Unter dem Stichwort »Esoterik« war bereits auf die unterschiedlichen Auffassungen von »Ich und Selbst« hingewiesen worden. Hypnotische und somnambule Phänomene lassen auf ein *äußeres* Bewußtsein schließen, das sich auf unsere fünf Sinne stützt und von diesen abhängig ist, und auf ein *inneres* Bewußtsein, welches das erstere umfang- und erkenntnismäßig beträchtlich übersteigt. Unser wachbewußtes Ich und das damit verknüpfte Persönlichkeitsempfinden scheint somit durch unseren physischen Organismus stark eingeengt zu sein, wird aber frei während außergewöhnlicher psychischer Zustände und nach dem Sterben.

Man könnte also unterscheiden zwischen dem wachbewußt als derzeitige Person empfundenen Ich, und unserer eigentlichen Individualität, dem *Selbst*, das unabhängig von körpergebundenen Sinnen agiert. Mithin wären, wie *Surya* sagt, zwei Stufen von Selbstbewußtsein denkbar: ein *niederes* Selbstbewußtsein, das sich auf die vergängliche Persönlichkeit, und ein *höheres Selbst-Bewußtsein*, das sich auf die unvergängliche Individualität bezieht. Letzteres gelte es zu erringen.[114]

Nach *K. O. Schmidt* stellen Ich und Selbst während unseres Erdenlebens eine Einheit dar, so daß Notwendigkeit und Freiheit die beiden Seiten der gleichen Münze seien. »Die Notwendigkeit von heute ist die Folge freier Willensentscheidungen von früher, und zugleich Rohstoff für neue Entscheidungen und Handlungen heute.« Am vollkommensten würde derjenige »seines Freiseins von innen her inne, der sich nicht nach den kurzsichtigen Begierden seines Ichs richtet, sondern nach dem Willen seines innersten Selbst, der mit dem Willen *hinter* der Welt – dem göttlichen Willen – im Einklang steht.«[115]

In Wirklichkeit wären wir demzufolge nicht das, was uns unsere sinnengebundene Wahrnehmungs- und Erkenntnisfähigkeit als Ich, als Person, erscheinen läßt.

Infolgedessen müßte es auch zweierlei Gedächtnisse geben: das im Gehirn lokalisierte und vom Gehirn abhängige physische, und das im Überbewußtsein verankerte *spirituelle* Gedächtnis unseres Selbst. Dieses »Höhere Selbst« müßte um alle unsere Inkarnationen und deren kontinuierliche Zusammenhänge wissen; und in der Tat: manchmal, zumeist während des rät-

selhaften Zustandes zwischen Schlaf und Wachen, erlebt man Bruchteile von Augenblicken, wo einem alles völlig klar ist, wo man alles weiß und erkennt..., um schon im nächsten Moment wieder dem Dunkel des Vergessens anheimzufallen! So mögen auch die sogenannten »Rückerinnerungen« an frühere Existenzen, soweit es sich um echte Rückschauen handelt, möglicherweise mit besagtem Selbst- und Allbewußtsein zusammenhängen. Gegenwärtig, in unserem physischen Körper, empfinden wir uns sehr wohl als Ganzes, als ichbewußte Individualität; über deren *Wesen* jedoch sind wir uns eigentlich gar nicht so recht im klaren. »Helle Augenblicke«, wie der vorhin erwähnte lassen immerhin erahnen, daß die berühmte Aufforderung »Mensch, erkenne dich selbst« ihre tiefe Berechtigung hat.
Auch folgender Vergleich wäre überdenkenswert:
Unser Körper erhält und regeneriert sich durch Stoffwechselvorgänge. Es findet eine fortwährende Ausscheidung und Neubildung von Zellen statt, *ohne* daß hierbei unsere Identität verlorengeht. Was also für unser derzeit empfundenes Ich der Stoffwechsel ist, wäre für unser »Höheres Selbst« oder ureigentliches Ich der Personenwechsel, der sich von einem Erdenleben zum andern, von Inkarnation zu Inkarnation vollzieht. Unser höheres Gedächtnis würde demnach all diese Erfahrungen speichern, aber während des jeweiligen Erdenlebens sind sie nicht abrufbar. »Leider«, wird mancher sagen; aber bei tieferem Nachdenken wird wohl jeder zur Einsicht kommen, daß ein derartiges Wissen eine ungeheure Belastung wäre. Denn logischerweise besäßen dann nicht nur wir selbst, sondern auch alle anderen die volle Erinnerung an Vergangenes. Und abgesehen davon, daß dann unsere Gehirnkapazität überfordert wäre, würden wir ja zwangsläufig jenen Menschen wieder begegnen, denen wir einstmals schweres Leid zugefügt haben, und die auch darum wissen! Dann würden Haß, Neid und Zwietracht, diese ohnehin üppig wuchernden Sumpfgewächse einer ethisch fehlentwickelten Zivilisation, nur noch schlimmer ins Kraut schießen als es ohnehin bereits der Fall ist, und die Hölle auf Erden wäre allenthalben perfekt.

Nein, *wenn* es die Wiedermenschwerdung gibt, so darf das Vergessen eher als Glücksumstand bezeichnet werden und ist als Argument gegen die Reinkarnationslehre untauglich. *Lessing* sagte: »Wohl mir, daß ich es vergesse, daß ich schon einmal dagewesen bin! Die Erinnerung der vorigen Zustände würde mir nur einen schlechten Gebrauch der gegenwärtigen zu machen erlauben. Und, was ich *jetzt* vergessen muß, habe ich denn das auf *ewig* vergessen?«

Pfarrer *Max Gubalke* schrieb hierzu: »Wenn ich im Leben eine unverdiente Gnade anerkennen müßte, dann die, daß wir uns unserer früheren Entwicklungsphasen nicht erinnern; daß wir vergessen, was und wie wir gewesen sind. Wie schwer lastet schon die Schuld dieses einen Lebens auf uns, wie lähmend wirkt die Erinnerung an alle jene dunklen Stunden, in denen wir schwach waren, zu Fall gekommen, gegen unsere Bestimmung uns verfehlt haben! Wenn nun zu aller Bürde, die dieses eine Leben anhäuft, nun noch die Erinnerung an alle Schäden und trüben Erfahrungen unserer Vorleben hinzukäme, so müßte selbst ein Gott unter solcher Last zusammenbrechen!«

Und mit *Goethe* bekennen wir: »Ach, unsre Taten selbst, so gut wie unsre Leiden, sie hemmen unsres Lebens Gang!«

Nur gegenüber dem Einwand, wonach es ohne Kontinuität des Gedächtnisses keine moralische Verantwortung geben könne, müßte das Problem offenbleiben, und daß sich ein den Tod überdauerndes Kontinuitätsbewußtsein positivistisch nicht beweisen lasse. *Werner Trautmann* sieht hierin keine Widerlegung der Reinkarnations-Hypothese, weil es wissenschaftliche Tatbestände z. B. in der Astrophysik gebe, die sich der positivistischen Beweisforderung (wiederholbare Experimente unter gleichen Bedingungen mit demselben Resultat) entziehen.[116]

Ob nun wissenschaftlich anerkannt oder nicht, die Wiedergeburtslehre wurde für zahllose Menschen auch des Abendlandes zum einzigen Glauben, der Vernunft und Verstand gleichermaßen zu befriedigen vermag und in Verbindung mit einem tragfähigen Gottvertrauen ein hartes, schweres Schicksal erträglich werden läßt.

## 2. Leiden als Fortschrittsmittel?

a) Wird die Erde als eine Art Leidensschule betrachtet, als ein »Sühne-Planet«, der die Bestimmung hat, uns durch Leiden zu »läutern«, so kann man sich kaum eine trostlosere Perspektive denken als die, sie immer wieder betreten zu müssen. Diese Lehre ist grausam.

b) Die Behauptung, Leid und Schmerz seien die wirksamsten Mittel, verstockte Wesen alias Menschen zur Besinnung zu bringen und zu läutern, verliert an Glaubwürdigkeit, wenn man ihr entgegenhält, daß dann ja Kriege, Krankheiten und Not wahre Wunder an »moralischer Aufrüstung« hervorbringen müßten; tatsächlich aber bewirken sie eher das Gegenteil!

**Erwiderung:** a) Dr. *Max Kemmerich* bemerkt hierzu, dies sei Ansichtssache des jeweiligen Naturells; denn so gut der Pessimist in der Wiedergeburtslehre ein ewig erneutes Altern und Sterbenmüssen sieht, so freue sich der Optimist auf immer neues Jungsein, auf Erlebnisse und Erfahrungen. Beides ist einseitig. Unsere abendländische Denkweise freilich läßt uns gegen die Ungerechtigkeit des Schicksals aufmucken und sagen: Warum geht es den andern prächtig und mir nicht? – Im Gegensatz zu despotischer Willkür kann jedoch absolute Gerechtigkeit niemals grausam sein. »Die Privilegierten mögen die Lehre von der Wiedergeburt verwerfen, weil sie nicht die Folgen ihrer Gedanken und Handlungen auf sich nehmen wollen, aber diese Verantwortungsscheu und Feigheit in die göttliche Weltordnung hineintragen zu wollen, ist weit von Ethik entfernt.«[117]

b) Stimmt leider. Leid kann einen Menschen auch zerbrechen, und zwar besonders dann, wenn er sein Leben nicht im Glauben an Höheres verankert weiß. Hinzu kommt außerdem die Erfahrung, daß der im allgemeinen weniger empfindsame Mensch fragwürdigen Charakters auch weniger leidet als der feinfühlige und gewissenhafte Anständige; ja der Gute wird sogar noch leidensfähiger, wenn er infolge Kenntnis spiritueller Zusammenhänge sensibler geworden ist.

**3. Die Gefahr neuer Belastungen.** Unsere gesellschaftlichen und sozialen Verhältnisse sind von einer Beschaffenheit, daß sie dem Guten im Menschen eher hinderlich als förderlich sind. In jeder neuen irdischen Existenz ist daher die Möglichkeit, sich mit neuer Schuld zu beladen, ungleich größer, als alte zu sühnen.

**Erwiderung:** Auch das ist nicht von der Hand zu weisen. Andererseits hat jeder, zumindest unter den zivilisierten Völkern, einen gewissen Religions- oder Ethikunterricht genossen, und weiß auch aufgrund der Strafgesetzgebung, was erlaubt ist und was nicht. Außerdem hat jedermann die Fähigkeit mitbekommen zu denken sowie eine gewisse Portion Verstand, um mit Hilfe beider die *Vernunft* auszubilden. Demnach sollte die Gefahr, sich mit neuer Schuld zu beladen, zumindest bei jenen Menschen gering sein, die ihr religiöses Bekenntnis ernst nehmen. Zu beachten wäre ferner: Rückversetzungen bis in die Zeit vor der Geburt lassen erkennen, daß der Inkarnierende sehr wohl weiß, welche »Hypothek« er ins neue Leben mitnimmt, und *warum* er etwas auf sich nimmt oder auf sich nehmen mußte. Dieses Wissen scheint als kontinuierliche Fortsetzung unserer eigentlichen Individualität in uns erhalten zu bleiben und stellt sich nach dem Sterben wieder ein, d. h., es wird uns wieder bewußt, so daß wir beim oft beschriebenen »Ablaufen des Lebensfilms« ganz genau erkennen, was wir im Sinne unseres Entwicklungsziels falsch oder richtig gemacht haben.[118]

**4. Kriminalität.** Als Vollstrecker des Karmagesetzes wären Mörder und andere Verbrecher dringend notwendig, und deren abscheuliches Tun wäre somit moralisch gerechtfertigt. Andererseits muß sich ein Mörder, dem angeblichen Sühnegesetz gemäß, wiederverkörpern, um ebenfalls einen gewaltsamen Tod zu erleiden. Zu gegebener Zeit muß also jemand zur Stelle sein, der als ausführendes Organ des karmischen Geschehens fungiert und das Umbringen besorgt. Dadurch belastet sich der Betreffende jedoch und müßte nach dem Grundsatz Math. 26,52 »Wer das Schwert nimmt, soll durch das Schwert umkommen« später ebenfalls ermordet werden und so

weiter. Das wäre ein Teufelskreis, eine Kausalkette ohne Ende. Und wie würde es sich dann mit Leuten verhalten, die als Parteischergen oder Kriegstreiber zahllose Menschenleben auf dem Gewissen haben? Müßten die millionenmal reinkarnieren, um jeweils ein ähnliches Schicksal zu erleiden?
**Erwiderung:** Auch das ist eine Schwachstelle der Reinkarnations- und Karma-Theorie. Dennoch wäre zu beachten:
a) Schuldig wird man, wenn man freiwillig, aus eigenem Antrieb, gegen die Lebens- und Harmoniegesetze verstößt. Wenn hingegen einem Kraftfahrer ein Kind ins Auto rennt und dabei schwer verletzt wird oder ums Leben kommt, so mag dieser Unfall für das Kind karmische Gründe haben; vom Autofahrer jedoch kann man kaum annehmen, daß er sich hierdurch karmisch belastete, wiewohl er selber ungewollt zum Instrument des Schicksals wurde.
b) Ein Mord oder ein gräßlicher Unfall *kann* im Schicksal des Opfers vorbestimmt gewesen sein, *muß* aber nicht; wir vermögen das weder zu beurteilen noch zu entscheiden, weil uns die schicksalsmäßigen Zusammenhänge verborgen sind.
c) Was Massenmörder und Schreibtischtäter anbelangt, so muß die Vergeltung gewiß nicht immer von der Hand eines anderen Verbrechers kommen; Unfälle, Katastrophen, Kriege und Revolutionen, Seuchen und schwerste Krankheiten (Krebs) mögen wohl auch ihre Rolle im Sühnegeschehen spielen.
Wie ersichtlich, kann die Rolle eines Verteidigers der Reinkarnationslehre ebensowenig leicht sein wie die eines Gegners derselben. Beide aber werden *Friedrich Schiller* zustimmen können, wenn er sagt: »Das Leben ist der Güter höchstes nicht; der Übel größtes aber ist die Schuld!«

**5. Bevölkerungsexplosion.** 4,7 Milliarden Menschen bevölkern unsere Erde. Vor 2000 Jahren waren es noch einige hundert Millionen. Woher kommen all diese Wesenheiten?
**Erwiderung:** Woher die vielen Inkarnierten kommen, entzieht sich unserer Kenntnis. Daß sie existiert haben müssen, beweist ihre Menschwerdung. Ob es für unsere Erde eine kon-

stante Zahl von Wesenheiten gibt und wie sich das Ganze zum All und möglicherweise anderen bewohnbaren Weltkörpern (von der Entwicklungsstufe unseres Planeten) verhält, kann nur Gegenstand von Spekulationen sein. Die Bevölkerungsvermehrung liegt neben der Geburtenzunahme auch daran, daß heute infolge des erreichten Standes von Hygiene und Medizin ein weit höheres Durchschnittsalter erreicht wird als noch vor einhundert Jahren. Was die Natur sterben lassen würde, erhält man mit allen Raffinessen moderner chemo-technischer Magie am Leben (und Leiden). Ferner scheinen die Reinkarnationsintervalle allgemein kürzer geworden zu sein und schätzungsweise nur noch 20 bis 30 Jahre zu betragen, wie man aus zahlreichen Rückführungen schließen darf.

**6. Widersprüchliche Aussagen Jenseitiger.** Die Möglichkeit von Jenseitskontakten vorausgesetzt, liegen zur Reinkarnationsfrage widersprüchliche Stellungnahmen vor; das macht die Wiedergeburtslehre nicht gerade glaubwürdiger. Jenseitige, besonders wenn sie schon länger drüben sind, müßten doch eigentlich wissen, ob es die Wiedermenschwerdung gibt oder nicht.
**Erwiderung:** Unterschiedliche Meinungen sind in allen Lebensbereichen üblich und ganz natürlich. Logischerweise ist dies nach dem Ablegen des physischen Körpers keineswegs anders. Weil der sogenannte Tod nur unsere Lebensbedingungen verändert, nicht aber uns selbst, bleibt es bei unserem bisherigen Wissens- und Bildungsstand. Es wäre durchaus erfreulich, wenn der Tod zur Allwissenheit verhelfen würde, aber hierfür gibt es keinerlei Anhaltspunkte. Vor kurzem Hinübergegangene pflegen in der Regel nicht viel mehr zu wissen, als daß sie gestorben sind. Ja selbst das wissen viele nicht, weil sie sich während ihres Erdendaseins um Sinnfragen des Lebens nie kümmerten. Nun fehlen ihnen die Voraussetzungen, zu begreifen, was mit ihnen geschehen ist. Manche meinen zu träumen, andere wiederum, die begriffen haben und schon längere Zeit drüben sind, studieren die für sie neuen Verhältnisse und verkünden bei sich bietender Gelegenheit ihr Wissen via Me-

dium als aller Weisheit letzten Schluß. So kommt es zu den vielen widersprüchlichen Aussagen, wie sie in Form sogenannter »Jenseitskundgaben« vorliegen. Es sind Meinungen, die den gleichen Kriterien unterliegen wie alles, was im irdischen Leben an Meinungen an uns herangetragen wird.[119]

**7. Zufall.** Die scheinbar besten Stützen des Reinkarnationsglaubens, nämlich die angeblich vorausgesagten Einverleibungen sowie die Sache mit den verblüffend übereinstimmenden Wundmalen sind wohl eher als Zufälle zu werten. Im ersten Falle können auch Sinnestäuschungen und andere Faktoren vorliegen, die tiefenpsychologisch deutbar wären. Die Beweiskraft solcher Berichte ist also gleich Null.
**Erwiderung:** Mangels überzeugender Argumente muß gewöhnlich der Zufall herhalten. Aber was bedeutet das Wort »Zufall« eigentlich? *Schiller* sagt: »Es gibt keinen Zufall. Was uns als blindes Ungefähr nur dünkt, gerade das steigt aus den tiefsten Quellen.« *Goethe* sah hinter der Tatsächlichkeit sonderbarer Zufälle etwas, das »den Geist des göttlichen Schicksalslenkers ahnen läßt«.
Zufälle von Bedeutung sind prinzipiell unmöglich, weil das Gesetz von Ursache und Wirkung jedes ursachelose Geschehen ausschließt. Zufall heißt, genau besehen: es fällt uns etwas zu, aber auch bloß aufgrund einer vorangegangenen Ursache. Zufall ist lediglich Folgeerscheinung, ist ein sichtbar gewordenes Glied einer unbekannten Kausalkette. Und weil man gewöhnlich nur dieses letzte Glied einer solchen Verkettung wahrnimmt, hält man es für einen »blinden Zufall«. Das Argument mit dem Zufall ist demzufolge untauglich.

**8. Besessenheit.** Der amerikanische Nervenarzt Prof. Dr. *Carl Wickland* weist in seinem Buch »30 Jahre unter den Toten« aufgrund jahrzehntelanger therapeutischer Erfahrung nach, daß alle sogenannten Reinkarnations-Erinnerungen durch Jenseitige hervorgerufen werden, die sich einem Menschen anhängen und dadurch eine Art Besessenheit verursachen. Wickland will sogar mit dem Geist der Begründerin der Theosophi-

schen Gesellschaft, *Helena Blavatsky*, gesprochen haben. Ihren Angaben zufolge sei sie zu Lebzeiten besessen gewesen und habe im Jenseits ihre Reinkarnationslehre als Irrtum erkannt.[120]
**Erwiderung:** Im Abschnitt »Parapsychologische Hypothesen« wurde zu diesem Punkt bereits gesagt: Wenn bei Rückführungen, die mit derselben Person und anderen Versuchsleitern zu beliebigen Zeitpunkten wiederholt wurden, genau die gleichen Ergebnisse und Aussagen zum Vorschein kommen, so müßten nicht nur dieselben Geistwesen jeweils gerade zur Stelle sein, sondern sie dürften sich außerdem auch niemals widersprechen. Das ist sehr unwahrscheinlich.
Im Falle der Mme. Blavatsky muß überdies die Frage erlaubt sein, woher Prof. Wickland denn die absolute Gewißheit nahm, daß die Persönlichkeiten, die sich über seine Gattin (als Medium) manifestierten, wirklich diejenigen waren, für die sie sich ausgaben?[121]

**9. Schicksalsunterschiede.** *Karl Welkisch* lehnt in seinem Buch »Im Geistfeuer Gottes« die Wiedereinkörperungslehre ab und erklärt die krasse Verschiedenartigkeit menschlicher Schicksale mit der Geisterfall-Theorie. Er sagt, weil wir verschieden tief gefallen sind, erkläre sich hieraus die Unterschiedlichkeit der schicksalsmäßigen Startchancen.
**Erwiderung:** Die Ansicht läuft an sich auf das gleiche hinaus wie die Lehre von der Wiederkehr: Als Geistwesen existierten wir bereits vor unserer Menschwerdung; unser Erdenleben ist somit eine Folge unserer Vorexistenz. Ob nun unser »Heimweg ins Vaterhaus« aus *mehreren* Erdenleben besteht oder ob nur *eine* irdische Inkarnation stattfindet, spielt doch gar keine so große Rolle, weil beide Möglichkeiten denkbar sind und letztlich nur Stufen unserer individuellen Entwicklung sein können. »Und solang' du das nicht hast, dieses ›Stirb und werde!‹, bist du nur ein trüber Gast auf der dunklen Erde!« (Goethe).

**10. Selbsterlösung.** Die Reinkarnationslehre bedeutet Selbsterlösung anstelle der Erlösung durch Jesus Christus.

**Erwiderung:** Hier haben wir den Hauptvorwurf von christlich-kirchlicher Seite. Da es um eine rein religiöse Frage geht, kann ich als Parapsychologe hierzu keine Aussage machen. Vom christlichen Spiritualismus her ist jedoch eine Antwort möglich, und die besagt: Um wieder »ins Reich der Himmel«, ins »Vaterhaus« zurückkehren zu können, baute uns Christus die Brücke, die zu benutzen uns anheimgestellt bleibt; drüber *gehen* müssen wir selber. Er zeigte uns den Weg, aber beschreiten müssen wir ihn selber. Dieses Selbergehen ist aber keine Selbsterlösung, sondern Eigenleistung, ist der von uns zu übernehmende Anteil am Erlösungswerk Jesu.

Wir müssen also, wenn wir diesen unseren Anteil bewältigen, den von Christus aufgezeigten Heimweg zu Gott beschreiten, diese Brücke benutzen wollen, praktisch das verwirklichen, was uns zu tun »geboten«, d. h. empfohlen wurde. Sich mittels Befolgung *kirchlicher* Rituale an der Eigenarbeit vorbeimogeln zu wollen, mag zwar verlockend bequem anmuten (»Jesus hat schon alles für uns erledigt, wir brauchen nur noch zu glauben«), bleibt aber dennoch ein riskantes Wagnis. Wäre es wohl gerecht, wenn derjenige, der sich redlich abmüht, nicht *mehr* erreichen sollte als ein Faulenzer, der nichts tut? Auf letzteren ist wohl auch das Gleichnis vom letzten Heller gemünzt.

*Ernst Sehringer* schreibt: »Die Notwendigkeit wiederholter Erdenleben ergibt sich nicht aus dem Zwang zur Selbsterlösung, sondern aus dem der Schöpfung eingefügten Prinzip der Entwicklung, das nicht nur auf biologischer Ebene, sondern auch auf seelisch-geistiger gültig ist.« Die Reinkarnation bedeute mithin grundsätzlich weder Erlösung noch Selbsterlösung, sondern immer nur Entwicklung als solche.[122]

Nicht Selbst*erlösung* also, sondern Selbst*arbeit*. Damit wird der hier behandelte Vorwurf hinfällig (wie schon im Kapitel »Gnade und Erlösung« dargelegt).

**11. Die Wiedergeburtslehre ist mit der Liebe Gottes unvereinbar** und endet im Atheismus. Wie im Materialismus wird der Mensch zum Maß aller Dinge erhoben, Gott jedoch zum müßigen Zuschauer der Entwicklungsprozesse erniedrigt.

**Erwiderung:** Der Reinkarnationsgedanke als solcher kann durchaus zum Atheismus verleiten, wie dies im Jainismus und Buddhismus großenteils der Fall ist. Wenn man jedoch Karmagesetz und Wiedereinkörperung als einen Ausdruck der Liebe Gottes empfindet (Wiedergutmachung statt Verdammnis), so wird auch dieser Einwand gegenstandslos. Im übrigen sind unsere Gottesvorstellungen viel zu vermenschlicht, als daß wir uns von dieser Urkraft ein klares Bild machen könnten; hier gilt das Goethe-Wort: »Wenn ihrs nicht fühlt, ihr werdets nicht erjagen.«

**12. Fatalismus.** Die Lehre vom Kreislauf in Wiedergeburten begünstigt ein resignierendes Sichabfinden mit der Lebenssituation, sie führt zu Trägheit, Interesse- und Mitleidlosigkeit. Wäre diese Lehre wahr, so müßte jegliche Hilfeleistung im zwischenmenschlichen Bereich und alles Bemühen um eine Verbesserung der sozialen Lage der Ärmsten dieser Welt verwerflich sein, weil dies einen unzulässigen Eingriff in deren Karma darstellen würde.

Der Glaube, wonach jeder sein Leiden selber gewählt und verdient oder ihm zumindest zugestimmt hat, »um eine bestimmte Lektion zu lernen«, macht jedwedes Erbarmen zum folgenschweren Verstoß gegen das Karmagesetz; der Helfende zöge sich ein schlechtes Karma zu, weil er, wiewohl in bester Absicht, in das »Gesetz« eingegriffen und den Leidenden seiner Buß- und Bewährungsmöglichkeit beraubt oder diese zumindest geschmälert hat. Bekanntlich gibt es sich »esoterisch« nennende Gruppen, die aus besagtem Grunde sogar das Beten für andere untersagen.

**Erwiderung:** Hier liegt eines der schwerwiegendsten Argumente gegen die Karma- und Wiedergeburtslehre vor, zumal sie vielerorts so verstanden (besser: mißverstanden) wird. Aber auch diese Medaille hat *zwei* Seiten.

Erinnern wir uns jenes aus den Cayce-Akten zitierten Falles, wo einem Mann gesagt worden war: »In der letzten Inkarnation hättest du helfen können und tatest es nicht. Du sollst nun in der Gegenwart *besser* helfen.« Demnach hatte sich dieser

Mann das zuschulden kommen lassen, was man »unterlassene Hilfeleistung« zu nennen pflegt.

Dieses Beispiel und ähnliche lassen klar erkennen, daß wir ohne Rücksicht auf das, was Hilfsbedürftige karmisch »auf dem Kerbholz« haben mögen, zur Hilfe gemäß unserer Möglichkeiten verpflichtet sind. Nicht das Helfen zieht (für den Helfer) karmische Belastung nach sich, sondern die Gleichgültigkeit und das Untätigbleiben gegenüber fremdem Leid, egal, ob es sich um solches von Menschen oder unseren Mitgeschöpfen aus der Tierwelt handelt! Uneigennützige tätige Hilfe kann spirituell positive Aspekte zum Tragen bringen:

a) Ist unser Einsatz frei von jeglicher Ichsucht (z. B. von dem Hintergedanken, vor anderen als »guter Mensch« gelten zu wollen oder für sich selbst ein besseres Zukunftskarma zu schaffen), so wird Gutes irgendwann und irgendwo auf uns zurückkommen.

b) Unser Verhalten ist zugleich eine Übung, um uns in den Tugenden der Nächstenliebe und gegebenenfalls des Verzichts zu vervollkommnen.

c) Wir geben anderen ein gutes Beispiel, das vielleicht zur Nachahmung anregt gemäß dem Sprichwort, daß es besser sei, ein Licht anzuzünden, als sich über die Dunkelheit (allgemeine Lieblosigkeit) zu beklagen.

d) Indem wir das zeitlos Gute um seiner selbst willen tun, tragen wir mit dazu bei, daß es nicht ausstirbt, daß es für andere erkennbar bleibt und tröstlich oder ermutigend wirkt (Annette von Droste-Hülshoff: »Man muß das Gute tun, damit es in der Welt sei«).

e) Unser charakterliches Vorbild kann bei anderen zur Gewissensweckung führen und damit deren Denk- und Verhaltensweise positiv beeinflussen.

Fazit: Eine mißverstandene Reinkarnationslehre mag sehr wohl zu den unter Punkt 12 genannten Untugenden führen. Richtig verstanden, dient sie jedoch zur Entwicklung von Mitgefühl gegenüber allen Geschöpfen, die auf Hilfe angewiesen sind. Damit verliert auch das so schwerwiegend scheinende Gegenargument »Fatalismus« seine Begründung.[123]

# Vorexistenz als Tier oder Pflanze?

Der folgende gerafft wiedergegebene Bericht stammt von der Erzählerin des Falles »Försterstochter Meta«, Frau *Dorette Torney*. Oft hatte deren Vater, Herr Peters, erzählt, wie er als junger Mann mit seinem Freund Eduard in die Provinz Posen reiste, wo dieser ein Landgut besichtigen und eventuell kaufen wollte.

Nachdem sie mit der Bahn Lissa erreicht hatten, benutzten sie zur Weiterfahrt über Land ein Pferdefuhrwerk. Der offene Stellwagen gestattete einen ungehinderten Blick über die weite Landschaft. Je weiter sie jedoch fuhren, um so unruhiger wurde Eduard. »Ich bin doch in dieser Gegend zum erstenmal in meinem Leben«, rief er aus, »und doch kommt mir alles so bekannt vor! So möchte ich jetzt behaupten, daß dieser Landweg bald rechts hinter jenem Hügel verlaufen wird.« – Und so war es auch. »Und dort, hinter dem Hügel links, kommt ein kleines Gehölz, und hinter diesem ein Dorf. Vom Dorfplatz gehen drei Straßen ab!«

Erstaunlicherweise trafen alle diese Angaben zu, und als sie im Dorf ankamen, sprang Eduard aufgeregt vom Wagen, lief bis zu dem erwähnten Platz und von da an in eine der drei Straßen hinein. Sein Freund Peters vermochte ihm kaum zu folgen und konnte sich auch die Unruhe Eduards nicht erklären. Er sah ihn in ein Gehöft gehen und bald darauf mit verstörter Miene wieder herauskommen. »Lieber Freund«, rief er aus, »hier in diesem Dorfe bin ich schon gewesen. Hier kenne ich jedes Haus, jeden Baum. Und hier in diesem Hof habe ich mich längere Zeit aufgehalten. Bitte komm doch mit, ich muß unbedingt mit den Hausbewohnern reden!«

Peters folgte ihm ins Haus, aber die Leute kannten weder Eduard noch er sie. Trotzdem machte er verblüffend genaue Angaben in bezug auf die Örtlichkeiten des Anwesens. Als sie durch das Hoftor gingen, sagte Eduard: »Dort, rechts hinter dem großen Pferdestall, dort muß eine Hundehütte stehen.«

Sie begaben sich um die Ecke jenes Gebäudes, und richtig, es war so. Vor der Hundehütte aber blieb Eduard wie angewurzelt stehen, blickte verstört um sich, warf sich dann auf den Boden und rief mit vor Erregung zitternder Stimme aus: »Hier, ja hier lag ich, aber nicht als Mensch, nein, als Hund! – Von hier aus sah ich den Schäfer die Schafe auf die Weide treiben, dort sah ich die Mägde Wasser vom Brunnen holen, und hier die Knechte die Pferde vor die Ackerwagen spannen... Die Kinder riefen mich ›Potzky‹, wenn sie mit mir spielten oder mich vor ihren kleinen Wagen spannten, den ich dann durchs Dorf ziehen mußte!«
So redete Eduard immer weiter und konnte sich gar nicht beruhigen. Schließlich wurde eine Befragung der Hofbewohner beschlossen, und die beiden begaben sich zum damaligen Besitzer. Dieser hatte den Hof von seinem Vetter erworben und vermochte sich an keinen Hund zu erinnern. Man holte dann eine alte Frau herbei, die zur Zeit des vorigen Besitzers als Magd hier gelebt hatte. Nach einigem Nachsinnen sagte sie, daß vor 28 Jahren, im Herbst, ein großer schwarzer Hund mit Namen Potzky dort in der Hundehütte gestorben sei.[124]
Der Geburtstag Eduards fiel auf den 25. September des betreffenden Jahres.
»Dergleichen gibts«, sagte *Schiller*.
Parapsychologisch betrachtet, ließe sich dieser Fall als unbewußtes Hellsehen einstufen, um der Annahme zu entgehen, daß aus einem Hund ein Mensch wird. Oder als unbewußte mediale Leistung insofern, als ein Desinkarnierter, ein Jenseitiger also, sich einen Spaß erlaubte.
In einem spiritistischen Zirkel meldete sich einmal eine Wesenheit, die angab, ein Kätzchen gewesen zu sein. Es habe seitdem immer mehr Intelligenz und Bewußtsein erlangt und möchte nun gerne Mensch werden. Aber das sei schwierig, denn »der Andrang« sei zu groß![125]
Nun, wir wollen hier keine Theorien austüfteln, sondern lediglich zur Kenntnis nehmen, daß es auch solche Erlebnisse gibt.
Wie aber ist das überhaupt mit den Tieren, unterliegen auch sie dem Kreislauf der Wiedergeburten? Und vor allem:

## Warum müssen Tiere leiden?

Während mehrerer Jahrhunderte wurden in Europa Tiere vor Gericht gestellt, wie Menschen be- und verurteilt und nicht selten hingerichtet.[126] Letzteres geschah oft auf qualvolle Weise. In der mosaischen Religion und im Islam werden noch heutzutage Tiere geschächtet. Aber was ist das alles gegenüber den millionenfach in modernen Folterpalästen der Vivisektion verübten Grausamkeiten, praktiziert von Leuten, die sich zur »besseren Gesellschaft« zählen? Zahllose Hunde und Katzen, neben den Pferden unsere besten und treuesten Freunde aus dem Tierreich, müssen im Auftrag irgendeines Kosmetik- oder Pharmakonzerns unvorstellbare Qualen erdulden. Was sagen Reinkarnationsfanatiker dazu? Umfaßt das Karmagesetz auch die Tierwelt? Womit sollen die gemarterten Geschöpfe ein solches Los verdient haben? Prof. *Grzimek* ist zwar überzeugt, daß Tiere in eine Art Schreckstarre verfallen und vom Getötetwerden praktisch nichts merken, aber das mag bestenfalls für Wildtiere gelten, nicht für unsere Haus- und Nutztiere. Wer Umgang mit letzteren hat, weiß, daß sie genauso schmerzempfindsam sind wie der Mensch.[127]

In manchen Köpfen spukt ja immer noch die Meinung, das Tier habe keine Seele. Diesen Irrtum vertrat auch *Thomas von Aquino*. Als Schüler von *Albertus Magnus* (der sich eigentlich »Magus« nannte, weil er ein Magier war), hätte es Thomas besser wissen müssen. *Descartes* unterlag dem gleichen Irrtum. Kirchenvater *Augustinus* hingegen meinte zu Recht, man könne die Tiere nicht animalisch nennen, wenn sie nicht eine anima, eine Seele, hätten.

Aber warum müssen Tiere leiden? Weshalb wird in der Natur zumeist der Schwächere eine Beute des Stärkeren oder Intelligenteren? Und wenn sogar Menschen mitleidvolles Erbarmen praktizieren können, sollte das bei Gott ausgeschlossen und alles dem unpersönlichen Walten der Naturgesetze überlassen sein?

Hierauf fand ich bislang nur in der spiritualistischen Weltentwicklungslehre (Kosmogonie) nach »Geist, Kraft, Stoff«, im »Buch Emanuel« und bei *Jakob Lorber* Antworten, die unse-

rem begrenzten Erkenntnisvermögen wenigstens einigermaßen einleuchten:
Das Leiden scheint demnach ein wesentliches Merkmal unserer niederen Entwicklungsstufe zu sein, Folge unseres Fehlverhaltens von fernster Vergangenheit an bis in die Gegenwart. Welten irdischer Beschaffenheit beziehungsweise die Materie als »Ergebnis« eines wiederholten »Geisterfalles«, einer häufigen »Derotation gegen das Gesetz«, wurde anscheinend notwendig (= eine Not wendend), um uns die »Rückkehr ins Vaterhaus« zu ermöglichen. Leiden und Tod als hervorstechendste Merkmale unserer Welt wären somit nicht nur eine unausweichliche Folge des Verlassens gottbestimmter Gesetze (Emanuel), sondern auch – nach *Dr. Robert Kehl* – »der zweite Weg, wenn man den ersten nicht gegangen ist«.[128] Das furchtbare Leidenmüssen der unter dem Gesetz der unfreien Entwicklung stehenden Tierwelt ginge demzufolge auf das Konto von uns Menschen, wäre von uns schuldhaft verursacht worden.
In der Esoterik finden wir unter anderem die Anschauung, die Tiere seien »Seelenteile« von uns. Und gleich uns würden sie, wiewohl unbewußt, die »Erlösung von dem Übel« ersehnen. Das wird auch im Neuen Testament angedeutet, wenn es Röm. 8,22 heißt: »Denn wir wissen, daß auch alle Kreatur sich, mit uns, sehnt nach Erlösung, und daß sie sich noch immerdar ängstigt.« Und der Vers zuvor besagt, daß die ganze Schöpfung auf »das Offenbarwerden der Herrlichkeit der Kinder Gottes« wartet. Mit anderen Worten: Wir Menschen, die wir ja für die Tiere »Götter« sind, sollten endlich *das* werden, was wir sein sollten, nämlich Gotteskinder!
Da wir nun das allgemeine Leid, das – gemäß der spiritualistischen Kosmogonie – infolge der durch unser vergangenes Fehlverhalten entstandenen Naturgesetze auch auf den Tieren lastet, nur in Einzelfällen verhindern können, so wächst desto gebietender die Verpflichtung, den Tieren zu helfen, wo immer wir es nur können, und ihnen nicht noch mehr Leid zuzufügen. Auch die Jagd ist verwerflich, wenn sie nichts weiter als halaliverbrämtes Morden ist. Der britische Maler und Dicher *William Blake* (1757–1827) erfaßte wesentliches mit den Worten:

»Jeder Aufschrei des gehetzten Hasen reißt eine Faser dir aus dem Gehirn.« Und *Manfred Kyber* schrieb:

> »Die Tiere sind deine Brüder und Schwestern,
> mit dir in die Kette der Dinge gereiht.
> Erst wenn das letzte Geschöpf befreit ist,
> bist du, Befreier, selber befreit.«[129]

Franz von Assisi mahnte die Christenheit mit den Worten: »Gott wünscht, daß wir den Tieren beistehen, wo immer dies nötig ist. Ein jedes Wesen in Bedrängnis hat gleiche Rechte auf Schutz!«
**Die Seelenentwicklungslehre,** wonach die Menschenseele sich im Laufe von unvorstellbaren Zeiträumen auf dem Weg durch die Naturreiche entfaltet habe, finden wir schon im Altertum, unter anderem bei Empedokles (um 450 v. Chr.) und, laut Josephus, bei einigen Rabbinern. In neuerer Zeit sprechen vor allem Mystiker (wie etwa Jakob Lorber) von dieser Evolutionstheorie, wobei sich deren Aussagen mit diesbezüglichen Angaben Jenseitiger oft decken. Das Seelenprinzip entwickelt sich in allmählicher Aufwärtsbewegung vom Mineral über die Pflanzenwelt bis zur Tierseele. Dann reift es über unzählige Stufen in immer höheren Tierformen heran, um endlich als Menschenseele Gestalt anzunehmen.
Wohlgemerkt, hier wird von der *Seele* gesprochen, nicht vom *Geist*. Denn unser Geist stammt nicht von unten, sondern von oben. Wie bereits angedeutet, ist die Annahme durchaus gerechtfertigt, daß sich des Menschen Seele in der Gesamtheit seiner feinstofflichen Körper manifestiert und als Bindeglied zwischen Geist und Materie dient. Dieser »Seelenstoff« scheint aber nicht bloß aus einer Ansammlung von Seelenpartikeln der durchwanderten niederen Naturreiche zu bestehen, ätherische Substanzen kosmischer Herkunft sind nach esoterischer Ansicht auch dabei.[130] Ja es gibt sogar psychische Wesen, die zwar keinen materiellen Körper, aber dennoch schon Menschengestalt haben, nämlich manche der sogenannten Naturgeister. Jedermann kennt solche Gestalten aus Kindermärchen und

mag sie für Phantasieprodukte halten; aber derartige Lebewesen gibt es tatsächlich. Von Hellsichtigen oder in materialisierter Form wurden sie früher anscheinend öfters wahrgenommen, was dann seinen Niederschlag in zahlreichen Geschichten und Märchen fand.
Eingeweihten ist seit jeher bekannt, daß solche Naturgeister und Elementseelen im Naturgeschehen eine wichtige Rolle spielen. Mit Verstand und Bewußtsein begabt, gehen sie schließlich als Seelenbestandteile im Menschen auf. Dies bedeutet, ebenso wie bei den Tieren, daß ihre Individualität vergänglich ist. Unsterblichkeit besitzt anscheinend nur der Mensch, soweit wir bis jetzt Einblicke in die geheimnisvollen Natur- und Lebenszusammenhänge gewinnen konnten beziehungsweise durften. Wären wir Menschen demnach doch eine Art »Krone der Schöpfung«, nur eben fürchterlich entartet?
Eine gewagte Frage! Man könnte darauf antworten: in materiell-biologischer Hinsicht wohl, geistig und ethisch aber gibt es Besseres. Und dennoch, wer meinen Darlegungen bis hierher zu folgen gewillt war, dem müßte sich allmählich eine Ahnung erschließen von der ungeheuren Tragweite und mehrdimensionalen Auswirkung unseres Denkens und Handelns, von der damit verknüpften umfassenden Verantwortlichkeit allem gegenüber, was um uns herum und durch uns geschieht, und von der ewigkeitsbezogenen Erhabenheit unserer wesenhaften Bestimmung. Und je tiefere Einsichten man erlangt, desto mehr drängt sich einem die Frage auf: Bin ich bis jetzt überhaupt schon Mensch im eigentlich höheren Sinne gewesen? ... oder fange ich erst jetzt endlich an, Mensch zu werden?[131]
Das alles mag ganz gut und schön sein, werden manche denken, aber was Mystiker und angebliche Jenseitige sagen, kann man glauben oder auch nicht. Gibt es denn keine Fakten, beispielsweise in der psychotherapeutischen Praxis, die auf eine solche Seelenentwicklungstheorie hindeuten? Von bewußtseinserweiternden Drogenwirkungen ist beispielsweise bekannt, daß sie zeitweilig das Empfinden hervorrufen können, ein Element oder eine Pflanze zu sein; kommt solches auch bei Rückführungen, den sogenannten Altersregressionen, vor?

Ja, und man nennt dies »**Evolutions-Erfahrungen**«.
In der Rückführungspraxis wird neuerdings unterschieden zwischen Primär-, Reinkarnations- und Evolutionstherapie. Bei der Primärtherapie erfolgt die Rückversetzung des Patienten bis zu Situationen in frühester Kindheit, ja bis zur Geburt und in den Mutterleib. Die Reinkarnationstherapie besteht im Rückführen bis vor den Empfängniszeitpunkt und darüber hinaus in (anscheinend) frühere Existenzen als Mensch. In der Evolutionstherapie hingegen erfolgt die Rückführung bis in vormenschliche Zustände, die sich – um mit dem Psychotherapeuten *Josef Gruber* zu sprechen – »in Form von Identitätserfahrungen als Urnebel, als Gesteinsform, als Pflanze und tierische Gestalt und schließlich als Mensch der verschiedenen Entwicklungsepochen bis zu gegenwärtigen wie zukünftigen Existenzformen kundtun können.«[132]
Inwieweit man solchen »Evolutionserfahrungen« Realitätswert beimessen darf, muß vorerst offenbleiben, aber der therapeutische Wert als solcher ist gegeben. Gruber nahm 1977 die erste Rückversetzung dieser Art vor. Seine Versuchsperson, im folgenden mit »Vp« bezeichnet, ein damals 40jähriger Mann, hatte um Rat wegen psychosomatischer Beschwerden gebeten, die er trotz häufiger Facharztbesuche nicht loswerden konnte. Infolge einer primärtherapeutischen Behandlung (Altersregression) konnte er zwar einige traumatische Erfahrungen aus seiner Kindheit, Geburt und Embryonalzeit »wiedererleben« und dadurch eine wesentliche Besserung seines Befindens erreichen, aber keine endgültige Heilung erzielen.
Dieser Mann wurde also in vorgeschichtliche Zeiten zurückversetzt. Während vier Sitzungen empfand er sich als Nebel, als Lavamasse sowie als Felszacke, die zur Zeit einer großen Hitzeentwicklung schmolz, um in der höheren Form als Halbedelstein wieder festzuwerden. Später fühlte er sich als Flechte an einem Stein. Auf die Frage: »Wie fühlst du dich als Flechte?« lautete die Antwort: »Ja, ganz trocken; ich weiß nicht, was ich sagen soll... es ist schon ein bißchen was Bewegliches an mir im Vergleich zum Stein.« Die Vp. empfindet »das Helle«, nämlich das Sonnenlicht, und dann wieder Eis, welches

aber mit der Zeit verschwindet. Frage: »Wie lange existierst du in dieser Form?« Vp.: »Ich glaub' 230 Jahre.«
In der nächsten Existenzform empfindet sich die Vp. als kleiner, noch nicht voll entwickelter Frosch. Gruber (Gr.): »Wie lange lebst du als Frosch?« Vp.: »Nur ein paar Monate lang.« Gr.: »Was passiert dann?« Vp.: »Mir kommt vor, da frißt mich irgendein Tier.« Gr.: »Wie fühlt sich das an?« Vp.: »Ja, das ist momentan so ein wahnsinniger Druck da oben, das preßt; mir kommt vor, preßt die Zunge an den Gaumen.« Hierbei zog sich die Vp. schmerzhaft zusammen und atmete erleichtert auf, als das Gefressenwerden vorbei war. »Jetzt bin ich, glaube ich, nimmer.«
Wiederum später empfand sich die Vp. als Robbe in einer Eismeerlandschaft und gab als Lebensdauer circa 30 Jahre an. Auf die Frage, vor wieviel Jahren ungefähr der Robbenzustand erfolgte, lautete die Auskunft: »Ich glaub, 10 000 oder war's früher.« Im später folgenden Affenzustand wird die Zahl 7000 genannt.
Als Affe glaubt die Vp. ein Männchen zu sein und in Afrika zu leben. Gr.: »Sprich einmal mit deinem Weibchen.« Gruber berichtet, die Vp. habe sich nach dieser Aufforderung in eigenartiger Weise zusammengezogen, wie wenn von innen heraus eine Strukturwandlung erfolgen würde, und dann einige Laute von sich gegeben. Frage: »Was hast du dem Weibchen gesagt?« Vp.: »Sie soll auf die Kinder besser aufpassen.« Gr.: »Was hat sie denn gemacht?« Vp.: »Sie hat sie einfach liegenlassen und ist weggelaufen; da sind Löwen herum und so.«
Danach erfährt sich die Vp. als menschliche Inkarnation in Indien (angeblich 4693 vor unserer Zeitrechnung geboren), in Afrika (um 2000 v. Chr.), 400 Jahre n. Chr. in Italien, im 18. Jahrhundert in Frankreich und von 1867–1927 in Deutschland. Dem jeweiligen »Leben« gemäß gibt die Vp. Lautfolgen an, singt ein »afrikanisches Wiegenlied« oder spricht französisch (ob der Mann gegenwärtig das Französische beherrscht, ist nicht vermerkt). Zum angeblichen Leben in Deutschland erfolgten präzise Einzelangaben, die jedoch zur Zeit der Berichterstattung nicht nachgeprüft waren. Aber selbst wenn diese

sich als unrichtig herausstellten, bleibe, wie Gruber betont, der Therapieerfolg hiervon unberührt.

Derlei Evolutionseindrücke erinnern an uralte Anschauungen, wonach alles in der Natur beseelt ist und ein artgemäßes Bewußtsein besitzt. Beides bestätigt die neuere Pflanzenforschung, und es gilt auch längst nicht mehr als unwissenschaftlich, von einem Zellenbewußtsein zu sprechen oder neuerdings sogar von denkenden Elektronen.[133] Wo aber Bewußtsein ist, da ist auch Empfindung und somit ein Seelenleben, und beides bedingt in gewissem Sinne Individualität. Ob »Instinkt« bei Tieren oder »Vernunft« beim Menschen, es fragt sich, ob nicht beides dasselbe sein mag, nur der jeweiligen Entwicklungsstufe gemäß mit fließenden Übergängen unterschiedlich stark ausgeprägt?

Wie dem auch sein möge, es ist gewiß weniger wichtig, ob diese Evolutionserfahrungen als dem kollektiven Unbewußten entstammend interpretiert werden oder ob sie, nach *Jean E. Charon*, in den Elektronen unseres Körpers gespeichert sein mögen; sie sind jedenfalls da und geeignet, unser Menschen- und Weltbild in ungeahntem Maße zu erweitern. Zugleich verdeutlichen sie uns das Bruchstückhafte unseres bisherigen Wissens.

In diesem Zusammenhang taucht aber eine andere Frage auf, nämlich: Sollte Darwin also doch recht haben mit seiner Theorie von der Entwicklung der Arten? Beleuchten wir kurz den **Darwinismus.** – In einer vor allem für Akademiker lesenswerten Schrift mit dem Titel »Brücken von der Wissenschaft zur Religion« behandelt Dr. *Günter Emde* fundiert und bündig die Unhaltbarkeit der darwinistischen Theorie, die in ihrer modernen Form besagt, daß die Entstehung irdischen Lebens auf Selbstorganisationsprinzipien der Materie beruht, die vor Urzeiten unter dem Einfluß geeigneter Umweltbedingungen zur Bildung eines Riesenmoleküls führten, das sich selber vervielfältigen konnte. Damit habe die Fortpflanzung und Ausbreitung der ersten primitiven Lebensform begonnen. Alles Nachfolgende sei dann im Wechselspiel von Zufallsmutationen (Erbgutveränderungen) und Auslese im Kampf ums Dasein

entstanden, »ohne daß ein planender, lenkender Einfluß einer höheren Intelligenz in Betracht gezogen werden müßte«.
Mehr und mehr, vor allem in Biologenkreisen, festigte sich jedoch die Überzeugung, daß die Darwinsche Lehre unmöglich stimmen kann, wenn man sie auf alles und jedes anwenden will. So zu tun, als sei die Hypothese Darwins durch Tatsachen restlos bestätigt, widerspricht der Wahrheit; Darwin selber soll das auch nie behauptet haben. Eine ihren hypothetischen Charakter überschreitende Betonung des Zufalls wäre wohl auch wenig wissenschaftlich, denn das Wort »Zufall« bemäntelt meist nur ein Nichtwissen. Darwin selber sagte: »Die Geburt der Art nimmt, gleich derjenigen des Individuums, an der großen Reihe von Ereignissen teil, die unser Geist sich weigert, als das Resultat des blinden Zufalls anzuerkennen. Der gesunde Menschenverstand lehnt sich und muß sich unbedingt auflehnen gegen einen derartigen Schluß.« Nach Dr. Emde setzt die Kritik des Darwinismus an vielen Punkten an:
1. Die Wirksamkeit des Darwinschen Prinzips bei der Entstehung neuer, höherer Baupläne ist erfahrungsmäßig nicht begründet; es kommt lediglich bei der Entstehung von Spielarten und Unterrassen innerhalb derselben Gattung in Betracht.
2. Wahrscheinlichkeitsrechnungen sprechen mit astronomischen Zahlen *gegen* eine rein zufällige Entstehung von Riesenmolekülen, die imstande wären, ihre eigenen Abbilder zu erzeugen.
3. Darwins Theorie macht beim Entstehen z. B. neuer Organe größere Sprünge in der Entwicklung erforderlich. Solche konnten aber nirgends in der Natur beobachtet werden.[134]
4. Viele primitive Arten bestehen seit Jahrmillionen unverändert, trotz beständigen Kampfes ums Dasein.
5. Die darwinistische Theorie erklärt nicht überzeugend die Entstehung von Qualitäten, die keinen Vorteil bringen, z. B. die Schönheit von Blumen, Schmetterlingen, Fischen, Vögeln.

Weitere Gegenargumente kann man in dem Büchlein von Dr. Emde nachlesen.[135]

Im Bereich der esoterisch-spiritualistischen Weltschau wird der absolute Vorrang des Geistes gegenüber der Materie gelehrt. Körper und Seele seien Ergebnisse einer äonenlangen Entwicklung, während unser ichbewußter Geist dem göttlichen Urquell allen Seins entstamme. Einer der bedeutendsten Wesensunterschiede zwischen Tier und Mensch liege darin, daß der in der Tierwelt sich intelligenzmäßig äußernde Geist – über die sogenannte Gruppenseele – von der Astralebene aus einwirkt, während der Geist des Menschen in diesem selber wohnt. Deshalb könne ein Mensch in seiner nächsten Inkarnation niemals ein Tier sein.

Damit kommen wir zum Begriff einer Gruppenseele bei Tieren. Welche Bewandtnis hat es damit und wie kam es zur **Entdeckung der Gruppenseele?** – In der Theosophie wird unter diesem Begriff das zusammengefaßte Erfahrungsgut von Wesen aller unteren Naturreiche verstanden, wobei um so weniger Tiere zu einer Gruppe gehören, je höher deren Entwicklungsstufe und Intelligenzgrad ist.

Wir können uns die »Seele« einer Tiergattung oder Tiergruppe als ein gemeinsames psychisches Feld vorstellen, als ein das biologische Zentrum der betreffenden Art oder Gruppe enthaltendes Energiefeld.[136] Da dieses im übersinnlichen Bereich liegt, vermutlich in der Astralebene, entzieht es sich unseren Meßinstrumenten. Wie nun im folgenden aufgezeigt wird, scheint die Anzahl der zu einer Gruppe gehörenden Einzelexemplare tatsächlich von der gattungsmäßigen Entwicklungsstufe und dem Intelligenzgrad abzuhängen.

Auf Spekulationen hinsichtlich des Wechselspiels der Vitalkräfte zwischen Einzeltier und Gruppenseele, wie auch über die vermutliche Häufigkeit der Verkörperungen von Tier- und Pflanzenseelen, sei hier aus Platzgründen verzichtet. Wir wollen besser der Frage nachgehen, ob es experimentelle Hinweise gibt, die ein Vorhandensein der Gruppenseele andeuten? Hierzu kann ich mit einem älteren Erfahrungsbericht dienen, der zu schade wäre, vergessen zu werden:

Ein gewisser *A. F. Knudsen* verwaltete während der Jahre 1892 bis 1896 die väterliche Farm auf einer Südseeinsel. Schon zu seiner Studienzeit hatte sich Knudsen mit allerlei hypnotischen Experimenten befaßt und fand nun genügend Muße, sie auf der Insel wieder aufzunehmen. Von der Einschläferungshypnose war er abgekommen und erlangte mit der Zeit bemerkenswerte Fertigkeiten in der Wachsuggestions-Methode, wobei er unter den zahlreichen Farmarbeitern genügend Versuchspersonen fand.

Eines Tages nun kam ihm der Gedanke, es doch auch einmal bei Tieren zu versuchen. Unter den auf der Farm gezüchteten Pferden gab es nämlich immer welche, die nicht abgerichtet werden konnten; entweder, weil sie zu klug waren, sich zu fügen, oder weil ihr Stumpfsinn es ihnen verunmöglichte zu begreifen, was man von ihnen wollte. Solche Tiere blieben unverkäuflich, weil sie zu nichts zu gebrauchen waren.

Knudsen nahm sich also eines nach dem andern dieser Pferde vor, und es gelang ihm tatsächlich, sie unter seinen Willen zu zwingen. Über kurz oder lang gehorchte auch das ungebärdigste Tier, wurde zahm und damit verkäuflich, so daß Knudsen bald in den Ruf eines »Zauberers« kam und von den benachbarten Farmern gebeten wurde, auch deren umzähmbare Rösser in Behandlung zu nehmen.

Bis hierher wäre dies nichts Besonderes, aber eines Tages machte Knudsen eine merkwürdige Entdeckung:

Auf der Koppel befanden sich ungefähr 60 Pferde jeden Alters, darunter ein dreijähriges, das er mit seiner Spezialmethode abzurichten dachte. Zu diesem Zweck war in einer Ecke ein gesonderter Pferch eingerichtet, in welchem sich Knudsen dem jeweiligen Tier zu widmen pflegte.

Mittels konzentrierter Wachsuggestion befahl er dem Pferd, ein Vorderbein hochzuheben und eine Acht zu laufen. Das klappte, und er wiederholte diesen Befehl noch einige Male. Da bemerkte er auf der Koppel eine alte Stute, die ebenfalls mit angezogenem Vorderbein hinkend eine Acht lief! Und beim weiteren Umherschauen entdeckte Knudsen noch zwei weitere Tiere, die sich ebenso benahmen!

Der Farmer besah sich daraufhin diese drei Pferde näher, fand aber keine Erklärung für deren Verhalten. Er führte sie in den

Ausbildungspferch und wiederholte das Experiment. Dabei achtete er sorgfältig darauf, seine gedanklichen Befehle nur dem erstgenannten Pferd zu übermitteln, aber die anderen drei machten jede befohlene Bewegung getreulich mit!

Da sich sonst kein anderes Tier gleichverhaltend benahm, lag die Vermutung nahe, daß die betreffenden vier Pferde miteinander verwandt sein könnten. Die Nachprüfung ergab jedoch, daß sie dies nicht waren.

Als Mann der Wissenschaft beschloß Knudsen nun, der eigenartigen Sache auf den Grund zu gehen. Systematisch nahm er ein Pferd nach dem andern beiseite und ging seine Schule mit ihm durch. Gleichzeitig beobachtete er, ob und welche anderen Tiere im Korral seinen Suggestionen – ohne direkte Beeinflussung – ebenfalls unterlagen. Selbstverständlich war er stets darauf bedacht, Massensuggestion zu vermeiden und sich jeweils nur auf das eine Pferd zu konzentrieren. Trotzdem gab es fast immer einige andere, die mit beeinflußt wurden. So konnte er allmählich den ganzen Pferdebestand in eine Reihe von Gruppen einteilen. Jede Gruppe wurde nunmehr in einem Verzeichnis als solche geführt, und es ergab sich, daß die Gruppen mindestens drei und höchstens achtzehn Tiere umfaßten. Und je höher der Intelligenzgrad der betreffenden Individuen war, um so kleiner die Gruppe! Das würde bedeuten: Gruppen von drei bis vier Pferden manifestieren augenscheinlich den höchstmöglichen Intelligenzgrad dieser Gattung (bei den weiland berühmten Elberfelder Pferden mögen es zwei oder gar nur eins gewesen sein), und: Die Gruppenseelen der Pferde bestehen aus maximal achtzehn Einzeltieren.

Nachdem Knudsen diese Versuche auch mit den Pferdeherden aller benachbarten Farmen unternommen hatte, dehnte er sie auf Rinder aus. Der Erfolg war der gleiche, obwohl diese Tiere infolge ihrer minderen Intelligenz nicht so prompt reagierten wie Pferde. Bei Rindern ergab sich eine Gruppenstärke von rund 50 bis 100 Einzeltieren. Insgesamt erstreckten sich Knudsens Experimente auf einige hundert Pferde und mehrere tausend Rinder.

Seine Versuche erweiterte er dann insofern, als er ein Tier der jeweiligen Gruppe bei sich behielt, während die anderen außer Sichtweite gebracht und auf die Umgebung verteilt wurden, in bis zu acht Kilometern Entfernung. Der jedem Versuchstier beigesellte Hüter mußte genau notieren, was wann geschah. Aber Entfernungen spielten offenbar keine Rolle, der Kontakt funktionierte!

Einer derartigen »Gruppenseele« zugehörende Tiere waren selbstverständlich nicht immer auf der gleichen Farm beisammen, oft verteilten sie sich auf mehrere Farmen, manche sogar weit von ihrer Gruppe entfernt. Geschlecht, Alter und Verwandtschaft erwiesen sich als völlig unmaßgeblich gegenüber der Zugehörigkeit zur »Gruppenseele«. Dabei beobachtete Knudsen noch vier Merkwürdigkeiten:

1. Wurde dem Einzeltier das Gefühl eines Schmerzes suggeriert, so schienen dessen Gruppenkollegen nichts zu bemerken. Auch wenn ein Tier stürzte oder sich eine Verletzung zuzog, schien dies auf die Gruppe keinerlei Eindruck zu machen. Knudsen schloß daraus, daß Gruppenseele und gemeinsames Empfindungsvermögen bei höherentwickelten Tieren keine Einheit bilden.

2. War das einzelne Tier völlig unterworfen und befolgte es genau die gedanklichen Befehle seines Bändigers, so begannen die anderen bald, die befohlenen Bewegungen nachzuahmen. Dies dauerte jedoch immer eine gewisse Zeit, und die Nachahmung war stets unvollkommener als die Handlung des direkt beeinflußten Tieres. Wechselten die Befehle zu rasch, so folgte die Gruppe nur unregelmäßig oder versagte bisweilen ganz, obwohl deren Mitbeeinflussung deutlich erkennbar blieb. Hieraus scheint hervorzugehen, daß die psychische Übertragung von Tier zu Tier eine gewisse Zeitspanne erfordert.

3. Gelang die Suggestion beim Einzelindividuum in perfektem Maße, so daß dessen Aufmerksamkeit durch keine äußeren Einflüsse abgelenkt werden konnte, so war auch der Erfolg maximal, und das Gruppenbewußtsein wurde eindeutig erkennbar. Die dafür erforderliche Zeit betrug meist bis zu fünf Minuten, wenn es sich um hochklassige Pferde handelte. Manche Befehle, wie das Kreislaufen, pflegte die Gruppe rasch zu befol-

gen, während das Laufen in einer Achterbahn schwieriger zu erreichen war, weil diese ungewohnte Art des Laufens erst begriffen werden mußte. Eine fremde Stimme oder eine unerwartete Bewegung des Hypnotiseurs konnten den »Synchronkontakt« zur Gruppe unterbrechen, wohingegen das Versuchstier unbeeindruckt blieb. Dies könnte als Hinweis gelten, daß der Befehl via Versuchstier auf dessen Gruppe überging.
4. Bestand eine Gruppe aus zahmen und wilden Pferden, so machte die Hypnose des gezähmten Tieres auch das noch wilde gefügig, obwohl dieses immer geneigt blieb, auszubrechen. Wollte man bei letzterem nach dem Versuch feststellen, wie weit es gezähmt war, indem man ihm beispielsweise einen Sattel auflegte, so konnte es passieren, daß es um ein Mehrfaches wilder wurde als zuvor; und alle anderen Gruppenmitglieder, auch die schon lange gezähmten, revoltierten dann mit!
Insgesamt gestatteten Knudsens Versuchsreihen folgende Rückschlüsse:
a) Höherentwickelte Tiere haben zwar ein Bewußtsein für rein physische Eindrücke, sind daneben aber einem Gruppenbewußtsein angeschlossen.
b) Die Gruppenseelen von Tieren sind zahlenmäßig um so stärker, je geringer ihre Intelligenz ist.
c) Das Gruppenbewußtsein ist durch Hypnose eines Einzeltieres vom menschlichen Willen suggestiv beeinflußbar. Das Gelingen einer solchen Beeinflussung hängt vom Intensitätsgrad der Suggestion und vom Ungestörtsein während des Versuches ab.
d) Die Mitglieder einer Gruppe können über einen größeren Raum verteilt sein, ohne daß der psychische Kontakt hierdurch beeinträchtigt wird. Auch Alter, Geschlecht oder Verwandtschaft bleiben ohne Belang.
e) Die Reaktionen des Gruppenbewußtseins entsprechen beim Empfang mentaler Befehle genau dem Verhalten des Einzelbewußtseins. Auch eine totale Unterjochung des letzteren behindert die Gruppenzusammengehörigkeit in keiner Weise.
f) Man kann die Anzahl der Einzelexemplare, die zur Gruppenseele einer bestimmten Tiergattung gehören, im vorhinein

schätzen, indem man die Durchschnittsintelligenz des Einzeltieres zum Maßstab nimmt.
g) Tiere, die mit dem Menschen in Gemeinschaft leben, sind gegenüber ihren wildlebenden Genossen insofern im Vorteil, als sie durch raschere Ausbildung ihrer intelligenten Anlagen ein ausgeprägteres Bewußtsein entwickeln und sich besser individualisieren können.
Knudsens Experimente könnte man mit dem Hinweis zu entkräften versuchen, Hypnose habe nichts mit einer Gruppenseele zu tun. Darauf wäre u. a. zu erwidern, daß auch die stärkste Massenhypnose nicht über das Gesichtsfeld des Hypnotiseurs hinausreicht. Bei Einzelpersonen im allgemeinen nur dann, wenn sie sich schon oft haben hypnotisieren lassen; solche sind dann auch auf Distanz beeinflußbar, und eben darin liegt eine große Gefahr des Hypnotismus.
Mithin berechtigen Knudsens Experimentalergebnisse durchaus dazu, vom Vorhandensein einer Gruppenseele und eines Gruppenbewußtseins zu sprechen. Daneben ist aber auch ein gemeinsames Empfindungsvermögen feststellbar, das besonders bei niederen Tieren beobachtet werden kann, wie etwa bei den Raupen eines Nachtfalters, dem sogenannten Mondvogel (Phalera bucephala L.). Wenn man von den gemeinschaftlich fressenden Raupen eine durch Berührung beunruhigt, hören alle sofort mit dem Fressen auf. Oder, wenn sie ruhen, und nur eine der Raupen trifft ein leichter Reiz, so zuckt das ganze Völkchen zusammen (ihr Sehvermögen reicht nicht weiter als einen Zentimeter). Wiederholt man die Berührung, so setzt sich die Reaktion wie eine Welle über die ganze dichtgedrängte Schar fort. Sollte dies nicht auf ein gemeinsames Empfindungsvermögen hindeuten, auch wenn solche Lebensäußerungen instinkthaft-automatisch ablaufen mögen? Empfindungsfähigkeit setzt einen gewissen Grad an Bewußtsein voraus, und beides scheint im psychischen Energiefeld der »Gruppenseele« (hellsichtig als Gruppenaura wahrgenommen) lokalisiert zu sein. Je höher die Tiergattung, desto geringer ist anscheinend das kollektive Empfindungsvermögen, wie Knudsens Versuche erkennen ließen.

In Ermangelung genaueren Wissens wird üblicherweise alles mit dem Verlegenheitsbegriff »Instinkt« abgetan; die Fähigkeit der Brieftauben, ihren Ausgangspunkt wiederzufinden ebenso, wie das Bestreben soeben aus dem Ei geschlüpfter Entlein, sofort ins Wasser zu kommen, während dieses von Hühnerküken gemieden wird. Der Gruppenseele scheint eben die Erfahrung innezuwohnen, die das Neugeborene noch nicht haben kann. Bei alledem von angeborenem Instinkt reden zu wollen, muß schon deshalb strittig bleiben, weil dies die Frage aufwirft, warum denn nicht auch der Mensch solcherlei Instinkte in Form ungelernt praktizierbarer Fertigkeiten mit auf die Welt bringt? Bei Tieren erscheint da die Annahme einer Gruppenseele einleuchtender und bringt uns auch dem Verständnis des Verhaltens von Zugvögeln, Bienen, Ameisen sowie von Tierwanderungen (Lemminge, Heuschrecken etc.) näher.
Die gegenwärtig »Verhaltensforschung« genannte Tierpsychologie könnte gewiß zu weiterführenden Einsichten kommen, wenn Knudsens Versuche bei möglichst vielen Tierarten wiederholt und vertieft würden; da es allenthalben genügend Tierzuchten der verschiedensten Art gibt, sollte es kaum schwierig sein, Züchter für solche Pläne zu gewinnen.
Was nun die Wesenheit des Tieres anbelangt, so konnte es für Tieferblickende noch nie einen Zweifel darüber geben, daß unsere Haustiere, die sich dank ihrer Lebensgemeinschaft mit uns Menschen individualisieren konnten, nach ihrem Tode weiterleben. Hellseherischen Beobachtungen gemäß behalten sie ihre Astralgestalt längere Zeit bei, angeblich so lange, wie wir in Liebe ihrer gedenken.[137]

# Worte großer Denker

Von *Lichtenberg* stammt der Ausspruch: »Ich kann den Gedanken nicht loswerden, daß ich gestorben war, ehe ich geboren wurde.«

Es waren keineswegs nur »kleine Geister«, die sich mit der Reinkarnationsidee befaßten und wiederholte Erdenleben als vernunftbefriedigend empfanden, sondern die größten Denker vom Altertum bis zur Neuzeit: von Platon über Seneca bis Goethe, von Pythagoras und Paracelsus über Giordano Bruno bis zu Jakob Böhme, von Hegel, Leibniz, Kant und Schopenhauer bis zu Nietzsche, welcher die Wiedergeburtslehre als »Wendepunkt der Geschichte« empfand. Lessing, Herder, Friedrich Rückert und Rilke bekannten sich zu ihr, ebenso wie *Friedrich der Große*, der kurz vor seinem Tode gesagt haben soll:

> Ich fühle nun, daß es mit meinem irdischen Leben bald aus sein wird. Da ich aber überzeugt bin, daß nichts, was in der Natur existiert, wieder vernichtet werden kann, so weiß ich gewiß, daß der edlere Teil von mir darum nicht aufhören wird zu leben. Zwar werde ich wohl im künftigen Leben nicht wieder König sein, aber desto besser; ich werde doch ein tätiges Leben führen, und noch dazu ein mit weniger Undank verknüpftes.

Es können ferner noch genannt werden: Ibsen, Strindberg, Gjellerup, Tolstoi, Victor Hugo, George Sand, Lamartine, Balzac, Gautier, Flaubert, Voltaire, Rabin Dranat Tagore, Gandhi und viele andere. K. O. Schmidt bringt in seinem Buch »Alles Lebendige kehrt wieder« die Zeugnisse von 250 Geistespersönlichkeiten.

*Lessing* beschäftigt sich am Schluß seiner Abhandlung »Die Erziehung des Menschengeschlechts« sehr eingehend mit der Reinkarnationsthese.

*Goethes* Eintreten für die Wiedereinkörperungslehre ist bekannt. In seinem »Gesang über den Wassern« heißt es:

> Des Menschen Seele gleicht dem Wasser: Vom Himmel kommt es, zum Himmel steigt es, und wieder zur Erde muß es, ewig wechselnd.

Und an anderer Stelle: »Ebenso wie ein Fortleben (nach dem Tode), so glaube ich auch ein Vorleben annehmen zu dürfen. Ich bin gewiß schon tausendmal dagewesen und hoffe wohl auch tausendmal wiederzukommen.«
Auch sein Hingezogenfühlen zu Charlotte von Stein (geb. Schardt) wußte sich Goethe nicht anders zu erkären als mit den berühmten Versen:

> Sag', was will das Schicksal uns bereiten?
> Sag', wie band es uns so rein genau? –
> Ach, du warst in abgelebten Zeiten
> meine Schwester oder meine Frau!

Von *Schiller* liegen ähnliche Zeugnisse vor. In seinem Gedicht an Laura, »Das Geheimnis der Reminiszenz«, sagt er:

> Waren unsre Wesen schon verflochten?
> War es darum, daß die Herzen pochten? –
> Waren wir im Strahl erloschner Sonnen,
> in den Tagen längst verrauschter Wonnen
> schon in eins zerronnen?
>
> Ja, wir waren's! Innig mir verbunden
> warst du in Äonen, die entschwunden;
> Meine Muse sah es auf der trüben
> Tafel der Vergangenheit geschrieben:
> Eins mit deinen Lieben!

*Johann Peter Hebel* bekennt in einem Predigtentwurf zum Thema »Haben wir schon einmal gelebt?«, daß ihn der Gedanke an die Möglichkeit einer Fortsetzung des irdischen Lebens in späteren Inkarnationen mit wunderbarem Glück erfülle. Unter den Gründen, die für eine Reinkarnation sprechen, nennt er als vierten »unerklärliche Sympathie, Vorliebe für die Geschichte einzelner Zeitalter, Personen und Gegenden. – Sind wir vielleicht einmal da gewesen und mit jenen in Verbindung gestanden?« fragt er und fährt fort:

> Dieser Gedanke ist doch so anziehend, so einladend zu Phantasien, zum Beispiel: Ich lebte schon zur Zeit der Mammute, der Patriarchen, war arkadischer Hirte, griechischer Abenteurer, Genosse der Hermannschlacht, half Jerusalem erobern...

Hebel erblickte die geradezu höchste Glückseligkeit darin, daß der Mensch am Schluß seiner Wanderungen ihre ganze Kette klar überschaut. Er meinte, daß wir, am Ende unserer Inkarnationsreihen den »Becher der Mneme« zu trinken bekommen, der uns die Erinnerung an alle durchgemachten Entwicklungsphasen wiederschenkt. Hebel schrieb:

> Wenn ich dereinst den goldenen Becher der Mneme getrunken habe, wenn ich sie vollendet habe, so viele Wanderungen –
> Wenn ich mein Ich gerettet habe aus vielen Gestalten und Verhältnissen, mit ihren Freuden und Leiden vertraut, gereinigt in beiden, –
> Welche Erinnerungen, welche Genüsse, welcher Gewinn!

Nun, das alles mögen mehr oder weniger dichterische Phantasien sein, oder sie mögen als solche betrachtet werden, aber seltsam ist es ja doch, daß die meisten und größten unserer Dichterfürsten dem Prinzip der Wiederkehr zuneigten!

*Herder* schrieb:

> Wer unter den Sterblichen kann sagen, daß er das reine Bild der Menschheit, das in ihm liegt, erreicht habe? – Entweder

irrte sich also der Schöpfer mit dem Ziel, das er uns vorsteckte, und mit der Organisation, die er zur Erreichung desselben so kunstvoll zusammengeleitet hat, oder dieser Zweck geht über unser Dasein hinaus, – und die Erde ist nur ein Übungsplatz, eine Vorbereitungsstätte.

Der große Königsberger Philosoph *Emanuel Kant* kommt in seinen »Vorlesungen über Psychologie« auf die Reinkarnation zu sprechen. Die irdische Geburt ist für Kant die Einkörperung eines »transzendentalen Subjekts einer individuellen Seele«. In Anlehnung an Swedenborg zieht er den Schluß, daß unsere Eltern bloß unsere Adoptiveltern seien.

*Schopenhauer* schrieb: »Der Mythos von der Seelenwanderung (womit er die Reinkarnation meint) ist so sehr der gehaltreichste, bedeutendste, der philosophischen Wahrheit am nächsten stehende, daß ich ihn für das non plus ultra der mythischen Darstellung halte.« In seiner Abhandlung »Über den Tod und sein Verhältnis zur Unzerstörbarkeit unseres Wesens an sich« bemerkt Schopenhauer:

> Jedes neugeborene Wesen tritt zwar frisch in das neue Dasein und genießt es als ein geschenktes; aber es gibt und kann kein Geschenktes geben: Sein frisches Dasein ist bezahlt durch Alter und Tod eines abgelebten, welches untergegangen ist, aber den unzerstörbaren Keim enthielt, aus dem dieses Neue entstanden ist: Sie sind *ein* Wesen.

*Ludwig Ruge* schrieb:

> Wir wissen, daß ein ehern Schicksal waltet,
> das unaufhaltsam alles lenkt und wägt.
> Doch ist der Mensch es selbst, der es gestaltet
> und in sich seines Schicksals Sterne trägt.
>
> Wir sind es selber, die das Schicksal wenden
> durch unsern Willen, und durch unsre Tat;
> Wir säen aus mit unsren eignen Händen
> und ernten ein die Früchte unsrer Saat.

*Peter Rosegger* schrieb:

> Der Mensch sinkt als Vater zu Grabe und steht als Kind wieder auf. Und wenn das Kind nur seine Gegenwart weiß, sich aber nicht erinnern kann an seine Vergangenheit, so glaube ich doch, daß von einem Leben zum andern gewisse Ursachen und Wirkungen verbindend fortbestehen, die das Individuum erhalten und festigen, so daß eine Person in einem späteren Leben die Folgen eines früheren empfindet und zu tragen hat.
> Dieser Glaube dürfte verstimmend wirken auf niederträchtige Kreaturen, ist aber wunderbar beseligend für den, der sich bestrebt, reiner und besser zu werden, denn er geht einem edleren, vollkommeneren Leben entgegen, er nähert sich Gott.

Freiherr von Hardenberg, der sich *Novalis* nannte, schrieb im 3. Band seiner »Fragmente«:

> Wer hier nicht zur Vollendung gelangt, gelangt vielleicht drüben, oder muß eine abermalige irdische Laufbahn beginnen. – Sollte es nicht auch drüben einen Tod geben, dessen Resultat die irdische Geburt wäre?

Wir sehen, Novalis hat Wesentliches ganz richtig erfaßt!

*Leo Tolstoi* schrieb zu Anfang unseres Jahrhunderts:

> Unser ganzes Leben ist ein Traum. Die Träume unseres jetzigen Lebens sind die Welt, in der wir die Gedanken und Gefühle eines früheren Lebens ausarbeiten.
> Wie wir in unserem jetzigen Leben tausend Träume durchleben, so ist unser gegenwärtiges Leben nur eines von tausenden solcher Leben, die wir aus einem anderen, wirklicheren Leben betreten, in das wir nach dem Tode zurückkehren. Unser Leben ist nur eines der Träume des wirklichen Lebens – Ich glaube daran. So ist es ohne jeden Zweifel.

Auch *Heinrich Zschokke* war mit dem Wiedergeburtsgedanken vertraut. Er schrieb darüber unter anderem:

> Ich werde ein neues Leben leben, werde neue Bekanntschaften, neue Brüder, neue Vertraute finden... Vielleicht lebte ich auch schon einmal in einer anderen Welt. Vielleicht ist dieses Erdenleben schon eine höhere Stufe zur großen Vollkommenheit unseres Geistes – und wohl dem, der sich bei seinem Abschied aus dieser Welt für eine noch höhere Stufe geistiger Vollkommenheit würdig fühlt!

*Richard Wagner* sagte:

> Nur die Annahme einer Seelenwanderung konnte mir den trostreichen Punkt zeigen, auf dem alles zur gleichen Höhe der Erlösung zusammenläuft.

In Wagners »Parsifal« heißt es von Kundry, der Gralsbotin:

> Hier lebt sie heut'
> vielleicht erneut
> zu büßen Schuld aus früher'n Leben,
> die dorten ihr noch nicht vergeben.

*Christian Morgenstern* dichtete:

> Es leiht mir wunderbare Stärke
> die Zuversicht, daß nimmermehr ich sterbe,
> daß ungehemmt ich meine Werke
> vollbringe, ob auch oft mein Leib verderbe;
> es wirkt, daß ich mit ernster Ruhe
> von meiner Pläne Fehlschlag mich ermanne –
> Ich weiß, was ich erstrebe, was ich tue,
> ist nicht gebannt an *eines* Lebens Spanne!

»Ich könnte mit gut vorstellen«, schrieb *C. G. Jung*, »daß ich in früheren Jahrhunderten gelebt habe und dort an Fragen gestoßen bin, die ich noch nicht beantworten konnte; daß ich wiedergeboren werden mußte, weil ich die mir gestellten Aufgaben nicht erfüllt hatte. Wenn ich sterbe, werden – so stelle ich es mir vor – meine Taten nachfolgen. Ich werde das mitbringen, was ich getan habe.« Jung unterschied fünf Arten von Wiedergeburt, wovon drei Formen die »Wiedergeburt im Geiste« betreffen, worüber es ebenfalls recht verschiedene Auffassungen gibt. Psychologisch kam Jung zu dem Schluß, daß es für die meisten Menschen bedeutsam sei, »anzunehmen, daß ihr Leben eine unbestimmte Kontinuität über die jetzige Existenz hinaus habe.« Dann würden sie vernünftiger leben, es ginge ihnen besser und sie wären ruhiger.

*Wilhelm Busch*, der fröhliche Philosoph, verpackt seine Ansichten über die Wiedergeburtslehre in Humor, wenn er schmunzelnd meint:

> Wohl tausendmal schon ist er hier
> gestorben und wiedergeboren,
> sowohl als Mensch wie auch als Tier
> mit kurzen und langen Ohren.
> Jetzt ist er ein armer, blinder Mann,
> es zittern ihm alle Glieder.
> Und dennoch, wenn er nur irgend kann,
> kommt er noch tausendmal wieder!

Zum Reinkarnationsprinzip westlicher Prägung meinte Busch:

> Die Lehre von der Wiederkehr ist zweifelhaften Sinn's,
> es fragt sich doch, ob man nachher noch sagen kann: Ich
>                                                     bin's.
> Jedoch was tut's, wenn mit der Zeit sich ändert die Gestalt;
> die Fähigkeit zu Lust und Leid vergeht wohl nicht so bald.

Der berühmte Staatsmann und Schriftsteller *Benjamin Franklin* (1706–1790), erst Seifensieder und dann Besitzer einer Buchdruckerei in Philadelphia, verfaßte seine Grabinschrift selber. Sie lautet:

Hier ruht eine Speise für die Würmer,
der Körper Benjamin Franklins, des Buchdruckers,
wie die Schale eines alten Buches,
dessen Blätter zerrissen sind
und dessen Einband abgenutzt ist.
Aber das Buch selber wird nicht verlorengehen.
Es wird wieder erscheinen sicherlich,
in einer neuen Ausgabe,
durchgesehen und verbessert
von seinem Schöpfer.

# Zusammenfassung in 21 Punkten

## 1 Reinkarnation, Seelenwanderung, Seelenentwicklung
Wir verstehen unter
a) *Reinkarnation* (Palingenesie) die Lehre von der Wiederkehr in die Materie, von den wiederholten Erdenleben als Mensch.
b) *Seelenwanderung* (Metempsychosis) die Ansicht, daß das menschliche Ich nach dem Tode in einen Tier- oder Pflanzenkörper übergehen kann.
c) *Seelenentwicklungslehre* eine Evolutionstheorie, derzufolge sich Körper und Seele des Menschen (nicht der Geist) allmählich über die Naturreiche entwickelt haben.
Die Auffassungen dieser drei Grundbegriffe variieren jedoch weltweit und waren nie einheitlich.

## 2 Das Reinkarnationsprinzip
Ähnlich wie beim Todesproblem, kann auch in der Reinkarnationsfrage vorerst nur von bestimmten Anhaltspunkten und Einzelphänomenen auf das Allgemeine geschlossen werden. Demnach scheint das Reinkarnationsprinzip als eine Art Naturgesetz lediglich bis zum Erreichen einer gewissen ethischen Entwicklungsstufe wirksam zu sein und danach seinen Zwangscharakter zu verlieren. Diese Stufe durch Selbsterkenntnis, Selbstveredelung und Selbstarbeit in *einem* Erdenleben zu erreichen, sollte durchaus möglich sein.
Bis zum Vorliegen wissenschaftlich unanfechtbaren Beweismaterials bleibt die Reinkarnationsidee für den einzelnen entweder eine Sache innerer Gewißheit und/oder philosophischer Logik oder des Fürwahrhaltens. Sie kann zur Zeit nicht als bewiesen, aber auch nicht als widerlegt gelten.

## 3 Unterschiedlichkeit der Schicksale
Die Annahme, wir seien als ursprünglich reine Geister ungleichmäßig tief »gefallen« und hieraus ergebe sich die extreme Verschiedenheit menschlicher Schicksale, schließt Reinkarna-

tion keineswegs aus. Ob Wiederverkörperungs- oder Geisterfall-Theorie: beide setzen Präexistenz voraus. Da ein ursacheloses Geschehen undenkbar ist, müssen die Ursachen für unser Lebensschicksal in einem vorgeburtlichen Dasein liegen.
Wird dieser Gedanke akzeptiert, so entfällt damit jedweder Ungerechtigkeitsvorwurf gegenüber dem Schicksal oder Gott oder sonst jemanden. Der Ausspruch »jeder ist seines Glückes Schmied« gewänne einen umfassenderen Sinn: Unser derzeitiges Leben wäre die kontinuierliche Folge unserer Vorexistenz und gleichzeitig würden die Weichen für unser künftiges Schicksal von uns selber gestellt.

## 4 Mensch, Tod und Weiterleben

Grob skizziert, stellt der Mensch eine dreifältige Einheit dar, bestehend aus Körper, Seele und Geist. Unser individueller Geist kommt als Ichbewußtsein unverkennbar zum Ausdruck. Um der allgemeinen Begriffsvermengung zwischen »Seele und Geist« zu entgehen, bezeichneten wir die Gesamtheit aller in uns befindlichen feinstofflich-fluidischen Strukturen wie Äther-, Astral-, Mental- und Kausalkörper hypothetisch als »Seele«. Als seelisches Prinzip fungieren sie verbindend zwischen Geist und Materie, zwischen unserem Ichbewußtsein also und unserem physischen Leib.
Vereinfacht ausgedrückt könnte man sagen, daß der Mensch aus zwei Wesenshälften besteht: physischer und feinstofflicher Organismus. Beide sind funktionell auf zwei grundverschiedene Daseinsebenen abgestimmt, unser physischer Leib auf die materielle Welt, und unser »innerer Leib« auf jene andere Welt, die außerhalb unserer Sinneswahrnehmung liegt. Wir wären somit Bürger beider Welten zugleich.
Was in Form außerkörperlicher Erfahrungen zeitweilig als Trennung unseres Ichs vom Körper empfunden wird, ist unter den Begriffen »Doppelgänger-Phänomen« oder »Bilokation« hinlänglich bekannt. Dieser Vorgang ist auch willentlich und experimentell vollziehbar und verdeutlicht die Unabhängigkeit des Ichs vom physischen Organismus. Der gefürchtete Tod bestünde somit lediglich in einem endgültigen Getrenntwerden

vom physischen Körper, der – wie es in der Bibel heißt – von Erde (Materie) genommen, der materiellen Welt zugehört und in dieser verbleibt. Damit ändert der Tod zwar unsere Lebensbedingungen, aber nicht unsere Persönlichkeit.

Diesseits und Jenseits sind eine Sache der Frequenz und erscheinen nur infolge der begrenzten Wahrnehmungsfähigkeit unserer Sinne voneinander radikal getrennt. Das Jenseits beginnt da, wo unsere Sinne aufhören, uns Eindrücke zu vermitteln. Das bedeutet, Gestorbene würden zwar für unsere Sinne verschwinden, nicht aber grundsätzlich.

Andererseits ist die Grenze zwischen Diesseits und Jenseits nicht für alle Menschen gleich; zudem ist sie während psychischer Ausnahmezustände erheblich verlagerungsfähig, beispielsweise in Hypnose oder Trance, so daß die Wahrnehmungsfähigkeit wesentlich erweitert werden kann.

## 5 Sterbe-Erfahrungen und Lebensfilm

Im Rahmen der modernen Sterbeforschung (Thanatologie) konnten bereits tausende Aussagen von Sterbenden oder klinisch Totgewesenen gesammelt, verglichen und ausgewertet werden. Trotz der naturgemäßen Subjektivität solcher Angaben ist deren Übereinstimmung in den Grundzügen erstaunlich und gibt zu denken.

Ebenso verhält es sich mit dem vielerseits berichteten »Ablaufen eines Lebensfilmes« in Augenblicken der Todesgefahr oder des Sterbens, bei dem sich der Erlebende aufgrund einer zuvor ungeahnten Bewußtseinserweiterung in der Lage sieht, jede Einzelheit seines bisherigen Lebens in ihrem ethischen Wert klar zu erkennen und zu beurteilen.

Beide Erlebnisformen gehören zu den menschlichen Grunderfahrungen, denn sie erweisen sich als völlig unabhängig von Alter, Geschlecht, Nationalität, Rasse oder Weltanschauung.

## 6 Hellsehen vor der Einkörperung

Zahlreiche Rückversetzungen (Altersregressionen) lassen den Schluß zu, daß der Inkarnierende die karmischen Gründe seiner Einkörperung kennt, daß er sein bevorstehendes Erdenle-

ben überblickt und dessen Notwendigkeit wahrscheinlich bejaht.
Die psychotherapeutisch als »Geburtsängste« bekannten Symptome beruhen möglicherweise auf jener Vorausschau.

## 7 Erinnerungslosigkeit

Eines der Hauptargumente gegen die Wiederverkörperungslehre lautet, ohne gedächtnismäßige Kontinuität könne es keine Verantwortlichkeit geben, und es sei widersinnig grausam, für etwas bestraft zu werden, wovon man nichts weiß.
Hier wird übersehen, daß uns ein Erinnern nur unnötig belasten würde. Am Beispiel der Försterstochter Meta war ersichtlich, wie solches Erinnern zur Schwermut führen kann. Viele würden dem Gewesenen verhaftet bleiben, statt im Vorwärtsblicken die Gegenwart zu meistern und sich eine bessere Zukunft zu gestalten. *Sri Aurobindo* sagte: »Das Gesetz, das uns der Erinnerung an verflossene Leben beraubt, ist ein Gesetz kosmischer Weisheit; es hindert nicht, sondern dient dem Entwicklungszweck.«

## 8 Reinkarnationsgründe

Nach Auffassung der Befürworter dieser Lehre können die Gründe zur Wiederbekörperung sehr verschiedenartig sein, aber immer diene sie der persönlichen Reifung. Jeder habe seinen Reifungsprozeß selber zu vollziehen, um im Zuge der Vollendung seiner individuellen Wesenheit Fortschritte zu erzielen. Die Wege hierzu würden bei jedem Menschen anders verlaufen, einheitlich sei nur das Ziel, gleichgültig, ob dieses erkannt werde oder nicht. Für den Wissenden heißt dieses Ziel *Gott*, und die Reinkarnation sei ihm ein Hilfsmittel, es zu erreichen.
Könnte es nicht sein, daß wir so lange in die Materie müssen, bis wir bestimmte Gesetzmäßigkeiten begriffen haben, die wir hier anscheinend am besten lernen können?

## 9 Weiterentwicklung auch im Jenseits?

Ein zwingender Grund, wonach unsere Weiter- und Höherent-

wicklung ausschließlich auf dem Wege irdischer Einkörperung möglich wäre, ist nicht ersichtlich. Im »Sphärenwanderer« lesen wir: »Ein Wesen wie der Mensch wird als Individualität nur dort existieren, wo er Reifung erfahren kann. Kann er solches nur in der Materie, so kehrt er dorthin zurück, auch wenn er schon Bewohner schönster Jenseitswelten war.«[138]
Die Auffassung vom herrlichen, aber entwicklungsunfähigen Leben in der sogenannten Devachanebene soll altindischen Lehren entstammen, aus einer Zeit, zu der das Evolutionsprinzip noch unbekannt war. Als erholsame Ruhepause zwischen zwei irdischen Leidensperioden gedacht, sollen dort zugleich die Erfahrungen des Erdenlebens verarbeitet werden. – Beginnt aber letzteres nicht schon beim Tode mit dem erwähnten Lebensfilm, um danach seine Fortsetzung zu finden, soweit die vorhandene Bewußtseinsstufe es gestattet?
Die vielfach bezeugten »Arme-Seelen«-Erscheinungen deuten doch unverkennbar darauf hin, daß die Leiden Jenseitiger, als Folge irdischen Fehlverhaltens, bereits Sühnecharakter aufweisen und offenbar die Weckung des Wiedergutmachungswillens bezwecken. Daß ein solcher Wille zur Annahme eines neuen Erdendaseins geneigt machen könnte, wäre ohne weiteres denkbar und würde nur *eine* Ausgleichsmöglichkeit darstellen; es sei denn, manche Erfahrungen ließen sich überhaupt nur in der Materie machen.
Die Frage der karmischen Vergeltung ausschließlich mittels Reinkarnation bleibt daher offen. Leben heißt, ichbewußt denken, empfinden und handeln, egal wo. Fehlt eine dieser drei Voraussetzungen, so kann von »Leben« keine Rede sein, nur von Vegetieren. Was wäre das für ein »Himmel«, der keine Fortschrittsmöglichkeiten böte?[139]
Eine jenseitige Quelle besagt, daß manche nur *einmal* zur Erde gehen, und viele sich »im Geisterreiche« fortbilden würden, ohne abermalige Menschwerdung. Andere wiederum würden die Reinkarnation vorziehen, anstatt die Vergeistigungsphasen im Jenseits durchzumachen. Leben heiße, »Geist sein und bleiben. Die Ungerechten aber müssen immer wieder sterben.« Deshalb stehe geschrieben: »Nur die Gerechten leben.«[140]

## 10 Ethik und kosmische Entwicklung

In ihren bislang vorliegenden Ergebnissen läßt die vergleichende Todes- und Jenseitsforschung ebenso wie die Reinkarnationsforschung erkennen, daß das unendlich mannigfache Leben im vieldimensionalen All von *ethischen* Prinzipien bestimmt und geleitet wird, daß es innewohnende Ordnungskräfte sind, die gesetzmäßig über zahllose Entwicklungsbahnen aus dem Chaos zum Kosmos führen, vom Ungleichgewicht zur Harmonie. Damit finden sich die moralischen Grundlagen jeglicher wahren Religiosität bestätigt.

Die Frage des Bewohntseins anderer Weltkörper sowie des Vorhandenseins auch halb- und nichtmaterieller Universen muß vom logischen Denken her bejaht werden.[141] »Aber solange wir hier auf dem Planeten Erde inkarniert sind, haben wir Aufgaben, die in *dieser* Klasse der kosmischen Lebensschule erkannt und gelöst werden müssen, bevor wir für höhere Klassen auf anderen Sternen reif und würdig sind«, schrieb *K. O. Schmidt* und bemerkte ergänzend: »Zugleich dürfen wir nie vergessen, daß wir ja hier mit unzähligen Wesen schicksalsverbunden sind, die wir mit emporzuziehen haben.«[142] *Goethe* nannte unsere Erde eine Pflanzschule für eine Welt von Geistern, in der Gott fortwährend in höheren Naturen wirksam sei, um die niederen heraufzuziehen.

## 11 Das Karma- oder Ausgleichsgesetz

Mag auch die Reinkarnationslehre noch umstritten sein, die Realität des Karmaprinzips ist dem aufmerksamen Beobachter menschlicher Schicksale klar erkennbar. Es beruht auf dem Gesetz von Ursache und Wirkung und ist, wie Sterbe- und nachtodliche Erfahrungen aufzeigen, glaubensunabhängig.

Newtons drittes Bewegungsgesetz besagt, daß es für jede Aktion eine Reaktion gibt, die gleich und entgegengesetzt ist. Dies läßt sich auch im Bereich der kosmischen Ethik erkennen. »Mit welcherlei Maß ihr messet, wird euch gemessen werden«, lautet hierzu die christliche Aussage, und »Was der Mensch sät, das wird er ernten«. Das Karmagesetz ergänzt: »Was du jetzt erntest, das hast du früher gesät!« Mit anderen Worten: Wir würden nicht *für*, sondern *durch* unser Verhalten »belohnt« oder »bestraft«, indem wir die kausalen Folgen schon während des Erdendaseins oder erst nach dem Tode zu tragen haben. Im Jenseits hätten wir demnach keine Strafen oder Belohnungen zu erwarten, sondern nur Konsequenzen.

Nach herkömmlicher Auffassung gliedert sich das Karma in drei Aspekte:

a) vorgeburtliches Karma, das noch nicht zur Auswirkung gelangte,

b) derzeitig sich auswirkendes »Ernte-Karma«, und

c) das werdende oder »Saat-Karma«, das als Folge gegenwärtigen Denkens und Tuns sich neu bildende Schicksalsgut, das sich erst in der Zukunft auswirken wird, sei es schon während des jetzigen Lebens oder im Jenseits oder in einer neuerlichen Erdenlaufbahn.

Neben dem persönlichen, individuellen Karma wirkt logischerweise auch ein solches der Familie, der Sippe, eines Volkes, einer Rasse und der gesamten Menschheit. Derartiges »Gruppenkarma« setzt sich aus dem gemeinsamen Schicksalsgut zusammen, das uns mit der jeweiligen Gruppe verbindet. Unser persönliches Karma darf also niemals isoliert betrachtet werden.

## 12 Das Problem der Willensfreiheit

Obwohl unsere Willens- und Handlungsfreiheit mehr oder weniger begrenzt sein mag, gestattet sie uns dennoch täglich Entscheidungen von unterschiedlichster Tragweite. Jede Entscheidung aber unterliegt in ihren Folgen dem Kausalitätsprinzip, wobei sich dieselben unserer weiteren Einflußnahme entziehen können.

Dies verdeutlicht zwar zur Genüge die Begrenzung menschlicher Willensfreiheit, aber zugleich auch die überaus wesentliche Tatsache, daß wir selber unzählige Kausalketten in Gang setzen und damit zum Hauptgestalter unseres Lebensverlaufes werden. Ja sogar vorgeburtlich begonnene Kausalketten können von uns, wie im Kapitel über Astrologie aufgezeigt, positiv oder negativ beeinflußt werden.

All dies dokumentiert gleichzeitig den Vorrang des Geistes über die Materie, denn unser Wille als geistige Kraft wirkt gestaltend und verändernd auf unser Leben, auf dessen Umstände und auf die Materie (Umwelt) ein.

## 13 Erbfaktoren
Physisch-biologisch stammen wir von unseren Eltern ab, nicht aber geistig. Das beweisen unter anderem Inkarnationen von Genies in einfachste, ja sogar asoziale Familien, denen keine Genies mehr nachfolgten.
Der Reinkarnationslehre zufolge stammt die Einzigartigkeit unserer intellektuellen Veranlagung weder von den Eltern, noch von Gott; sie ist selbst erworbenes Gut unserer eigenen Entwicklungsarbeit im Laufe der Zeiten.
Die unermeßliche Verschiedenheit der Menschen in ihrer Persönlichkeitsprägung zeugt von der naturgemäßen Vielfalt zahlloser Entwicklungs- und Reifegrade.

## 14 Bluts- und Wahlverwandtschaften
Auf unserer Wanderung durch Zeit und Raum können wir wohl manchmal allein, aber eigentlich nie einsam sein. Unseren Weg begleiten ständig Menschen, die vor oder nach uns die Erdenbühne betraten und eine bestimmte Rolle in unserem Lebenslauf spielen. Mögen es nun unsere Eltern und Geschwister, Ehepartner, Kinder oder Verwandten sein, Freunde, Vorgesetzte oder Feinde, die meisten von ihnen werden wohl »von früher her« mit uns in Wechselbeziehungen stehen und daher auch für unser gegenwärtiges Leben mehr oder weniger bedeutsam sein. Im Falle unangenehmer Beziehungen empfiehlt es sich daher, einen allfälligen »Kontoausgleich« auf möglichst harmonische Weise herbeizuführen (gemäß Römer 12,18: »Wenn's möglich ist, soviel an *euch* liegt, so habt mit allen Menschen Frieden«), egal, ob man an Reinkarnation glaubt oder nicht.
Bei alledem mögen Blutsverwandtschaften manchmal zurücktreten gegenüber Verbindungen mit Menschen, zu denen wir uns hingezogen, denen wir uns wesensverwandt fühlen.

Im Jenseits nun soll das Affinitätsgesetz, das Prinzip der »Seelenverwandtschaft«, noch viel ausgeprägter zur Geltung gelangen. Wer darum mit bestimmten Weggefährten auch »drüben« wieder beisammen sein möchte, der wetteifere mit ihnen im spirituellen Vorankommen. Denn obwohl wir zunächst alle in und durch das sogenannte Zwischenreich, die Astralebene, müssen, so geht das doch bei gereiften Charakteren ganz anders vor sich als bei materiell orientierten und infolgedessen erdverhaftet bleibenden Geistern.
Die Astralwelt, so wunderschöne Bereiche sie auch aufweisen mag, ist nicht unsere geistige Heimstätte; unsere eigentliche Heimat befindet sich jenseits des Jenseits. Dorthin zu gelangen wird jedoch nur denjenigen von uns möglich sein, die den hierfür erforderlichen Entwicklungsgrad aufweisen (vgl. das so unchristlich scheinende Gleichnis vom Hochzeitsmahl, Matth. 22,11-14).

## 15 Zwischenzeiten (Intervalle)
Die Zeitspanne zwischen zwei Inkarnationen scheint sich individuell (a) nach der Beschaffenheit unserer karmischen Schuld zu richten, (b) nach der Stärke unserer Triebe und Neigungen sowie (c) nach unserer Entwicklungsstufe und der mit ihr verbundenen Freiheit oder Unfreiheit.
Nach *K. O. Schmidt* nimmt die Häufigkeit der Verkörperungen mit der geistigen Höherentfaltung eines Wesens ab, weil dann angeblich die Zeitdauer des Verweilens im Jenseits ein Vielfaches der irdischen Lebensspanne beträgt.
Die Intervalle zwischen zwei Verkörperungen würden mithin von unserer »geistigen Gravitation« abhängen. Laut den Upanishaden wird schon nach kurzer Zeit wiedergeboren, wessen Sinnen und Trachten gänzlich dem irdischen Dasein zugewandt war; wobei der Zeitbegriff wohl immer und überall ein sehr relativer bleiben wird.

## 16 Bevölkerungsexplosion, Tod von Kindern
Die sogenannte Bevölkerungsexplosion könnte eine ihrer Ursachen in allgemein kürzer gewordenen Reinkarnations-Inter-

vallen haben. Vielleicht auch damit, daß heute, in dieser entscheidenden Phase der Menschheit, enorm viele Wesenheiten »dabei sein« wollen. Auch die in vielen Ländern geringe Säuglingssterblichkeit sowie das höhere Durchschnittsalter des Menschen dürften eine Rolle spielen.
Mit dem Tod von Kindern kann es nach der Reinkarnations- und Karmalehre eine verschiedenartige Bewandtnis haben. Beispielsweise die, daß der betreffende Geist nur noch einer kurzen Einkörperung bedurfte und gleichzeitig den Eltern damit eine Weisung zukommen sollte. Andererseits könnte Kindestod auch nichtkarmischer Natur sein, wie bei Katastrophen zum Beispiel oder im Kriege, denn viele der gewaltsam ums Leben Gekommenen scheinen verhältnismäßig bald wieder zu inkarnieren.

## 17 Geschlechtswechsel
Gemäß der Dualseelen-Lehre traten wir ursprünglich als reine Geister ins Dasein. Jedem Ich war ein Du beigesellt, schöpferisches und gebärendes, gebendes und empfangendes Prinzip, Yang und Yin, die zusammen eine unverwechselbare, einander vollkommen ergänzende energetisch-fluidische Einheit bildeten.
Durch bewußten oder unbewußten Mißbrauch ihrer Willensfreiheit soll es nicht nur zum sogenannten Geisterfall gekommen sein, wodurch materielle Welten entstanden, sondern auch zur Trennung der Duale, deren Wiedervereinigung jedoch entwicklungsbedingt wäre.
Dieser Lehre steht die Auffassung vom gelegentlichen Geschlechtswechsel in der Kette irdischer Einverleibungen nicht entgegen. Für derartige »Contra-Inkarnationen« wären drei Gründe denkbar:
a) Als Sühne wegen groben Fehlverhaltens gegenüber dem anderen Geschlecht.
b) Weil man sich während des Erdenlebens als Frau zu stark vermännlichte oder umgekehrt.
c) Um Erfahrungen in der gegengeschlechtlichen Rolle zu sammeln.

Ebenso wenig widerspricht die Dualseelen-Lehre der Aussage Matth. 22,30, wonach man »im Himmel weder freien, noch sich freien lassen« werde. Wir dürfen annehmen, daß in höheren Seinsbereichen, die wir als Himmel empfänden, wenn wir sie kennen würden, die Art der Intimvereinigung ein geistig-seelisches Ineinanderaufgehen und somit eine andere sein wird als die tierhaft-körperliche auf Erden.

## 18 Tiere und Pflanzen

Auch die Pflanzen- und Tierwelt unterliegt Entwicklungsgesetzen. Höherentwickelten Tieren die Seele absprechen zu wollen zeugt von Unwissenheit, zumal heute bereits die Pflanzenseele im Mittelpunkt biologischer Forschungen steht. Es wurde nachgewiesen, daß auch Pflanzen ein Wahrnehmungs-, Empfindungs- und Reaktionsvermögen besitzen.

Da jedes Wesen ein biodynamisches Kraftfeld bildet, für das der Satz von der Erhaltung der Energie gilt, muß das Seelenprinzip der Pflanzen und Tiere als solches unzerstörbar sein. Tiere können sich durch engeren Umgang mit Menschen regelrecht individualisieren, so daß sie nach ihrem Tod als Individuum weiterexistieren.

Die wenigsten Menschen ahnen, daß unsere Seele während ihres äonenlangen Werdeganges zuletzt auch das Tierstadium durchlaufen hat. Tiere dürfen somit als »unsere geringeren Brüder« gelten und wir als ihre Entwicklungshelfer. Dies betrifft vornehmlich unsere Haustiere; ihnen Freund und Beschützer zu sein, ist daher Menschenpflicht.

## 19 Beweise

Obwohl Rückversetzungen in scheinbar frühere Leben beliebig wiederholbar und in ihren Resultaten prinzipiell gleichbleibend sind, mangelt es ihnen an der unumstößlichen und somit allgemein überzeugenden Beweiskraft, weil fast immer auch andere Deutungshypothesen in Frage kommen können. Prof. *Ian Stevenson* kommt nach Erwägung aller in Betracht kommenden Erklärungsmöglichkeiten zu dem Schluß, daß Reinkarnation in den meisten der von ihm untersuchten Fällen die plausibelste Hypothese ist, aber eben noch nicht im Sinne eines zwingenden Beweises. Stevenson erhofft von umfangreicheren Forschungsarbeiten deutlichere Ergebnisse.

Am beweiskräftigsten ist derzeit – neben vorausgesagten Inkarnationen – das Phänomen der sogenannten Körpermale, das sich nach Prof. *Rezat Bayer* gar nicht anders als mit Reinkarnation erklären läßt: Dokumentiert mit Gerichts- und Krankenhaus-Akten gelang diesem türkischen Mediziner in Dutzenden von Fällen der Nachweis, daß die Körpermale von Leuten, die sich als Reinkarnierte empfanden, genau mit den zum Tode führenden Verletzungen übereinstimmten, die im vorangegangenen Leben erlitten wurden.

Da es ja der Geist ist, der sich inkarniert, der Geist mit seinem Bewußtsein, und furchtbare Erlebnisse sich ihm gewiß tiefer einprägen als Alltäglichkeiten, so ist die Annahme vertretbar, daß er mittels seines Feinstoffkörpers – möglicherweise unbewußt – die Spuren tödlicher Verletzungen auf den neuen, im Mutterschoß sich bildenden Fleischleib psychokinetisch überträgt.

## 20 Christentum und Reinkarnation

Kirchlicherseits wird den Anhängern der Wiedergeburtslehre vorgeworfen, der Glaube an wiederholte Erdenleben würde die Erlösungstat Christi überflüssig machen und an deren Stelle die Selbsterlösung setzen.

Dem wird entgegengehalten, daß nur der Reinkarnationsgedanke die fehlende Chancengleichheit menschlicher Schicksale mit der allenthalben gepriesenen Liebe und Gerechtigkeit in Einklang zu bringen vermag, und daß man zum Erlösungswerk Jesu eine Eigenleistung beizusteuern habe. Oft genug heißt es im Neuen Testament, daß wir den Willen Gottes tun sollen, und eben dieses Tun ist und erfordert eigene Arbeit, die uns niemand abnehmen kann.[143] Oder hatte *Schopenhauer* etwa recht mit seinem sarkastischen Vorwurf, die Kirche würde lehren, »wie man den Himmel *erbetteln* soll; ihn zu *erwerben* wäre unbequem«?

Das Reinkarnationsprinzip ließe sich unschwer in die christliche Theologie (wieder) einbauen. Dabei wären dem Begriff »Todsünde« Vergehen zuzuordnen, die eine Wiedereinverleibung, eine Sühnung in der Materie, bedingen.

Unter »Erbsünde« hingegen wäre jene Hypothek zu verstehen, die wir in Form karmischer Belastungen ins Erdenleben mitbringen. Im christlichen Spiritualismus wird hierunter »die Verstofflichung des geistigen Prinzips« verstanden, die, bedingt durch den Geisterfall (»Sündenfall«), menschlich-derbmaterielle Körperformen notwendig machte.

Zum Gnadenfaktor: Während im Buddhismus das Wirken der höheren Gerechtigkeit in einem unpersönlichen und somit gnadenunfähigen Vergeltungsprinzip besteht, das sich im Rad der Wiedergeburten als erbarmungslos-mechanistische Realität offenbart, darf man aus christlicher Sicht gerade an der Wiederholbarkeit irdischer Erfahrungen und den damit verbundenen Fortschrittsmöglichkeiten einen »Gnadenerweis« erblicken; ein Zeichen umfassender Liebe, die, anstatt zu verdammen, niemanden verloren sein läßt und jedem jederzeit die Willensumkehr ermöglicht. »Gnade« aus dieser Sicht definiert, wäre »Vergebung plus Wiedergutmachung«, was zugleich die unchristliche Vorstellung eines ewigen Verdammtseins ausschlösse.

Zweifel an der Existenz einer persönlichen, lebendigen und liebenden Gottheit zeugt von totaler Unkenntnis erfahrbarer Realitäten. Die Hilfe, deren wir in unserem Lichtwärtsschreiten teilhaftig werden, wächst proportional zum Intensitätsgrad unserer persönlichen Anstregungen (gemäß Jak. 4,8: »Nahet euch zu Gott, so naht er sich zu euch«).

## 21 Vom Sinn unseres Lebens

Mit unserer Existenz müssen wir uns ebenso abfinden wie mit den Naturgesetzen, in die wir eingebettet sind. Zwar können wir in bezug auf die Letzten Dinge bloß Vermutungen anstellen, aber mittels Beobachtung, Nachdenken und Erfahrung sind wir durchaus befähigt und in der Lage, den eigentlichen Sinn unseres Daseins zu erkennen oder wenigstens zu ahnen. Die Weisen aller Zeiten haben uns Sinn, Zweck und Ziel unseres Lebens aufgezeigt und Wege gewiesen zur fast mühelosen Schaffung menschenwürdiger, ja geradezu paradiesischer Zustände auf unserem Planeten. Aber die Narren aller Zeiten als erdrückende Mehrheit taten immer das Gegenteil (Schopenhauer). Dieser Philosoph, dem die Reinkarnationslehre bekannt war, sagte einmal, die so oft beklagte Kürze des Lebens sei das Beste daran.

Wie wenige unserer Mitmenschen, selbst der sogenannten Gebildeten, wissen (außer des unbefriedigenden Hinweises auf die Fortpflanzung) einen plausiblen Grund anzugeben, wozu sie überhaupt auf der Welt sind. Und dies, obwohl so manchen während besinnlicher Stunden die mehr oder weniger deutliche Empfindung beschleicht, daß es Besseres geben müsse als ein streßgeplagtes Dasein um des Lebensstandards willen, in einer friedlosen, zivilisationskranken Menschheit; daß vielleicht doch irgendwo jene »Gefilde der Seligen« existieren mögen, von denen religiöses Ahnen zu künden scheint, und daß es Wege dorthin geben könnte.

Nun, solche Wege gibt es, und jeder möge den ihm gemäßen suchen und beschreiten. Niemand sollte sich entmutigen lassen, weil ihm der Weg lang und beschwerlich erscheint. Wer in rechtem Gott- und Selbstvertrauen und in beglückender Gemeinschaft mit wahren Freunden, seine Aufgaben zu erkennen und zu erfüllen trachtet, ohne dabei unser aller Ziel aus den Augen zu verlieren, für den gilt das Goethe-Wort: »Wer immer strebend sich bemüht, den können wir erlösen.«

Auf die Frage jedoch »Reinkarnation, ja oder nein?« lautet meine Antwort: Ja *und* nein, denn vieles spricht dafür!

# Mensch und Schicksal

Ehe ich in dieses Erdenleben trat,
ward mir gezeigt, wie ich es leben würde:
Da war die Kümmernis, da war der Gram,
da war das Elend und die Leidensbürde;
da war das Laster, das mich packen sollte,
da war der Irrtum, der gefangennahm –
Da war der schnelle Zorn, in dem ich grollte;
da waren Haß und Hochmut, Stolz und Scham.

Doch sah ich auch die Freuden jener Tage,
die voller Licht und schöner Träume sind –
Wo Klage nicht mehr ist, und nicht mehr Plage,
und überall der Quell der Gaben rinnt;
wo Liebe dem, der noch im Stoff gebunden,
die Seligkeit des Losgelöstseins schenkt –
Wo sich der Mensch, der Menschenpein entwunden,
als Auserwählter hoher Geister denkt...

Mir ward gezeigt das Schlechte und das Gute,
mir ward gezeigt die Fülle meiner Mängel;
mir ward gezeigt die Wunde, draus ich blute,
mir ward gezeigt die Helfertat der Engel...

Und als ich so mein künftig Leben schaute,
da hört' ein Wesen ich die Frage tun,
ob ich wohl dieses Leben mich getraute,
denn der Entscheidung Stunde schlüge nun...

Und ich ermaß noch einmal alles Schlimme –
»Dies ist das Leben, das ich leben will«
gab ich zur Antwort mit entschloss'ner Stimme
und nahm auf mich mein neues Schicksal still...

So ward geboren ich in diese Welt,
so war's, als ich ins neue Leben trat –
Ich klage nicht, wenn's oft mir nicht gefällt,
denn ungeboren hab' ich es *bejaht*!

*Verfasser unbekannt*[144]

# Ergänzungen, Quellenangaben, Literaturhinweise

[1] PM-Computerheft Nr. 4/1984. Programmtitel im Heft: »Welche Nachwirkungen hat Ihr früheres Leben?« – Selbstredend handelt es sich nur um ein Unterhaltungsspiel.

[2] B. Forsboom, »Das Buch Emanuel« (Drei-Eichen-Verlag, Engelberg/Schweiz und München, o. J., S. 114); wie vor, S. 246: »Der Vorgang, den ihr mit geistiger Wiedergeburt bezeichnet, findet in der Entwicklung eines Geistes unzählige Male statt. Er ist das jeweilige Überschreiten der Grenze in eine höhere Sphäre der Erkenntnis und der Tatkraft.« – Ein sich »Eremit« nennender deutscher Eingeweihter versteht unter geistiger Wiedergeburt das Aufgehen der Seele im Geist bzw. »die Entwicklung der Seele und des Geistes bis zu deren Vereinigung, deren ›Wiedergeburt‹« (»Die Mitteilungen des Eremiten«, 2. Aufl. 1949, Cleveland/Ohio, S. 79). – Paulus verstand unter g. W. einen in Christo umgewandelten und somit völlig neuen Menschen im Denken und Tun (2. Kor. 5,17; Gal. 6,15).

[3] Theodor Haecker, »Werke«, Band 3, S. 318 (München 1961). »Das Ich kann sich seiner selbst bewußt sein. Das ist es, was wir mit dem Selbstbewußtsein, dem Geist meinen« (Karl. R. *Popper* in »Das Ich und sein Gehirn«, 3. Aufl. München 1984, S. 651. Mitherausgeber ist John C. *Eccles*). Selbstbewußtsein ist nach Popper »der seiner selbst bewußte Geist« (S. 650). »Ich glaube, daß das Ich irgendwie auf dem Gehirn spielt, wie ein Pianist auf dem Klavier« (S. 585). Die physische Basis unseres Geistes (Ichbewußtseins) ist nach dem Neurochirurgen Wilder *Penfield* die Hirnaktion. Sie begleitet seine Aktivitäten, doch er selber ist frei (S. 656).

[4] »Die Seele ist das Bindeglied, das es ermöglicht, daß der Geist sich mit der Materie zu einer Einheit, Mensch genannt, verbindet. Ohne ein solches Bindeglied wäre die vollkommene Vereinigung von Geist und Materie ausgeschlossen« (»Buch Emanuel«, S. 110). »Was der Geist ist, das zeigt die Seele. Sie ist das Stoffliche des Geistes, wie Urlicht das Stoffliche der Gottheit ist« (S. 43). »Das wahre Ich des Menschen ist das Empfinden seiner Individualität, und diese ist gottgegeben« (S. 256).

[5] Esoterik (von griech. esotericos, innen, innerlich, verborgen) bedeutet soviel wie geheimes Wissen, das nur für Eingeweihte bestimmt ist (im Gegensatz zu Exoterik, griech. exotericos, öffentlich). Esoterik hat nichts mit Geheimniskrämerei zu tun. Als esoterisch gelten z. B.

die allen Religionen gemeinsamen Wesenskerne, die zumeist durch veräußerlichte Gottesdienstformen und Glaubenssätze verschüttet werden.

[6] Unter »Doppelgänger« wird der bis zum Sichtbarwerden verdichtete Fluidalkörper verstanden. Ein Austritt des Ichs aus dem physischen Leib kann unbewußt (Traum, Hypnose, Unfall) oder bewußt geschehen (Yogis, Schamanen) und ist in der Parapsychologie als »Exteriorisation« (vorübergehende Trennung vom Körper, jedoch in dessen Nähe bleibend) und »Exkursion« (beliebig weites Entfernen vom Leib) bekannt. Experimentell nachgewiesen durch Albert de Rochas (1837–1914), Hornell Hart (1888–1970), R. Crookall, Charles T. Tart, Carlis Osis und andere. Näheres hierüber in Passian, »Abschied ohne Wiederkehr?«, S. 30ff. (4. Aufl., Otto Reichl-Verlag, Buschhoven).

[7] »Grenzgebiete der Wissenschaft« Nr. 1/1974, S. 216 (Resch-Verlag, Innsbruck). Der Astralkörper selbst ist allerdings nicht unverletzbar; bei charakterlich unterentwickelten Menschen (und Geistern) soll er so dicht sein, daß er Schmerzempfindlichkeit besitzt. Daher das »Heulen und Zähneklappern« in den niederen Bereichen des Jenseits (Astralebene), und die Stichwaffe als scheinbar unentbehrliches Requisit magischer Praxis. – Experimente mit dem Kirlian-Effekt (Hochfrequenzfotografie) im Ostblock ergaben unter anderem, daß sich Krankheiten zuerst am Astralkörper zeigen können, bevor sie auf den physischen Organismus übergreifen (vgl. Ostrander/Schroeder, »PSI«, S. 186ff. Scherz-Verlag).

[8] Unter »Materialisation« versteht man in der Parapsychologie das Sichtbarwerden von Formen und Körpern, wie dies im Beisein physikalischer Medien und bei Spukfällen schon oft beobachtet wurde. Das letzte bedeutende Materialisationsmedium in Europa war der Däne Einer Nielsen (1894–1965). Noch heute leben Teilnehmer seiner Sitzungen, die überzeugt sind, mit der materialisierten Gestalt eines gestorbenen Angehörigen gesprochen zu haben (vgl. A. Böhm, »Mein Bruder Gert«, Kleinjörl 1963; Hans Gerloff, »Das Medium Carlos Mirabelli«, Tittmoning 1960; E. d'Espérance, »Im Reiche der Schatten«, Berlin 1922; v. Schrenck-Notzing, »Materialisations-Phänomene«, München 1923). Medien dienen als Lieferanten von Bio-Energie beim Zustandekommen derartiger Phänomene. Die sich bildenden »Phantome«, wie man materialisierte Formen und Gestalten zu nennen pflegt, sind von unterschiedlichem Dichtegrad und lösen sich nach einer gewissen Zeit wieder auf. Die menschliche Geburt könnte somit als eine dauerhafte Materialisation des inkorporierenden Geistes bezeichnet werden.

*Carl du Prel* sagte hierzu: »Die Geburt ist also eine Materialisation, die sich durch längere Dauer, durch Verwendung dauerhaften Materials und durch gesteigerte Verlegung des Bewußtseins auszeichnet; sie ist das auffälligste Beispiel von Materialisation, und daß wir uns über unser eigenes Dasein so wenig verwundern, dagegen über einem spiritistischen Phantom alle Besinnung verlieren, beweist nur, daß es mit unserer Besinnung nicht weit her ist. Die Existenz eines Menschen ist viel wunderbarer, als die sämtlicher Gespenster« (C. du Prel, »Studien auf dem Gebiete der Geheimwissenschaften«, Bd. 2, S. 144, Leipzig 1891). Für du Prel sind Doppelgängerei, Geburt und Materialisation dreierlei Erscheinungen der gleichen Ursache, die sich nur graduell, nicht aber prinzipiell voneinander unterscheiden.

[9] Laut Pressemeldungen vom Juni 1984 sollen mehr als 30 Personen dem Prof. Petersen/Hannover, ihre diesbezüglichen Erlebnisse geschildert haben: »Obwohl ich die Augen geschlossen hatte, überflutete mich ein Gefühl unbeschreiblicher Helligkeit.« – »Ich fühlte einen Lichtblitz, der so hell war, daß ich noch nach 24 Stunden alle Farben intensiver wahrnahm.« – Bei Männern trat dieses Phänomen immer gleichzeitig mit dem sexuellen Höhepunkt auf.

[10] A. v. Vay, »Geist, Kraft, Stoff« (6. Aufl. Berlin 1969).
Dieses Buch entstand mittels automatischer Schrift in nur 36 Tagen und enthält die Schilderung einer Schöpfungsperiode.

[11] Die verbreitete hinduistische Auffassung, wonach man nach dem Tode in einen Tierkörper überwechseln kann, erschwert die Lösung sozialer Mißstände in Indien außerordentlich. So sind die schätzungsweise 175 Millionen zumeist frei herumlaufenden Kühe (plus ca. 25 Millionen Büffel) ein echtes Problem. Zudem werden in weiten Landstrichen die Felder von heiligen Affen geplündert, und ein beträchtlicher Teil der Ernte fällt den heiligen Ratten zum Opfer. – Die an sich vorbildliche Ehrfurcht vor dem Leben in jeglicher Form endet allerdings bei den Festlichkeiten zu Ehren der Göttin Kali, wo man gnadenlos schwarze Zicklein abschlachtet und sich mit deren Blut die Stirn benetzt!

[12] In neuerer Zeit vermehrte *Sri Aurobindo* die allgemeine Unsicherheit auf dem Gebiet dieser Lebensfragen, indem er *gegen* eine ethisch-kosmische Begründung der Reinkarnationslehre Stellung bezog. – Welcher von den vielen Weisheitslehrern hat nun recht? Auf wessen Aussagen kann man sich verlassen? Mit Faust möchte man seufzen: »Da steh' ich nun, ich armer Tor, und bin so klug als wie zuvor!«

[13] Blavatsky, »Die entschleierte Isis«, 1. Ausgabe, Bd. 1, S. 351: »Reinkarnation ist nicht die Regel in der Natur, es ist eine Ausnahme bei Fehlgeburten, totgeborenen Kindern, Idioten und bei einem Messias.« – S. 481: »Eine Wiederaufweckung vom Tode, nachdem die Seele den Körper endgültig verlassen hat, ist ebenso unmöglich, wie für eine einmal aus dem Körper geschiedene Seele, sich je wieder auf

dieser Erde zu reinkarnieren, außer in den früher beschriebenen Ausnahmefällen.« Im 2. Band, S. 280 wird behauptet, daß Platon, Anaxagoras, Pythagoras und die eleatischen Schulen von Griechenland sowohl als auch die chaldäischen Priester, die Seelenwanderung nur im Sinne eines nachtodlichen Fortschreitens des Menschen (der »Seele«) von einer Sphäre zur andern lehrten. – Diesen Standpunkt vertritt auch Alfons Rosenberg in »Die Seelenreise« (Olten 1952).

[14] Sein berühmtes »Buch der Geister« veröffentlichte Rivail unter jenen Namen, die er angeblich in seinen vorhergehenden Existenzen getragen haben soll, wovon ihm der eine, Allan, vom Medium Mme. Japhet, und der andere, Kardec, vom Medium Roze offenbart worden war. Frau Célina Béquet alias Japhet entwickelte ihre paranormale Begabung unter dem magnetopathischen Einfluß eines Herrn Roustan, der selber von der Reinkarnationsidee überzeugt war. Sie erhielt diese Lehre vom Jahre 1846 an von – gemäß ihren Angaben – den Geistern ihres Großvaters, der hl. Theresia und anderen. 1856 kam es zur Begegnung mit Denizard Rivail, der das reichhaltige Material an sich nahm, sortierte und für sein Buch »Le Livre des Esprits« verwendete, »ohne auch nur den Namen der Mme. Célina Japhet zu nennen, obgleich er drei Viertel des Buches ihrer Mediumschaft verdankte: das übrige schöpfte er aus Kommunikationen, die Mme. Bodin erhielt, welche an einem anderen Zirkel teilnahm« (Alexander Aksákow in »Psychische Studien« 1898, S. 258 ff.). Der offenbarten Reinkarnationslehre wäre somit ausgerechnet von Seiten ihres profiliertesten Vertreters mit Nachdenklichkeit zu begegnen!

Abgesehen davon dürfte den wenigsten Kardecianern bekannt sein, daß Allen Kardec einige Tage vor seinem Tode die Unterschiede zwischen den Lehren des nordamerikanischen Spiritualismus und des romanischen Spiritismus unwesentlich nannte (»Revue Spirite«, April 1869, S. 105). – In Frankreich erschien bereits 15 Jahre *vor* Kardec, 1839, ein Buch, in welchem die Reinkarnationslehre vertreten wurde: »Die himmlische Doktrin unseres Herrn Jesu Christi, durch drei Engel offenbart«.

[15] J. Stearn, »Der schlafende Prophet« (Knaur TB); Cerminara, »Erregende Zeugnisse von Karma und Wiedergeburt« (Knaur TB); Robinson, »Rückschau und Prophezeiungen« (H. Bauer, Freiburg); »Das große Cayce-Gesundheitsbuch« (H. Bauer, Freiburg).

[16] C. G. Jung in »Der Mensch und seine Symbole« (Walter, Olten), S. 197.

[17] Den ehemals gebräuchlichen Ausdruck »Somnambulismus« (von lat. somnus = Schlaf, und ambulare, umhergehen) taufte Dr. *James Braid* (1795–1860) um in »Hypnotismus« (von griech. Schlaf), was jedoch bis heute keine Klarheit bei der Unterscheidung von somnam-

bulen, suggestiven (auto- oder fremdhypnotischen) und mediumistischen (spiritistischen) Phänomenen ermöglichte. Zuletzt gab Braid zu, daß seine »Hypnose« die seinerzeit von Magnetopathen hervorgerufenen Phänomene nicht abdecken könne. – Vereinfacht definiert kann man sagen: Im somnambulen Zustand ist das Ich *aktiv* und ragt gewissermaßen in das Jenseits hinein, während beim spiritistisch-mediumistischen Trancezustand der eigene Geist völlig *passiv* bleibt und der Körper anderen Wesenheiten (Jenseitigen) als Werkzeug zur Verständigung mit dem Diesseits dienen kann.

[18] Insgesamt scheint dieser Überblick von der erreichten Entwicklungsstufe abzuhängen.

[19] K. O. Schmidt, »Das abendländische Totenbuch«, Bd. 2, S. 208 (mit freundl. Erlaubnis des Drei-Eichen-Verlages, Engelberg/Schweiz und München).

[20] wie vor, S. 170

[21] Diese Bemerkung ließe erahnen, daß bei einer Abtreibung doch mehr geschieht als lediglich die Beseitigung eines organischen Gewebeklumpens. Von Rückführungsaussagen her wissen wir, daß ungeliebt ausgetragene Kinder dies während der Schwangerschaft schmerzlich empfinden. Wie erst mag dem sich inkarnierenden Wesen bei einer Abtreibung zumute sein?

[22] Morris Netherton/Nancy Shiffrin, »Bericht vom Leben vor dem Leben. Reinkarnations-Therapie« (Bern/München 1979).

[23] Benannt nach dem Begründer der Lehre vom sogenannten animalischen Magnetismus, dem Arzt *Franz Anton Mesmer* (1734–1815). Sein Verfahren der »magnetischen Striche« bzw. »Passes« wird noch heute praktiziert und besteht in streichenden Armbewegungen des Magnetopathen über dem Körper des Patienten (zumeist ohne direkte Berührung).

[24] Hypnose, wenn das Medium ausschließlich mit dem Hypnotiseur in Rapport ist und nur diesen hört; Trance hingegen dann, wenn auch andere Teilnehmer während des Experiments mit dem Medium (mit der sich manifestierenden Wesenheit) sprechen können.

[25] Wegen Jean-Claude Bourdon bemerkt *de Rochas*: »Um seinen Widerstand zu besiegen, machte ich ihn trotz seines Widerstrebens zur Strafe älter und verjüngte ihn andererseits, um ihn zu belohnen. Zuletzt hielt er mich für einen großen Zauberer, dem man gehorchen müsse.«

[26] Alles konzentrierte Denken ist Magie. Ebenso wohnt jeder bewußten Weihehandlung eine reale Kraft inne, die allerdings auf einer anderen Ebene wirksam wird (vgl. Kap. »Magie in der Bibel«, in Passian, »Neues Licht auf alte Wunder«, Kleinjörl 1982).

[27] Den Auskünften gemäß, die Baron *de Rochas* bei solchen Experimen-

ten erhielt, dauert die völlige Verschmelzung des Fluidalkörpers mit dem physischen Leib bis zum 7. Lebensjahr. Diese Ansicht findet man auch in Indien: Nach dem siebenten Jahr senkt sich der »Schleier der Maya« so dicht herab, daß Erinnerungen an frühere Leben meist verblassen.

[28] Louise selber erschien bei Rückversetzungen als katholischer Priester, der seinen Pflichten treu geblieben und hochbetagt gestorben war. Trotzdem fand er sich nach seinem Tode »im Grau«. Dies verstand er zuerst nicht, denn er hatte das Paradies oder höchstens das Fegfeuer erwartet. Während dieser Periode pflegte Louise den Kopf auf die Hände zu stützen und bitterlich zu weinen. Nach dem Grund befragt, erklärte sie bzw. jener Priester, daß es sehr schlimm sei, unrichtige Dinge gelehrt zu haben.
*De Rochas* machte ihn darauf aufmerksam, daß es doch gar nicht seine Schuld gewesen sei, und daß es besser ist, »seinen Pfarrkindern vom Himmel und von der Hölle gesprochen zu haben, als sie glauben zu lassen, daß es nach dem Tode nichts mehr gäbe.« – Das sei wohl wahr, lautete die Antwort, »aber unglücklicherweise glauben sie nicht mehr an die Hölle. Wenn sie überzeugt wären, daß es eine Reihe von Existenzen gibt, in welchen man die Fehler der vorhergehenden Existenzen büßt, so würden sie sich besser betragen.«
Die Frage, ob er sich zu reinkarnieren wünsche, wird mit der Begründung bejaht, sich besser unterrichten zu wollen. De Rochas meinte daraufhin, er müsse sich dann wohl in einer wohlhabenden Familie inkarnieren, um die erforderliche Ausbildung zu bekommen. – Antwort: »Nein, im Gegenteil, ich muß im Elend geboren werden, um es kennenzulernen.«
In der gleichen Situation, jedoch während einer Rückführung die zwei Jahre später stattfand, lautete die Antwort abermals: »Nein, bei armen Leuten, um das Elend besser kennenzulernen und Erleichterung zu schaffen.«

[29] Baron *de Rochas* verfügte auch über Erfahrungen spiritistischer Natur (vgl. »Der Fall Mireille« in »Die aufeinanderfolgenden Leben«, Leipzig 1914).

[30] Bekanntermaßen gibt es keine Therapie, die jedem Menschen gleichermaßen hilft. Die Stuttgarter Reinkarnationstherapeutin *Ingrid Vallières* meint, man müsse sich bewußt werden, woher die heutigen Probleme und Schwierigkeiten kommen, nämlich als Folgen eigenen Handelns und Denkens in der Vergangenheit. Es gehöre schon eine Portion Mut dazu, sich dieser Vergangenheit zu öffnen und sich mit selbstbegangenem Unrecht und Anderen zugefügtem Leid zu konfrontieren. Wenn man sich diesen Realitäten jedoch stelle, könne man sich von ihnen freimachen und in der Gegenwart unbeschwert leben.

»Bestimmte Problematiken, die ich durch andere Techniken wie Yoga und Meditation nicht lösen konnte, verschwanden innerhalb weniger Stunden Therapie. Ich hatte einen Mutterkonflikt, bestimmte Hemmungen im Umgang mit anderen Menschen, Versagensängste und Niedergeschlagenheit. Durch das Auffinden der entsprechenden Geschehnisse in früheren Leben wich alle Angst und Hemmung von mir ab, ich fühlte mich immer sicherer im Umgang mit anderen und mit mir selbst. Nach Abschluß der Therapie hatte ich das Gefühl, vorher gar nicht richtig gelebt zu haben...«

Ein anderes Problem im Zusammenhang mit der Reinkarnationstherapie soll hier nicht ausgeklammert werden, nämlich die Kosten. So hieß es hierzu in der Zeitschrift »Frau im Spiegel« Nr. 22/1982, unter einem Tausender käme keiner weg. Wer nicht zahlen kann, so habe ein bekannter Therapeut erklärt, sei »durch eigene Schuld arm, Schuld aus einem vergangenen Leben«. Kommentar des Redakteurs: »Nach dieser Theorie müssen in den Slums Asiens und Südamerikas die Sünder der vergangenen Jahrhunderte leben, und in den Industriestaaten überwiegend Menschen mit wohlgefälliger Vergangenheit.«

[31] Dies ist durchaus möglich. Sollte es jedoch schicksalhaft vorgesehen gewesen sein, und der Frau gelang es, wie de Rochas vermutete, das Mißgeschick zu vermeiden, so ist damit wohl nicht garantiert, daß sie um diese Erfahrung (oder Sühne?) herumkommt, sei es in diesem oder einem späteren Leben. – *Albert de Rochas* starb kurz nach Ausbruch des Ersten Weltkrieges. Eine Weiterverfolgung dieses Falles scheint unterblieben zu sein.

[32] Bei einem mit seiner Gattin experimentierenden »Reinkarnations-Pädagogen« ergaben Vorausführungen Krieg und zunehmendes Chaos um 1990.

[33] In seinem Buch »30 Jahre unter den Toten« (Otto Reichl-Verlag, Buschhoven), S. 431.

[34] Selbst in der exaktesten Naturwissenschaft könne man nicht ohne unbeweisbare Hypothesen vorwärtskommen, erklärte 1913 Prof. *Max Planck* bei seinem Amtsantritt als Rektor der Berliner Universität.

[35] Was kollektiv Unbewußtes und Kollektivbewußtsein eigentlich sind, ist auch unter Psychologen umstritten. Für *C. G. Jung* war das kollektiv Unbewußte »ein hypothetisches Feld, das die Archetypen und Instinkte enthält und die Grundlage der Entwicklung der menschlichen Seele bildet« (Bonin, »Lexikon der Parapsychologie«); ein psychisches Energiefeld, in welchem gewisse Grunderfahrungen unseres Entwicklungsweges durch die Naturreiche – für uns unbewußt – gespeichert sind, wäre durchaus denkbar.

Ähnlich verhält es sich mit den Begriffen »Unbewußtes« und »Unterbewußtsein«. C. G. Jung nannte in einer seiner späteren Arbeiten die Hypothese des Unbewußten »ein großes Fragezeichen, das hinter den Begriff der Psyche gesetzt werden« müsse. Er habe damit keine Behauptung aufstellen, sondern bloß ein Denkmodell entwerfen wollen, »welches eine mehr oder weniger nützliche Fragestellung verspricht.«

Der Unterschied zwischen Unbewußtem und Unterbewußtsein scheint hauptsächlich in der Wortbildung zu liegen. Die Definitionen sind uneinheitlich und reichen vom Unbewußten als der Summe dessen, was als ehedem Bewußtes vergessen wurde und erinnerbar ist, bis zur Ablehnung als überflüssiger Hypothese.

36 »Parapsychika« (Zeitschrift der Schweizer Parapsychologischen Gesellschaft, Zürich) Nr. 5/1976, S. 10.

37 Da das Wort »Besessenheit« in Verbindung mit »Exorzismus« allgemein als Negativaussage empfunden wird, empfahl der Zürcher Psychiater Dr. *Andreas Hedri* die Bezeichnung »Beseelt-sein« oder »Beseeltheit«.

38 Als gewiß nicht alltägliche Pseudo-Erinnerung mag folgender Fall gelten (entnommen der »Zeitschrift für Spiritismus«, Jg. 1914, S. 157): Ein Bekannter des Berichterstatters Dr. *W. Dietrich* geriet während einer spiritistischen Sitzung in einen psychischen Ausnahmezustand, in welchem er einem anwesenden älteren Herrn, der ihm bis dahin unbekannt gewesen war, die erstaunlichsten Einzelheiten aus dessen Jugendzeit schilderte. Wäre jener betagte Herr bereits verstorben gewesen, so hätte man bei den folgenden Aussagen des Mediums u. a. annehmen können, es handele sich um die Schilderung eines seiner Vorleben. Nun lebte aber jene alte Herr noch und vermochte sich durchaus der betreffenden Begebenheit zu erinnern, nur nicht mehr so genau.

Anzapfen eines fremden Gedächtnisinhaltes wäre hier die wahrscheinlichste Deutung; aber zur Überraschung aller erfolgte via Medium eine andere Erklärung: Während der ersten beiden Lebensjahrzehnte des nunmehr älteren Herrn, sei der junge Mann (das Medium) dessen unsichtbarer Begleiter (Schutzgeist?) gewesen, bis er selber inkarnierte! – Gewiß, eine völlig neu anmutende Hypothese, aber nichtsdestoweniger eine interessante!

39 Unter Psychometrie (»seelische Messung«) wird die Fähigkeit verstanden, anhand eines Objektes dessen Geschichte zu erfühlen oder z. B. den Inhalt eines verschlossenen und undurchsichtigen Behälters durch Betasten zu erkunden. Dies ist im hypnotischen, ebenso wie im Normalzustand möglich und wird in der Parapsychologie als ASW-Leistung (Kombination von Hellsehen und gegebenenfalls Telepathie) eingestuft.

⁴⁰ »Psychische Automatismen« wie willensunabängiges Sprechen, Schreiben, Malen etc. sind Begabungen, die meist spontan und in Verbindung mit den verschiedensten Bewußtseinszuständen auftreten können. Vielfach werden die auf solcherlei Weise erhaltenen Mitteilungen als von Jenseitigen (Geistern, Spirits, Menschen ohne physischen Leib) herrührend aufgefaßt, während Parapsychologen sie zumeist animistisch, d. h. als Produktionen der eigenen Psyche des Mediums interpretieren (Manifestationen des Unterbewußtseins oder eines unbewußten Persönlichkeitsteiles). Das Hellsehen, das in verschiedensten Formen vorkommt, kann bei entsprechender Veranlagung mit sehr unterschiedlichen Hilfsmitteln aktiviert werden. Ähnlich dem Kristallsehen, dem Verwenden einer Kristallkugel, gab und gibt es auch die »Hydromantik«, das ist das Schauen auf eine stille Wasserfläche in einer Schüssel oder in einem ungeschliffenen Glas.

⁴¹ Jeder Mensch ist von unsichtbaren Wesen begleitet; niedere versuchen Zwang auszuüben und den Menschen zu Dingen geneigt zu machen, an denen sie selber zu Lebzeiten Interesse hatten. Gute, gottgläubige und geistig erwachte Menschen jedoch ziehen höhere Helfer und Freunde an. Als geistige Führer bestärken sie den Menschen in seinem Vorhaben zum Guten, inspirieren, helfen und führen ihm Kraft zu, soweit ihnen dies möglich oder gestattet ist. Dem Sprichwort »Von allen guten Geistern verlassen« wohnt ebenso wie der Schutzengellehre, eine tiefe, heute leider weithin vergessene oder belächelte Wahrheit inne.

⁴² Die Wesenheit »Raimund« gab an, M. während einer früheren Einverleibung sehr geliebt zu haben. Sie sei seine Braut gewesen und er habe sie wegen vermeintlicher Untreue vergiftet. Nachdem sein Verdacht sich als unbegründet erwiesen hatte, habe er den Tod gesucht und sei im Kriege gefallen. – Man wird geneigt sein, ob solcher Therapieformen den Kopf zu schütteln, aber auch hier gilt der Grundsatz: »Wer heilt, hat recht«. Gewiß würde auch heutzutage so mancher Schwerkranke lieber unwissenschaftlich gesund, als streng wissenschaftlich zu leiden und zu sterben.

⁴³ Den Aussagen der geistigen Leiter des Mediums zufolge, soll es sich bei den beiden um ein sogenanntes Dualseelen-Paar gehandelt haben, wobei die Frau ihre Liebe besonders stark versinnlicht hatte (A. v. Vay, »Studien über die Geisterwelt«, Leipzig 1874, S. 204).

⁴⁴ wie Anm. 19, S. 260. Dieser Fall ließe sich auch spiritistisch deuten: Der Geist jenes Großvaters hielt sich noch in der Schenke auf. Hellseherische Beobachtungen deuten nämlich darauf hin, daß Gestorbene mitunter dort verweilen, wo sie sich bei Lebzeiten gern oder vorwiegend aufhielten. Man spricht in diesem Zusammenhang von »erdverhaftet« gebliebenen Geistern (»Arme Seelen«).

45 Daß Jenseitige, sog. »spirits«, ihre Inkarnation ankündigen und danach via Medium nicht mehr erreichbar sind, ist nicht neu. So schrieb Dr. *Emil von Krasnicki* (in »Psych. Studien« 1898, S. 367): »Interessant ist, daß in Fällen, wo sie dieses ihr angestrebtes Ziel erreicht haben, der betreffende oft Jahre hindurch aufgetretene Spirit auf Nimmerwiederkommen verschwindet, und daß – wie ich in den von mir beobachteten Fällen konstatierte – das Geschlecht dieses Kindes dem angeblichen Geschlecht des verschwunden Spirits entspricht. Es gewinnt demnach den Anschein, als ob die Spirits ihren Einfluß auf ihre Medien mitunter zu ganz realistischen Endzwecken gebrauchen würden: zu einer dauerhaften Materialisation alias Reinkarnation!«

46 Vgl. R. Passian, »Abenteuer PSI« (Schroeder-Verlag, Kleinjörl 1978).

47 »Die Hölle, als ein Zustand gedacht«, schrieb *Carl du Prel*, »könnte auch dieser dem Gesetz der Entwicklung gemäß nicht stationär sein. Die Kirche selbst hat das Dogma ewiger Höllenstrafen nur aus pädagogischen Gründen augestellt, und der hl. *Hieronymus* sagt ganz offen, die Kirche habe die Ewigkeit höllischer Strafen nur als nützliche Vorstellung bewahrt; man müsse das denen verheimlichen, welchen die Furcht nützlich sei, damit sie, die Strafe fürchtend, nicht sündigen.« (Quae nunc abscondenda sunt ab his, quibus timor utitis est, ut, dum supplicia reformidant, peccare desistant. – Hieronymus, Comment. ad. ls. cap. ult.) – C. du Prel, »Die monistische Seelenlehre«, 2. Aufl. 1926, S. 362.

48 Die Lehre, wonach Gott die einen von vornherein »verstockt«, den andern aber die Gnade des Glaubens geschenkt und damit den Himmel gesichert habe, entspringt alttestamentlich-materialistischem Lohn- und Bestrafungsdenken. Der Glaube jedoch, auf den es allein ankommt, »ist der Glaube an Gott, Unsterblichkeit und Verantwortlichkeit. Dieser Glaube hält den Menschen trotz allen Strauchelns auf dem rechten Weg, er ermöglicht ihm den Fortschritt, ist die Vorstufe zur Erkenntnis, und führt über die Erkenntnis hinaus zur Liebe«, die ihrerseits zur Basis rechten Verhaltens wird, wie *Friedrich Funcke* in »Christentum als Weltanschauung und Lebenskunst« ganz richtig bemerkt. (Lorch 1929, S. 285)

49 wie Anm. 47, S. 363.

50 Nirwana bedeutet keine Auflösung, sondern eine unvorstellbare Bewußtseinserweiterung und Verschmelzung mit dem All. *Yogananda* schreibt hierzu: »Nirwana ist jener Zustand, in welchem die abgegrenzte Individualität überwunden und die transzendente Stille des allumfassenden Daseins erreicht worden ist. Und genau das ist es, was man im höchsten Zustand der Glückseligkeit erlebt, auch wenn im Buddhismus der Name Gottes nicht damit in Verbindung gebracht wird.« (»Die Religionswissenschaft«, Weilheim 1969, S. 52).

[51] »*Silver Birch*« ist ein in England bekannter jenseitiger Lehrer, der angibt, als Indianer gelebt zu haben: »Ich mußte durch die demütige Persönlichkeit eines einfachen Indios zu euch kommen, um einzig und allein durch die Wahrheit meiner Lehren, und nicht durch einen hochklingenden Namen, meinen Wert zu beweisen. So will es das Gesetz.« (Barbanell, »Wenn deine Tiere sterben«, Schroeder-Verlag, Kleinjörl 1965, S. 166 u. 170).

[52] »Wir Geister sind bestimmt, unsere Vollendung zu erreichen; diese liegt in der einheitlichen Vollendung aller geistigen Eigenschaften. Verliert ein Geist das Gleichgewicht – um in Eurer Sprache zu reden – zieht er einzelne Eigenschaften auf Kosten der anderen groß, so entstehen Verzerrungen, die dann, wenn der Geist sich inkarniert, in der Form sogenannter Geisteskrankheiten zum Ausdruck kommen. Ein Geist, der sich in Sinnlichkeit, Trunksucht oder ähnlichen Lastern vertiert hat, wird als Kretin die karmische Folge tragen.« (»Zu freien Ufern« Nr. 5/1978, S. 419). Und im »Buch Emanuel« heißt es hierzu: »Laster lassen sich nie dem Körper zuschreiben, wie ihr es irrtümlich meint; auch Trunksucht und Sinnlichkeit sind geistig-seelische Eigenschaften des tiefgesunkenen Geistes. Dieser hat eine schwere, derbe Seelenhülle, in der er die Gelüste empfindet, die er in der noch derberen Hülle des Menschenleibes zum Ausdruck bringt. Doch nicht die Materie ist schuld daran, und nicht in dem Ausdruck liegt die Sünde, sondern in dem Gelüste des Geistes.« (S. 142).

[53] Nationalitäten-Rassendünkel, diese Giftgewächse auf dem Menschheitsacker, erscheinen unter dem Blickwinkel der Wiedergeburts- und Karma-Lehre gleichermaßen unsinnig wie im religiösen Licht der Gotteskindschaft aller. Falsch ist aber auch das andere Extrem, die Verachtung oder gar Verfälschung der nationalen Geschichte, wie dies seit 1945 in Deutschland geschieht. Wer dies als Volkszugehöriger tut oder gutheißt, der verachtet sich – karmisch betrachtet – selber, nämlich seinen möglicherweise eigenen Beitrag zu derselben. Die schamlose Preisgabe aller Ehre eines Volkes, die Mißachtung der harten Arbeit und Opferfähigkeit vorangegangener Generationen sowie das Einimpfen von Schuldkomplexen in die nachfolgenden, ist ein Merkmal niederster Gesinnung. National sein, so schrieb einmal *Peter Rosegger*, ist die Pflege und praktische Ausübung aller *guten* Eigenschaften eines Volkes. Wenn eine Kultur oder Zivilisation sich selber zu zerstören beginnt, dann fängt dies, nach Rosegger, mit Treulosigkeit an: »Die Menschen werden zuerst treulos gegen die Heimat, treulos gegen die Vorfahren, treulos gegen das Vaterland. Sie werden dann treulos gegen die guten Sitten, gegen den Nächsten, gegen das Weib und gegen das Kind.«

[54] K. Weinfurter, »Der brennende Busch« (Lorch 1949, S. 352). Karma

könne man auch gedanklich beeinflussen, und die Vaterunser-Bitte um Sündenvergebung sei letztlich die Bitte um Vernichtung des bösen Karmas. Den Pythagoräern zufolge sei Schicksal oder »Karma« nichts anderes als die Reaktion der Natur (besser: der Naturgesetze) auf das Verhalten des Menschen (S. 359).

55 Demzufolge könnte einem Menschen ein bestimmtes Schicksal so lange erspart bleiben, bis er stark genug geworden ist oder für würdig befunden wurde, es zu tragen (der Wissende wird es ohnehin bejahen). – »Warum hat Gott dies Leid gebracht? – so sprichst du oft verzagt; warum so manches Glück dir lacht, hast du es je gefragt?« (Gerock). *Christmas Humphreys* schreibt in »Karma und Wiedergeburt« (3. Aufl. 1981, S. 109), der »Eintrittspreis für das Betreten des Pfades (zum Licht; d. Verf.) scheint bei vielen eine sofortige Probe zu sein, und so mancher, der als Belohnung für den anfänglichen Einsatz statt des erwarteten geistigen Wohlbefindens ein Heer von Anfechtungen und Hindernissen vorfindet, gibt den Versuch auf.«

56 Eine allgegenwärtige, ständig fließende und auch den Weltraum erfüllende Energieform wurde hypothetisch als Äther-Theorie diskutiert, dann aber fallengelassen. Dr. *Karl von Reichenbach* wählte seinerzeit die Bezeichnung »Od«. Heute würde man Vital- oder Bio-Energie sagen. Die Chinesen verwenden übrigens den Begriff »Ki« in der gleichen Bedeutung und die Inder den Begriff »Prana«.
In den Belehrungen, die Pfarrer *Johannes Greber* hierzu erhielt, heißt es (im Kap. »Das Gesetz der Odkraft«, S. 67 ff. seines Buches »Der Verkehr mit der Geisterwelt, seine Gesetze und sein Zweck«, 2. Aufl. 1932, Teaneck, N. J./USA), daß Geist und Materie wegen der Verschiedenheit ihres Seins nicht unmittelbar aufeinander einwirken können, es bedürfe hierzu einer Energieform, die man im Altertum »Seele« genannt habe. Die Bibel spreche vom »Odem des Lebens«. Od entstünde beispielsweise durch Umwandlung von Nahrungsstoffen im Körper. Alles Vorhandene, wie Mineralien, Pflanzen, Tiere, auch die Elemente (Wasser, Luft, Feuer) besitze Od, und zwar in einer ganz speziellen, nur dem Träger eigentümlichen Zusammensetzung. Ebenso die Himmelskörper. Unsere Erde habe »eine Odmischung und Odstrahlung, die alle Odarten enthält, welche für die auf ihr befindlichen Lebewesen notwendig sind«. Außerdem nehme sie die Odstrahlung der sie umgebenden Weltkörper (Sonne, Mond, Planeten) auf. Es heißt sodann weiter: »Je nach der Stellung dieser Weltkörper zu eurer Erde, ist auch die Odstrahlung auf die Erde bald stärker, bald schwächer. Da die Stellung der Weltkörper zueinander mit jeder Sekunde wechselt, darum wechseln in demselben Maße auch die Odstrahlungen, die jene Weltkörper eurer Erde senden.« Dies soll von größter Bedeutung für Leben und Wachstum auf unserer Erde sein.

Es sei daher kein Aberglaube, daß man aus dem Geburtszeitpunkt auf die körperliche Eigenart und den Charakter eines Menschen schließen könne.

[57] »Zentralblatt für Okkultismus« 1909/10, S. 381. Surya zitiert sodann den Astrologen *Paul Zillmann*, der in einem seiner Lehrbriefe schrieb, daß man die astrologischen Aspekte »nicht als eine uns vom Himmel angelegte Zwangsjacke betrachten« solle, sondern mehr wie eine Tendenz, die zwar geneigt mache, aber nicht zwinge. Unser Kausalkörper bleibe von astrologischen Aspekten unbeeinflußt; unser Astralkörper aber, »mit seinen Verdichtungsformen bis zum physischen Körper«, unterliege diesen Strömungen, soweit nicht der Einfluß des Kausalkörpers ein dominierender geworden sei. Durch Höherentwicklung unseres Bewußtseins, unseres Willens und unserer sittlichen Kraft, könne man astrologische Einflüsse abschwächen. »Der Weise beherrscht die Sterne, der Tor wird von ihnen beherrscht«.

[58] »Meridian« Nr. 3/1984, S. 55 – Die überprüften Lebensläufe sollen zwar viele und erstaunliche Gemeinsamkeiten, aber auch erhebliche Unterschiede ergeben haben.

[59] Beobachtungen zufolge scheint der durch künstliche Einleitung der Wehen verfrühte oder hinausgezögerte Geburtszeitpunkt einen untergeordneten Einfluß auf den astrologischen Typus des Kindes zu haben; dessen astrologisches Grundmuster pflegt vielmehr der Nativität jenes Zeitpunktes zu entsprechen, an welchem es normalerweise zur Welt gekommen wäre. *Michel Gauquelin* schreibt in seinem Buch »Kosmische Einflüsse auf menschliches Verhalten« (Freiburg 1983), daß Aussagen über planetarische Einflüsse und Planetenpositionen zur Zeit der Niederkunft »nur für eine *natürliche* Geburt gelten«. Seine statistischen Auswertungen hätten ergeben, »daß bei künstlich eingeleiteten Entbindungen, die dem Zeitpunkt des Geburtshelfers oder der Klinik angepaßt wurden, diese planetarischen Übereinstimmungen nicht auftreten.« – Andere Astrologen halten die im Geburtsmoment obwaltenden Einflüsse dennoch für gegeben.

[60] Ein indischer Chirologe gab an, die Anzahl durchlebter Inkarnationen sei an einer bestimmten Stelle der linken Hand erkennbar (»Psyche« Nr. 10/1923, S. 315). »Chirologie« ist Handlinienkunde im Sinne von Charakterdeutung, während unter »Chiromantie« das Vorhersagen der Zukunft aus den Handlinien verstanden wird.

[61] Bezeichnenderweise wird das Wort »astral« mit Begierde in Verbindung gebracht: Astralkörper = der Begierdenleib, Astralwelt = die Ebene des Tierischen, d. h. des von niederen Tendenzen noch nicht freigewordenen Menschen. *James Morgan Pryse* (in »Reinkarnation im Neuen Testament«, S. 97) nennt sie die Evolutionsebene des Tier-

bereichs für die Entfaltung der Gefühle, die seit alters her mit Sternbildern in Verbindung gebracht worden sei. Solange das äußerlich als Mensch erscheinende Wesen, schreibt Pryse, noch von seinen tierischen Begierden und Trieben abhängt, steht es unter dem »Gesetz des Tierkreises«, des alttestamentlichen »Aug um Aug, Zahn um Zahn«. Hier erscheint ein Hinweis auf die wenig bekannte Tatsache angebracht, daß es ursprünglich nicht »Tierkreis«, sondern »*Tyr*kreis« hieß. Tyr war der altgermanische Name für Sonne, die von den Ariern als »der Son« bezeichnet worden sein soll. Als man später den Sinn des Wortes »Tyr« nicht mehr verstand, sei daraus »Tier« entstanden. Da bloß sieben dieser Sonnenkreisbilder ein Tier als Symbol haben, kommt diesen Angaben große Wahrscheinlichkeit zu (F. W. Nielsen, »Rätsel der Bibel«, Danzig 1932, S. 8). Astrologisch gelten die Tierkreiszeichen als zwölf Grundcharaktertypen und psychologische Verhaltensmuster.

[62] A. Ralis, »Parapsychologie, Brücke zwischen Wissenschaft und Glauben« (Genf 1977), eine rühmliche und somit lesenswerte Ausnahme unter der neueren parapsychologischen Literatur.
Hinsichtlich der im Ostblock betriebenen Kosmobiologie ist anzunehmen, daß man zwar die Ursachen und Zusammenhänge gewisser Lebens- und Naturerscheinungen zu ergründen sucht, aber wohl kaum Wert darauf legt, dem geistigen Sinn derselben nachzuspüren, wie es *Edgar Dacqué* (1878–1945) und *Raoul Francé* (1874–1943) taten. Letzterer begründete in seinem berühmten Werk »Bios« sieben Lebens-Grundgesetze, deren entsprechungsmäßige Übereinstimmung mit den Planetenqualitäten der alten Astrologie (Planetenkräfte als physisch und psychisch gestaltende Lebensfaktoren) *Thomas Ring* in seinem Buch »Das Sonnensystem – ein Organismus« trefflich nachwies.

[63] Dr. *Beat Imhof* im Vorwort des zweiten Studienheftes seines Astrologie-Kursus (1979).

[64] Mit freundl. Erlaubnis des Verfassers entnommen aus »Form und Geist« (Blätter für prakt. Menschenkenntnis und angewandte Psychologie, Heliuda-Verlag, Zürich) Nr. 379 und 380/1974.

[65] Mitteilungsblatt der Psychophysikalischen Gesellschaft, München, Nr. 1/1974, S. 6/7.

[66] H. Kayser, »Der hörende Mensch« (1932); »Vom Klang der Welt« (1937); »Harmonica Planetarum« (1943); »Lehrbuch der Harmonik« (1950); »Akroasis« (1946, 2. Aufl. 1964); »Die harmonikale Symbolik der drei altgriechischen Tempel« (1958). »Orphikon« als Fragment wurde 1973 von Julius Schwabe aus dem Nachlaß herausgegeben. Ferner: Rudolf Haase, »Hans Kayser, ein Leben für die Harmonik der Welt«. W. Hess weist bei dieser Literaturempfehlung darauf hin, daß

zum Verstehen die Kenntnis der Grundlagen der musikalischen Akustik sowie der Harmonie- und Intervallenlehre erforderlich sei.

[67] Die Arbeit von *Schalom Ben-Chorin* (wohl ein Pseudonym) erschien 1967 im Paul List Verlag und 1977 beim Deutschen Taschenbuch Verlag. Hinsichtlich des Reinkarnationsgedankens schreibt er weiter: »Es bleibe hier unerörtert, wie alt diese Vorstellungen im Judentum sind. Nach der Tradition gehen sie freilich auf die Urtage der Menschheit zurück und wurden vorwiegend durch Rabbi Simon Bar-Jochai, einen Zeitgenossen des Rabbi Akiba, in dem ihm zugeschriebenen Buch Sohar offenbart. Wir wissen heute freilich, daß der Sohar ein mittelalterliches Werk darstellt, aber das schließt nicht aus, daß hier alte Traditionen verarbeitet wurden.« (S. 25) – Im 16. Jh. schrieb Rabbi Isaak Luria eine Abhandlung über die Seelenwanderung.

In Mayers Konversationslexikon 1907, Band 18, S. 263: »Die Juden zur Zeit Christi glaubten ziemlich allgemein an die Seelenwanderung. Die Talmudisten nahmen an, Gott habe nur eine bestimmte Zahl von Judenseelen geschaffen, die daher immer wiederkämen, solange es Juden gäbe, bisweilen auch zur Strafe in Tierkörper versetzt, am Tage der Auferstehung aber alle gereinigt seien und in den Leibern der Gerechten im Gelobten Lande aufleben würden.«

Auch Prof. Dr. *Friedrich Weinreb*, Zürich, einer der profundesten Kenner des alten Judentums, berichtet in seinem Werk »Das Buch Jonah, nach der ältesten jüdischen Überlieferung« (Zürich 1970) vom damaligen Reinkarnationsglauben, u. a. von Strafinkarnationen in Rinder (S. 90). Im Kapitel »Gilgul, mißverstandene Reinkarnation« wird erläutert, was man unter dem Begriff »Neschamah« verstand, nämlich »göttliche Geistseele«, der »Gottesfunken«, der in jedem Menschen gleichermaßen vorhanden und unzerstörbar sei und nicht für jeden Menschen neu erschaffen werde. Prof. Weinrebs Lebensarbeit ist kaum auszuschöpfen; für seine freundliche Unterstützung danke ich an dieser Stelle herzlich.

[68] Vgl. hierzu das Kapitel »Das Elend mit der Bibel« in Passian, »Neues Licht auf alte Wunder« (Kleinjörl 1982).

[69] Wenn nicht anders vermerkt, wird aus der Luther-Bibel zitiert oder aus der Übersetzung Menge (Württ. Bibelanstalt, Stuttgart 1961).

[70] Einer Jenseitsmitteilung zufolge sei die schlimmste aller »Todsünden« der atheistische Unglaube, denn wer an keine höhere Gerechtigkeit glaubt, der sei letztlich zu allem fähig.

[71] Auch die Jesus zugeschriebenen Worte »Sie sind nicht aus der Welt, ebenso, wie auch ich nicht aus der (dieser) Welt bin« (Joh. 17,14 und 16) deuten Präexistenz an.

Das »Buch der Weisheit« gilt als apokryph und damit als unecht bzw. von unbekannter, späterer Herkunft. In der Menge-Bibel ist es enthalten. Luther vervollständigte mit den alttestamentlichen Apokryphen seine Bibelausgabe von 1534 und bemerkte hierzu: »Das sind Bücher, so der heiligen Schrift nicht gleich gehalten und doch nützlich und gut zu lesen sind.« – Aber was heißt unecht; es gibt im NT so gut wie keinen Teil, dessen Echtheit von Fachleuten nicht schon angezweifelt worden wäre!

72. Der vollständige Text lautet: »Du sollst dich vor ihnen nicht niederwerfen und ihnen nicht dienen, denn ich, der Ewige, dein Gott, bin ein eifernder Gott, der da bedenket die Schuld der Väter an den Kindern am dritten und vierten Geschlecht, *bei denen, die mich hassen*, der aber Liebe erweist Tausenden (Geschlechtern) denen, die mich lieben und meine Gebote wahren« (Jerusalemer Übersetzung des hebräischen Urtextes, Ausgabe 1954). Im revidierten Text der Luther-Übersetzung (Probedruck 1963) lautet 2. Mose 20,5: »Bete sie nicht an und diene ihnen nicht! Denn ich, der Herr, dein Gott, bin ein eifernder Gott, der die Missetat der Väter heimsucht bis ins dritte und vierte Glied *an den Kindern derer, die mich hassen*, aber Barmherzigkeit erweist an vielen Tausenden, die mich lieben und meine Gebote halten.«

Im Widerspruch hierzu lesen wir bei Hes. 18,20: »Ein Sohn soll die Schuld des Vaters *nicht* mittragen!«

73. Kabbalah (hebr.) bedeutet Überlieferung und ist eine Art Geheimlehre der Juden, eine im Mittelalter aus verschiedenen Quellen zusammengeflossene jüdische Mystik, die zur Religionsphilosophie ausgestaltet wurde. Sie enthält Aussagen über Gott und die Art seines Wirkens, über den geheimen Sinn alttestamentlicher Texte, über die metaphysische Bedeutung der Zahlen, Anweisungen für magische Praktiken u. a. mehr. Schriftlich niedergelegt ist nur der theoretische Teil, Hauptwerk ist der Sohar.

Nach *Alfons Rosenberg* ist jedoch die kabbalistische Seelenwanderungslehre widersprüchlich und habe ihre endgültige Gestaltung »erst verhältnismäßig spät, nämlich in der lurjanischen Kabbala der Renaissance-Epoche und in volkstümlicher Weise erst im 18. Jahrhundert in der mystischen Volksbewegung des Chassidismus Osteuropas« erhalten. (A. Rosenberg, »Die Seelenreise«, S. 66). *Hans Torwesten* findet es verwunderlich, warum Jahwe – wenn man die Bibel als Gottesoffenbarung ansehe – sich gerade in so wichtigen Lebensfragen so wenig offenbarungsfreudig gezeigt habe (H. Torwesten, »Sind wir nun einmal auf Erden?«, S. 18/19).

74. Entnommen der für protestantische Pfarrer herausgegebenen Zeitschrift »Botschaft aktuell«. Ein Kommentar zu solcher Denkakrobatik erübrigt sich wohl. Ob Gott darauf angewiesen war, extra einen Menschen blind zur Welt kommen zu lassen, bleibt eine andere Frage;

manche möchten eben bei allen biblischen Begebenheiten ein direktes Eingreifen Gottes erblicken.

»Niemand hat Gott je gesehen.« Wer darf von sich sagen, bei Gottes Ratschlüssen zugegen gewesen zu sein? Wie wollen wir beurteilen, wo, wann und wie Gott eingreift? Wenn alle Natur- und Geistesgesetze seine Schöpfung sind, so erübrigt sich sein direktes Eingreifen; wir haben vielmehr die Freiheit, uns den Gesetzmäßigkeiten anzupassen oder dagegen zu verstoßen.

75 Entnommen aus Günther Schwarz, »Wiedergeburt, Wahn oder Wirklichkeit« (Manuskriptdruck, S. 185) – Im Gegensatz zu G. Schwarz befindet sich *George M. Lamsa*, dessen Muttersprache das Nordaramäische ist und der die in Estrangelo-Schrift verfaßten Evangelien aus dem Altaramäischen ins Englische übersetzte. Lamsa gibt an, zur Zeit Jesu hätten sich die Juden des Südens einer stark gemischten Sprache bedient. Jesus und seine Jünger waren Galiläer und sprachen ein galiläisches Aramäisch. Dies sei einer der Hauptgründe des Widerstandes gegen Jesus und seine Lehre gewesen, weil nach rabbinischer Ansicht der Messias unmöglich aus Galiläa kommen konnte (Joh. 7, 41–42). Die galiläische Mundart Jesu wurde, lt. Lamsa, »mehrfach mißverstanden, wenn er mit Juden in Judäa sprach oder vor ihnen predigte.« Sogar Nikodemus habe Jesu nordaramäische Ausdrucksweise mißverstanden, als vom Wiedergeborenwerden die Rede war (Lamsa, »Ursprung des Neuen Testaments«, St. Gallen 1965, S. 62). Lamsa ist der Auffassung, Jesus habe im Nikodemus-Gespräch die *geistige* Wiedergeburt gemeint. Ebenso *James M. Pryse* in »Reinkarnation im Neuen Testament« (Interlaken 1981), dessen Auslegung der Worte »aus Wasser und Geist« allerdings ein bißchen sehr weit hergeholt erscheint (S. 80).

Im Vergleich hierzu zwei jenseitige Quellen: Die in Budapest in den 70er Jahren des vorigen Jahrhunderts empfangenen Erläuterungen zum NT besagen ebenso wie »Das Buch Emanuel«, daß mit Joh. 3, 1–13 die Wiederverkörperungslehre gemeint sei. Zu dem uns besonders interessierenden Vers 5, heißt es in der Budapester Fassung: »Wahrlich, es sei denn, daß jemand geboren werde aus Wasser (der Taufe, dem Bekenntnis des Sohnes, seiner Lehre und Nachfolge) und dem Geiste (als geistig denkender, frei gewordener Mensch, der die Sinnlichkeit überwunden hat), so kann er nicht in das Reich Gottes (in das Reich der Einigkeit und des Geistes) kommen (denn das Fleisch und die Sinnlichkeit bleiben irdisch und menschlich, nur die geistigen Eigenschaften sind himmlisch und ewig).«

Vers 7: »Wundere dich deshalb nicht, wenn ich dir sage, ihr müßt von Neuem geboren werden, denn dieses heißt: sich verwandeln, vergeistigen, ändern; das Fleisch: die Fehler und Sünden ablegen. Um dies abzulegen, mußt du von neuem geboren werden, um durch alle Phasen der Reinigung zu gehen, die dich über die Materie erheben, deinen Geist vollkommen machen sollen, damit er eingehen könne in das Reich Gottes. Ohne Verwandlung, ohne Neugeburt keine Veränderung, kein Fortschritt. Wer ein gefallener Geist ist, muß die Tiefe und den Grad seines Falles büßen; dies bestimmt das Geboren- und Wiedergeborenwerden.«

Emanuel sagt, daß Jesus im Gespräch mit Nikodemus die *irdische* Wiedergeburt meinte, daß diese allein jedoch nicht »ins Himmelreich« führe, sondern nur im Zusammenhang mit einer *geistigen* Erneuerung, geistiger »Wiedergeburt« (S. 118/19). »Versuchet die Unterredung Christi mit Nikodemus richtig zu verstehen. Der Mensch muß wiedergeboren werden. Doch nicht der Wille zum Leben, d. h. die Befriedigung in der Materie soll die Ursache der Wiederverkörperung sein, sondern der Wunsch, in jener Atmosphäre an seiner Vervollkommnung zu arbeiten, die jetzt noch Entwicklungsbedingungen für ihn enthält. Denn was vom Geiste geboren ist, ist Geist. Der Geist, der in der Materie sich seines Geistlebens bewußt ist, der die Materie als das, was sie ist, erkennt und ihr dadurch jede Macht über ihn nimmt, der erfüllt seine Aufgabe und macht sich frei von der Materie und allen endlichen Gesetzen, um in den Lichtkreis der *ewigen* Gesetze zurückzukehren und dort größere Freiheit, höhere Seligkeit zu finden« (S. 114). Emanuel betont an mehreren Stellen, daß es dem Geist möglich sei, sich aus der Materie herauszuarbeiten und somit der Anziehungskraft endlicher Gesetze entwachsen könne. Die endlichen Naturgesetze einer Welt seien durch deren Entwicklungsstufe bedingt.

Beim umstrittenen Nikodemus-Gespräch dürfte somit beides gemeint gewesen sein, die irdische *und* die geistige Wiedergeburt.

[76] Über den ursprünglichen Sinn von Hebr. 9, 27–28 schreibt Pfarrer *Günther Schwarz* (ich zitiere mit seiner freundl. Erlaubnis): »Daß ›den Menschen bestimmt ist zu sterben‹, und zwar denselben Menschen wieder und wieder, wie die griechische Verbform erkennen läßt, ist hiernach befristet (›Und wie lange...‹), hört demnach irgendwann auf. Jedesmal aber folgt dem Sterben ›ein Gericht‹: jene Beurteilung seines Lebens, nach der dem Verstorbenen sein Ort und sein weiterer Weg ›zugemessen werden‹ (Matth. 7,2). Und so lange, wie dieser Prozeß dauert, die jedesmalige Abfolge von Erdenleben, Sterben und Gerichtetwerden danach, ›so lange wird auch Christus den ihn Erwartenden erscheinen zum Heil durch Glauben‹. Mit anderen Worten: Wann immer ein Mensch die menschliche Vollendung erreicht hat, wird Christus ihm nach seinem letzten Erdenleben ›erscheinen zum Heil durch Glauben‹, das heißt: um ihn herauszuneh-

men aus dem Prozeß der Wiedergeburten auf der Erde und um ihm bleibenden Einlaß zu gewähren in das ›Reich der Himmel‹.« (S. 201–206 des Manuskriptdruckes von Pfarrer Günther Schwarz. Es bleibt nur zu hoffen, daß seine sachlich wohlfundierte Arbeit alsbald im Druck erscheint und theologischerseits die gebührende Beachtung findet.)

[77] *Origenes* war Schüler des *Clemens von Alexandria* und gilt noch heute als bedeutendster Theologe des christlichen Altertums. Um die damals noch zugänglichen alten Schriften im Original lesen zu können, erlernte er sogar die Muttersprache Jesu (seinerzeit existierte noch die berühmte Bibliothek von Alexandria, die 389 von einem Kirchenfanatiker eingeäschert wurde).

Nach gründlichem Studium der mit den origenistischen Streitigkeiten befaßten Literatur erklärte Prof. Dr. Dr. *Ludwig*, szt. Freising (»Psych. Studien«, Jg. 1916, S. 254), Origenes habe lediglich den vorzeitlichen Sündenfall und die zur Strafe erfolgte Einverleibung auf dieser Welt gelehrt; die wiederholte Reinkarnation habe er abgelehnt, weil sie zu offen mit der damaligen kirchlichen Tradition im Widerspruch stand. Er vertrat jedoch die Meinung, daß dieser Äon, dieses Zeitalter, einmal ein Ende haben würde, dann folge die im Jenseits vor sich gehende weitere Läuterung der »Seelen«. Trete aber für diese stets ihre Willensfreiheit behaltenden und daher vor einem erneuten »Fall« nicht absolut sicheren Seelen ein neuer Sündenfall ein, so erfolge auch eine Einkörperung derselben, und damit begänne ein neuer Äon.

Eine lesenswerte Zusammenfassung der Vorkommnisse um Origenes enthält die Schrift von *Hermann Bauer*, »Wiedergeburt« (verlegt bei der Gemeinschaft »Heimholungswerk Jesu Christi«, Würzburg 1982, S. 75–93).

[78] Wer sich in kurzer Form über die Art, wie man Glaubensdifferenzen zu Zeiten der ersten fünf ökumenischen Konzilien auszutragen pflegte, informieren möchte, dem sei die kleine Schrift von Dr. jur. *Robert Kehl*, »Ein sonderbarer Heiliger Geist« empfohlen (Gesellschaft für religiösen Pluralismus, Frymannstraße 82, CH-8041 Zürich). Kehl fordert von den Kirchen, »wenn sie wieder glaubwürdig werden wollen«, eine klare Distanzierung von jenen Konzilien und den dort (vor dem Hintergrund von Terror und Intrigen) gefaßten Beschlüssen.

[79] »Materialdienst« der Evang. Zentralstelle für Weltanschauungsfragen, Stuttgart, Nr. 20/1976, S. 313.

[80] Kardinal *Mercier*, Primas von Belgien (1851–1926), sagt in seinem Werk »Psychologie« (nach G. Wachsmuth, »Die Reinkarnation des Menschen als Phänomen der Metamorphose«, Basel 1935, S. 7):

»Unter der Bezeichnung Wiedermenschwerden (Reinkarnation), Metempsychose oder Seelenwanderung, kann man sehr verschiedene Dinge verstehen: entweder eine Reihe von Wiederholungen des Daseins unter der zweifachen Bedingung, daß die Seele das Bewußtsein ihrer Persönlichkeit bewahrt, und daß es ein Endglied in der Reihe der Wanderungen gebe; oder eine Reihe von Wiederholungen des Daseins ohne Endglied, jedoch mit dem Vorbehalt, daß die Seele das Bewußtsein ihrer Persönlichkeit bewahre; oder endlich eine unbegrenzte Reihe von Daseinswiederholungen mit dem Verlust des Bewußtseins von der persönlichen Identität.« – Und weiter: »Was die erste Annahme betrifft, so sehen wir nicht, daß die Vernunft, sich selbst überlassen, sie für unmöglich oder mit Sicherheit als falsch erklärte.« (Diese Quelle verdanke ich Herrn ObStudRat Hermann Bauer, Mömlingen).

Etwa um die gleiche Zeit, in den 20er Jahren, erklärte der damals bekannte Katholik *Adolf Rambacher*, das Gefährliche an der Wiederverkörperungslehre liege darin, daß sie so klar und einleuchtend sei! (Zitiert von Surya, in »Das Okkulte in Agnes Günther: ›Die Heilige und ihr Narr‹«, Freiburg 1921, S. 104).

Theologen und Glaubenseiferer werden es zunehmend schwerer haben, gegen die Wiedergeburtslehre – diese für uns neue Dimension des Denkens – überzeugend zu argumentieren, zumal jetzt auch wissenschaftliche Abhandlungen darüber erscheinen: Stevenson, »Reinkarnation«, 20 wissenschaftlich bewiesene Fälle (Freiburg 1976); Trautmann, »Naturwissenschaftler bestätigen Re-Inkarnation« (Olten 1983) sowie Charon, »Der Geist der Materie« (Wien/Hamburg 1979) und »Tod, wo ist dein Stachel? Die Unsterblichkeit des Bewußtseins« (Ullstein-Sachbuch, 1983). Der Kernphysiker Jean R. Charon sieht die Wiedergeburt als »Wahlakt denkender Elektronen«.

[81] Den Vorsitz führte der Patriarch von Konstantinopel (vgl. Katholische Enzyklopädie, Band 11, Stichwort »Origenes«). – Im »Lexikon der Päpste« von Hans Kühner (Zürich, o. J.), wird Vigilius habgierig und ehrgeizig genannt. Dem fraglichen Konzil gegenüber habe er sich erst ablehnend, dann, aus Angst vor der Ernennung eines Gegenpapstes, schwankend verhalten. – Von den Bischöfen der Westländer waren nur sechs zugelassen worden. Alles in allem also eine höchst zweifelhafte Angelegenheit. Von Rechtmäßigkeit keine Spur!

[82] Hier zwei (gekürzte) Passagen aus dem Brief von *St. v. Jankovich* an Papst *Johannes Paul II.*, vom 16. 6. 1984:

»Als mein Geist aus meinem Körper herausgetreten war, erfuhr ich mit unbeschreiblicher Intensität und Klarheit sehr vieles, was einem Menschen im Erdenleben verhüllt ist. Der ablaufende Lebensfilm, welcher mit einer kosmischen Beurteilung verbunden war, zeigte mir den ursprünglichen Sinn des Lebens und dessen Ziel: die geistige Entwicklung. Merkwürdigerweise ist mir auch der Sinn meiner früheren Inkarnationen, die als Lehrgang, als Teilstrecke zu Gott gewertet wurden, klargeworden. Der Inhalt der Begriffe wie Liebe, Gnade, Gut, Böse, Vergebung, Erlösung, Leben, Tod, Leiden, Glaube, Wahrheit usw., ist mir in einem anderen, viel klareren Licht als früher, beleuchtet worden.«

»Ich bin mir bewußt, daß meine Erlebnisse vom ewig-göttlichen Standort her gesehen ganz bescheiden sind, doch glaube ich fest daran, daß die daraus gezogenen Folgegedanken nützliche Denkanstöße für alle Menschen abgeben können. Ich kann meine Erlebnisse sehr gut in meinen christlichen Glauben integrieren. Für mich bedeuten sie nützliche Ergänzungen, die die Menschen auch von der Kirche erwarten.«

83 Eingehend widmet sich diesem Problem Hans Torwesten in »Sind wir nur einmal auf Erden« (Freiburg 1983).
84 »Reformierende Blätter«, Budapest 1878, S. 222.
85 Rudolf-Friedrich Siebert, »Die Wahrheit über die Wiederverkörperungslehre«, S. 18 (Schroeder-Verlag, 1972). Den Glauben an karmische Erlösung durch das »Vergebungsgesetz Jesu« fand ich auch bei der großen spiritistischen Gemeinschaft vom »Vale do Amanhecér«, dem »Tal des Erwachens«, bei Brasilia.
86 wie Anm. 2, S. 93/94. Die Wirksamkeit endlicher Gesetze (im Gegensatz zu ewigen) sei für den einzelnen zeitlich begrenzt, weil entwicklungsabhängig; ihrem Anziehungsbereich würden wir im Zuge unserer Höherentwicklung entwachsen.
87 In »Reflexionen aus der Geisterwelt«, Band II (Budapest 1875), S. 125 heißt es: »Zeiten kommen und verschwinden, und so kommt und geht die Menschheit auch. Wer reif ist für die Erde, wird auf dieser einverleibt. Wen seine Taten besser stellten, der wird ein Bürger höherer Welten, und wer alles überwunden hat, wird für die Freiheit reif befunden. Er braucht keine Körper mehr die sterben; er findet Fortschritt und Vervollkommnung als reiner Geist im unendlichen All der Kräfte als freies Wesen, als Lehrer und Leiter seiner unvollkommenen Brüder. Doch wer träge ist, nicht glaubt und nicht tut, was diese freien Wesen nach Gottes Ratschluß ihm verkünden, der bleibt stationär, ein Bürger niederer Systeme, unwissend und ein Spielball der ihm unverständlichen Geschicke.«
Adelma von Vay wurde dahingehend belehrt, daß jede Weltstufe die ihr gemäßen Bewohner beherberge, die dort so lange einverleibt werden, bis die Potenzierung ihres Geistes ihnen das Eingehen in eine höhere Welt »durch das Gesetz der Gravitation« gestattet (wie Anm. 43, S. 37).

⁸⁸ »Die Sphären zwischen Erde und Sonne« (Berlin 1890), S. 114 ff.: In den Bereichen des 1. atmosphärischen Ringes finden die Wiedereinverleibungen gesetzlich-mechanisch, automatisch statt, d. h. der Geist ist »gezwungen, dem Rufe der Einverleibung zu folgen, wenn ein gewisser Zeitzyklus vorüber gegangen ist. Die Geister des 1. Ringes sind durch ihre Laster tierisch herabgesunken, ihr Wille ist bös; also werden sie gezwungen, einem höheren Willen zu folgen. – Die Geister auf dem 2. Ringe verfallen ebenfalls einer gesetzlichen Einverleibung; ihr Zeitzyklus im Geisterreiche ist ein viel längerer als derjenige im 1. Ring. Diese Geister müssen die Einverleibung als ein Sühnungs- und Gnadenmittel erkennen und darum bitten. – Die Geister auf dem 3. Ringe haben den letzten Zeitzyklus bis zur Einverleibung vor sich; doch ist dies auch hier noch ein notwendiges Bußgesetz. Nur die Geister der Guten, welche in die 7. Sphäre (dieses Ringes) kommen, gehen nach einiger Zeit frei in den 4. Ring über.«
Von solchen geistigen bzw. feinstofflich-ätherischen Seinsebenen oder »atmosphärischen Ringen« mit ihren einzelnen Sphären und Unterabteilungen sei die Erde kugelschichtartig umgeben, »wie das Fleisch um den Kern der Frucht«. Alles irdisch Vorhandene widerspiegele sich in diesen jenseitigen Bereichen. Der unserer Erde am nächsten liegende Kreis habe die dichteste Atmosphäre und sei von »fluidischen Menschen bewohnt, die man wegen der Dichte ihrer Astralkörper noch nicht Geister nennen könne.«

⁸⁹ Dasselbe ist auch gegenwärtig zu beobachten: Mißbräuchliche Anwendung entdeckter Möglichkeiten wie Kernspaltung, Gen-Manipulation, Chemiegifte und anderes mehr, die sich neben anderen Faktoren bereits nachhaltig gesundheitszerstörend und lebensfeindlich auswirken und für unsere Nachkommen (die wir gemäß der Reinkarnationslehre gegebenenfalls selber sein können) sowohl erbgutmäßig als auch im Hinblick auf die künftigen Lebensbedingungen auf unserem Planeten eine schwere Hypothek sein werden.

⁹⁰ 2. Aufl. von »Die Religion in Geschichte und Gegenwart«, Tübingen 1928, Band II, Sp. 224. – Lortz, »Kirchengeschichte«, S. 257: »Es machte schon Augustin schwere Bedenken, wie die von Gott geschaffenen Seelen mit der Erbsünde geboren werden können. Diese Schwierigkeit ist auch für uns Späteren noch so gut wie unlösbar.«

⁹¹ Das »Versöhnungsgesetz« als ein der jeweiligen Stufe angepaßtes Naturgesetz verstanden. Nach Prof. Dr. *A. Weckesser* ist Natur nichts anderes als der Wille Gottes, der sich an und in der Materie auswirkt. (Weckesser, »Die parapsychologische Forschung und ihre Bedeutung für Religion und Religionswissenschaft«, Karlsruhe 1928, S. 42).

⁹² Im Lehrgut *Jakob Lorbers* wird die »Erbsünde« definiert als seelischer Vererbungsvorgang vom ersten Menschenpaare her: ebenso wie

beim Zeugungsakt durch übertragene »Seelenfunken« die Vererbung von Krankheiten oder Anlagen hierzu, von Talenten und Fähigkeiten sowie von völkischen oder rassischen Eigenheiten erfolgt, konnte sich die widergöttliche seelisch-geistige Einstellung des Urmenschenpaares als Übelstand durch die von Zeugung zu Zeugung übertragenen Seelen-Elemente bis in unsere Tage auf die Nachkommen vererben (Dr. Walter Lutz, »Die Grundfragen des Lebens«, Bietigheim 1969, S. 167).

Es fragt sich allerdings, ob die Geschichte von Adam und Eva, die in ähnlicher Form schon den Sumerern und Babyloniern bekannt war und sich als Schöpfungsmythe in vielerlei Varianten unter den Völkerschaften aller Zeiten findet, noch immer wörtlich aufzufassen wäre. In »Geist, Kraft, Stoff« (6. Aufl., Berlin 1969, S. 61) heißt es hierzu: »Es kann die Schöpfungsgeschichte Mosis weder wissenschaftlich richtig noch theologisch gerecht sein, wenn auf die Erde allein begrenzt; sie ist ein entworfenes Bild des großen Ganzen.«

[93] wie Anm. 64, S. 259/60.
[94] wie Anm. 2, S. 63 ff.
[95] Prof. Dr. Robert Friese, »Stimmen aus dem Reich der Geister«, 2. Aufl., Leipzig 1880, S. 392. Weiter heißt es: »Wozu der menschliche Geist überhaupt erschaffen ist, was Gott beabsichtigte, als er ein Wesen bildete…, davon wissen wir nicht mehr als ihr.«
[96] Der Manas-Strahlen-Lehre, derzufolge sich jeweils lediglich ein Strahl des Manas-Prinzips (aus seinem »Buddhi-Manas« kommend) inkarniert und eine völlig neue Persönlichkeit bildet, die mit der vorangegangenen nicht identisch sei sowie das zwischenzeitliche Ausruhen im Devachan-Himmel, mangelt es am Wesentlichsten: an Liebe und Mitmenschlichkeit. Oder löst der Tod auch jedwedes Verbundenheitsgefühl auf zu Menschen, die uns hienieden lieb und teuer waren? Wie könnte ein geistig gereifter Mensch irgendwo, und sei es im schönsten Himmel, unbeschwert glücklich sein, wenn er seine Lieben noch ringend und leidend auf Erden weiß?
[97] In seiner Abhandlung »Kant und Swedenborg« sagt *du Prel*: »Wie verhält sich aber diese Seele, der uns unbewußte Teil unserer Seele, zu den anderen Seelen? Sollen wir annehmen, sie sei ein von allen übrigen Seelen isoliertes psychisches Atom? Soll sie etwa gar kein Bewußtsein mehr haben oder soll sie, wie die Theosophen meinen, im Devachan schlaftrunken herumtorkeln, bis sie endlich, nach zahllosen Wiedergeburten, glücklich ins Nirwana hineintorkelt?« (»Psych. Studien« 1912, S. 206).
[98] O. Steinbach, »Theosophischer Katechismus«, 2. Aufl., Leipzig 1924, S. 85.
[99] »Zu freien Ufern« Nr. 3/1979, S. 224.

100 »... und nun suchen sich ewig Mann und Frau, die vor Äonen eins waren. Doch nur die Begnadeten finden sich.« Als »Verdammte« betrachtet Thieß jene, die sich gefunden haben und nicht beisammen bleiben dürfen.

101 Im Gegensatz zur Frauenverachtung in der mosaischen, islamischen und früher auch in der christlichen Religion – Indien nicht ausgenommen – wird allein die Dualseelen-Lehre dem wahren Wesen der Frau gerecht. Die allgemeine Einstellung ihr gegenüber ist ein untrüglicher Gradmesser des ethischen Bildungsgrades eines Volkes. Von besonders niederer Gesittung zeugt die militärische Ausbildung von Frauen und deren Kampfeinsatz im Kriege ebenso, wie ihre Vermarktung als Sexware.

102 Siehe Anm. 8, 1. Absatz. – Im Falle von Prof. K. befand sich das Medium erstmalig bei vollem Bewußtsein und erlebte das Erscheinen von Elvira mit.

103 Mit seinem Erlebnis »Der Schatz des alten Juden«, erwähnt in Passian, »Abschied ohne Wiederkehr?«, S. 46.

104 Und dennoch: In einem mir bekannten Fall hielt die Frau bei ihrem dem Alkoholismus verfallenen Ehemann geduldig aus, ja zuletzt, als er darniederlag, pflegte sie ihn noch monatelang in aufopfernder Weise. Als es ans Sterben ging, bat er sie unter Tränen um Vergebung, die sie ihm gewährte! – *Friedrich Funcke* (in »Christentum als Weltanschauung und Lebenskunst«, Lorch 1929) setzt sich mit dem Eheproblem von S. 209 bis S. 224 auseinander und meint, das Jesus-Wort »Was Gott zusammenfügte, das soll der Mensch nicht trennen«, könnte auf solche »Sühne-Ehen« bezogen sein (in diesem Falle würde es besser heißen »zusammen*führte*«; obwohl die Zusammenführung bestimmter Ehepartner wohl kaum Gottes direktem Eingreifen zuzuschreiben sein dürfte, sondern sich im Rahmen lebensgesetzlichen Geschehens vollzieht), während der andere Ausspruch: »... aber von Anbeginn ist es nicht also gewesen«, das Dualgesetz betreffe. Wenn keine Schuld von früher vorliege (was festzustellen uns kaum möglich ist) und für die Eheleute Gefahr besteht, sich mit Schuld zu beladen und Rück- statt Fortschritte zu machen, sei eine Scheidung in beiderseitigem Einvernehmen vernunftgemäß. Im übrigen solle man anderen gegenüber mit diesbezüglichen Ratschlägen sehr zurückhaltend sein, um sich nicht in deren Schicksal zu verstricken.

Funcke betont außerdem, nicht bloß Ehepartner würden karmagesetzlich zusammengeführt, sondern auch andere Menschen: »Sie begegnen sich als Freunde, Feinde, Bekannte, als Eltern und Kinder, um alte Rechnungen zu begleichen; allerdings nur dann, wenn solche Rechnungen über das Maß des Alltäglichen hinausgehen. Und schließlich können Rechnungen auch im Jenseits ausgeglichen werden. Wo der Ausgleich stattfindet, ist nicht so wichtig, als daß er überhaupt stattfindet.« (S. 224).

105 Nach der Methode von Dr. *Carl Huter* werden solche Charakter-Analysen in der Schweiz vom Helioda-Institut W. Alispach, Hardturmstr. 284, CH-8005 Zürich, mit erstaunlicher Treffsicherheit erstellt.

106 1. Fall in »Esotera« Nr. 1/1974, S. 46. Der 2. Fall erschien in »Die andere Welt« Nr. 3/1969, S. 234.

107 Aus J. E. Zowers »Buch der Träume«, wiedergegeben in H. Malik »Der Baumeister seiner Welt« (2. Aufl., Wien o. J.), S. 162.

108 S. 215/16. Zwischen Geist und Seele wird hier nicht ausreichend unterschieden: »Psyche« ist ein griechisches Wort für »Seele«. – *K. O. Schmidt* entnahm den Bericht der Wochenzeitung »Das Neue Zeitalter« Nr. 14/1972. Inwieweit wahrheitsgemäß berichtet wurde, muß dahingestellt bleiben.

109 Doris Agee, »Edgar Cayce und Außersinnliche Wahrnehmung« (Freiburg 1980), S. 195.

110 Ausführlich geschildert in R. Passian, »Neues Licht auf alte Wunder« (Kleinjörl 1982), S. 127–29.

111 »Die andere Welt« Nr. 12/1968, S. 1127.

112 Als Quelle führt K. O. Schmidt an: W. W. Atkinson, »Die un- und überbewußten Schichten des Geistes« (»Abendländisches Totenbuch«, Bd. 2, S. 260).

113 Susi Smith, »The Book of James«, auszugsweise wiedergegeben in »Parapsychika« (s. Anm. 36) Nr. 5/6–1982, S. 24 ff.

114 Surya, »Moderne Rosenkreuzer« (9. Aufl., Pfullingen 1937). »Spiritisten«, so schreibt *Surya* auf S. 184 Fußnote, »die von der Wiederverkörperung nichts wissen oder wissen wollen, glauben, daß der Mensch nach dem Tode ohne weiteres unsterblich fortlebt. – Er mag Jahrtausende im ›Sommerland‹ oder selbst in höheren Sphären leben, wenn die Stunde seiner Wiederverkörperung schlägt, verliert er bei der neuen Menschwerdung das Bewußtsein seiner unvergänglichen Individualität und identifiziert sich wieder mit der vergänglichen Persönlichkeit. Erst wenn der Mensch durch die *geistige* Wiedergeburt zum *inneren* Leben gelangt, ist er über diesen Wechsel erhaben. Dies Ziel strebten und streben die Mystiker aller Zeiten an.«

115 wie Anm. 19, S. 289/90. Bemerkenswert ist, daß »Person« (von lat. persona) ursprünglich »Maske« bedeutet; die Maske eines Schauspielers, durch die seine Stimme tönt. Auf die Reinkarnations-Idee übertragen: die Masken (Rollen) wechseln, der Schauspieler jedoch (vergleichbar mit unserem eigentlichen oder höheren Selbst) bleibt derselbe.

[116] W. Trautmann, »Naturwissenschaftler bestätigen Re-Inkarnation« (Olten und Freiburg 1983), S. 85. – »Positivismus ist eine philosophische Theorie des 19. Jahrhunderts, die nur »das Gegebene« gelten läßt und alles Metaphysische radikal ablehnt.

[117] Max Kemmerich, »Das Weltbild des Mystikers« (Leipzig 1926), S. 174.

[118] Es scheint allerdings nicht nur solche zu geben, die sich mit dem Vorsatz zum Guten inkarnieren, sondern auch andere, die ganz bewußt das Gegenteil anstreben. Bei Betrachtung des zunehmend brutaler werdenden Weltgeschehens kann man sich ohnehin kaum des Eindrucks erwehren, daß derzeit ganze Divisionen des gegensätzlichen Prinzips auf unserem Planeten inkarniert sind. Aber auch diese Kräfte können den Lebens- und Naturgesetzen nicht entfliehen.

[119] Nach *K. O. Schmidt* (in »Die Weiße Fahne« Nr. 3/1964, S. 178/79) gibt es auf den unteren Stufen des Jenseits mehr Gegner, auf den oberen mehr Befürworter der Wiedereinkörperung, »während auf den höchsten Stufen die Einsicht erwacht, daß mit der Erreichung des Kosmischen Bewußtseins die Notwendigkeit der Wiederkehr endet.« Wer, ob hier oder drüben, nur an *ein* Erdenleben glaubt, sehe eben nur diesen Teil seines Entwicklungsweges, während jener, der die Wiederkehr bejaht, ein größeres Stück der Evolutionsbahn sieht und den Zug nach oben spürt.

[120] S. 435. – An anderer Stelle schreibt *Wickland*: »Daß die Wiederverkörperungslehre... irrig ist und nach dem Tode dem Aufstieg in höhere geistige Reiche nur hindernd im Wege steht, ist uns von höheren Geistern des öfteren dargelegt worden. Zahlreiche Fälle von Besessenheit, die in unsere Behandlung kamen, hatten ihre Ursache in Geistern, die sich bei dem Versuch, sich in Kindern wiederzuverkörpern, in deren Aura eingeschlossen fanden und dadurch ihren Opfern und auch sich selber große Leiden schufen.«
Im »Buch Emanuel« hingegen lesen wir (S. 250): »Der Mensch ist der Ausdruck dessen, was sein Geist bei der Einverleibung gewesen, und seinem Fortschritt ist dadurch eine gewisse Grenze gesetzt. Wenn ihr also behauptet, ein Geist könne durch Anspannung all seiner Kräfte in *einer* Menschwerdung die Entwicklung eines Durchschnittsmenschen bis zur Stufe Christi durchmachen, so beweist ihr durch diese Behauptung, daß euch jede Kenntnis der allgemeinen Entwicklungsgesetze fehlt.«

[121] Diese berechtigte Frage entspringt der vielfachen Erfahrung, daß man beim Jenseitsverkehr »von drüben« nach Strich und Faden belogen werden kann. Hierin liegt eine beträchtliche Gefahr, und vor Leichtgläubigkeit auf diesem Gebiet kann daher nicht genug gewarnt werden. Den meisten, die sich mit Jenseitskontakten abgeben, mangelt es

aufgrund ausreichender Erfahrungen und Kenntnisse an Unterscheidungsfähigkeit. »Um reine, hohe Geister anzuziehen«, schreibt *Surya* (»Moderne Rosenkreuzer«, 9. Aufl. 1937, S. 143) »müßten alle Sitzungsteilnehmer selbst rein sein und auf hochgeistiger Stufe stehen; dann aber brauchen sie keine spiritistischen Experimente mehr, um sich von der Tatsache des Bestehens der übersinnlichen Welt zu überzeugen, sondern wissen dann, daß die ganze Natur nur die Materialisation der unsichtbaren Welt ist – ein Gottesgedanke.«

122 wie Anm. 36, Nr. 5/6-1982, S. 54/55.

123 Über das Karma der Mitleidlosen enthält das Buch »Erregende Zeugnisse von Karma und Wiedergeburt« von Gina Cerminara ein ganzes Kapitel (S. 64).
Susi Smith, ehemals Mitarbeiterin des Parapsychologen Prof. Dr. *Rhine*, ist infolge einer Infektion und Hüftgelenksoperation schwer gehbehindert. Ein Anhänger der Wiedergeburtslehre bestand darauf, ihr Leiden sei die Folge einer verruchten Tat in einem früheren Leben; entweder habe sie jemanden ins Wasser gestoßen oder dermaßen getreten, daß das Opfer zum Invaliden wurde, jedenfalls müsse sie mit ihren Füßen irgendein Verbrechen begangen haben. In dem von ihr auf dem Wege der automatischen Schrift empfangenen Buch, das unter dem Titel »The Book of James« erschien, heißt es: »Während für Susy ihre Verkrüppelung eine Gelegenheit ist, zu erfahren, wie lieb Menschen zu Gebrechlichen sein können, zugleich aber auch ein Ansporn, Mitgefühl für andere zu entwickeln, die an ähnlichen Gebrechen leiden, sah dieser Mann darin nur eine Strafe. Doch für ihn selbst waren seine falschen Zähne keine Strafe, sondern lediglich etwas, das er zu ertragen hatte. – »Ich denke übrigens«, so heißt es weiter, »daß Susy Smith hier die Gelegenheit zur perfekten Entgegnung verpaßt hat. Sie könnte diesem Mann nämlich erwidert haben, daß er offensichtlich in einem vergangenen Leben jemanden zu Tode gebissen habe.« (Aus »Offene Tore« Nr. 1/1980, Swedenborg-Verlag, Zürich. Wiedergegeben in »Parapsychika« Nr. 5/6-1982, S. 33).

124 Früher war das Gedächtnis der Menschen, besonders auf dem Lande, keiner solchen Informationsflut ausgesetzt wie heutigentags. Im Mittelalter trugen »Minnesänger«, die weder lesen noch schreiben konnten, vielhundertstrophige Gesänge aus dem Gedächtnis vor. Insonderheit das dem Jahreszeitenablauf angepaßte Landleben bot beste Voraussetzungen, sich jede Begebenheit gut zu merken, zumal während der langen Wintermonate in den Wirtshäusern und Spinnstuben gesprächsweise alles aufgefrischt und in die Erinnerung zurückgerufen wurde. Es ist also durchaus glaubwürdig, wenn jene alte Frau sich noch genau an den Tod des Hundes »Potzky« zu erinnern vermochte, um so mehr, als dieser ein beliebter Dorfhund gewesen war.

125 Die ungläubige Frage, ob Tiere sich mit uns in menschlichen Worten und Begriffen verständigen können, kann nach den seinerzeit aufsehenerregenden Versuchen von *Karl Krall, Paula Moekel* und anderen, nicht mehr von vornherein verneint werden. – Literatur: K. Krall, »Denkende Tiere« (Leipzig 1912); P. Moekel, »Mein Hund Rolf« sowie »Erinnerungen und Briefe des Hundes Rolf« (Stuttgart 1919 und 1920); H. Jutzler-Kindermann, »Können Tiere denken?« (Schopfheim 1954); E. Thun-Hohenstein, »Herr ist dumm«, Tiere sprechen unsere Sprache (Wien-Hamburg 1983).

126 Der Franzose *Berriat-Saint-Prix* sammelte 80 Todesurteile und Verdammungen, die in Frankreich von 1120 bis 1741 über Tiere ausgesprochen wurden. Vgl. auch E. L. de Kerdaniel, »Die Tiere vor der Justiz. Gerichtliches Verfahren und Exkommunikation« (Paris 1908). Unter Berufung auf 1. Mose 9,5 fanden Prozesse statt gegen Katzen, Hunde und Esel, gegen Heuschrecken, Blutegel, Engerlinge, Maikäfer und anderes Getier. Im Bistum Chur z. B. wurden Laubkäfer vor Gericht geladen, weil sie unberechtigt Blätter von Pflanzen abgefressen hatten. Da die »vor Gericht zitierten« daselbst nicht erschienen, bestellte man einen Pflichtverteidiger. Dieser machte zu Gunsten seiner Mandanten geltend, daß sie Geschöpfe Gottes seien und schon »seit unvordenklicher Zeit« Wohnsitz und Recht auf Nahrung dort hatten, wo sie nach Auffassung der Kläger nicht sein dürfen. Der Verteidiger beantragte, die Tiere nicht ihrer Nahrung zu berauben, sondern ihnen von Gerichts wegen andere Wohnsitze zuzuweisen. Von da an reservierte man ihnen alljährlich ein Stück Land, wie der Rechtshistoriker Eduard Osenbrügger berichtet.

Aktenkundig sind auch gerichtliche Vermahnungen gegenüber Schmetterlingen und Schnecken. Ferner wurde 1474 in Basel ein Hahn zum Tode verurteilt und lebendig verbrannt, weil er angeblich ein »Basiliskenei« gelegt haben sollte. Unter »Basilisk« verstand man ein Mischwesen aus Drache und Hahn, dessen Eier von Schlangen, Kröten oder im Mist ausgebrütet werden. »Basiliskeneier ausbrüten« als Redewendung (nach Jes. 59,5) bedeutete, etwas Böses ausdenken. Die Ansicht, wonach böse Dämonen (zum Unterschied von guten) das Ungeziefer und menschenschädigende Tiere beseelen, geht auf orientalische bzw. altasiatische Vorstellungen zurück. Auch in der Bibel wird das massenhafte Auftreten z. B. schädlicher Insekten, als eine von Jahwe verhängte Strafe für von Menschen begangene Sünden aufgefaßt (Ägyptische Plagen).

127 Der jenseitige Dichter »Ephides« sagte zum Thema »Leiden der Tiere«: »Immer und auf jeder Stufe ist es so, daß höhere Empfindungsfähigkeit mit stärkerem Leid bezahlt werden muß. Doch Leid ist ja nicht das, was ihr darunter versteht; es ist für die Seele wie den

Geist ein höheres Fühlen, ein Schwingen in umfassenderen Akkorden. Und damit sage ich euch, was ihr oft nicht verstehen könnt, warum die unschuldigen Geschöpfe der Natur leiden müssen: es ist ein ›Umschwingen‹! Alles, was ihr Qual nennt, ist nur ein Umschwingen und Bewußtwerden, und der Prozeß dieser Bewußtwerdung ist der Weg durch Tode. Aus jedem geht die Seele bewußter, gestärkter hervor.«

128 Nach *Emanuel* war die Folge des Urlebens reines Geistleben; die Folge des wiederholten Geisterfalles war die immer mehr sich verdichtende Materie. Als weitere Folge des Geisterfalles entstanden Leiden. Die Gnade Gottes, eine Grundfarbe des gebrochenen Lichtes »Liebe«, habe diese bittere Folge zur bitteren Arznei umgewandelt. Der Tod sei für niedere Welten zum Gesetz geworden und bringe eine Reihe von Leidenserscheinungen mit sich, denen sich kein Lebewesen dieser Welt entziehen könne. Das Leiden, welches infolge der Naturgesetze einer niederen Welt auf den Tieren liegt, sei ein notwendiger Entwicklungsfaktor auch für jene Geschöpfe, die noch unfrei, schuld- und verantwortungsfrei durch eben diese Naturgesetze zur Vollendung ihrer Wesenheit geführt würden. Der Mensch aber solle die Tiere, besonders jene, die ihm dienen oder sonstwie Freude machen, vor weiteren Leiden schützen, und ihnen nicht noch zusätzliche verursachen (Emanuel in »Zu freien Ufern« Nr. 3/1979, S. 226ff).

129 Das Reagieren der Umwelt auf den Schmerz oder Tod eines Lebewesens konnte mittlerweile experimentell nachgewiesen werden, so z. B. durch den Amerikaner *Cleve Backster:* Wurden kleine Krebse getötet, reagierten sogar die im Umkreis befindlichen Pflanzen! Sowjetforscher töteten junge Kaninchen an Bord eines U-Bootes, deren an Land befindlicher Mutter sie Elektroden ins Gehirn eingesetzt hatten (eine der bestialischen Foltermethoden »moderner Wissenschaft«!). Jedesmal, wenn eines ihrer Kinder umgebracht wurde, gab es Reaktionen im Gehirn der Mutter! Noch dazu geschah dies im Tauchzustand des Bootes, wo kein Funkverkehr zum Land möglich ist (Ostrander/Schroeder, »PSI«, 3. Aufl., München 1972, S. 41). Damit ist bewiesen, was den Weisen aller Zeiten bekannt war: Alles Beseelte ist in Wechselbeziehungen miteinander verbunden. Ein Grund mehr, Leben nicht unnötigerweise auszulöschen, und die Natur endlich als das anzuerkennen und zu behandeln was sie ist, nämlich unsere Mutter!

130 Nach *Jakob Lorber* entsteht die Menschenseele aus einem dreifachen Zusammenstrom artverschiedener Seelenpartikel (»Lebensfunken«): aus den Naturreichen, aus denen der Eltern und aus den Sternen. Daher sei es falsch von den Astrologen, die Gesamtveranlagung des Menschen ausschließlich von den Sternen herzuleiten (W. Lutz, »Die Grundfragen des Lebens«, Bietigheim 1969, S. 75).

[131] Am Begräbnistage Wielands äußerte *Goethe* jene berühmt gewordenen Gedanken zur Reinkarnation, die uns J. D. Falk, Goethes Gesprächspartner, aufzeichnete: Auf die Idee der Leibnitzschen Monadenlehre im Zusammenhang mit Menschenschicksal und Unsterblichkeit anspielend, sprach Goethe von letzterer als einer Auszeichnung, die nicht jedermann verliehen werde, und die dem »niedrigen Weltgesindel«, dem »wahren Monadenpack, womit wir in diesem Planetenwinkel zusammengeraten sind«, nicht zusteht (Prof. Dr. Ernst Benz in seinem Beitrag »Die Reinkarnationslehre in Dichtung und Philosophie der deutschen Klassik und Romantik«, IMAGO-MUNDI-Band 7, Innsbruck 1980, S. 329). Diesen Faden weiterspinnend könnte man sagen: Solange ein Mensch sich aus dem Stadium des »Monadenpacks« nicht herausgearbeitet hat, so lange unterliegt er dem Zwang zur Wiederkehr in immer neuen Einverleibungen.

[132] J. Gruber, »Evolutionstherapie«, in »Grenzgebiete der Wissenschaft« (Innsbruck) Nr. 2/1979, S. 131. Grubers Erfahrungen decken sich mit jenen von Dr. Netherton.

[133] Dem französischen Kernphysiker *Jean E. Charon* zufolge bestehen wir aus denkenden und lernfähigen Elektronen, die bei unserem Tode in eine Art Ruhezustand zurückfallen. In diesem Zustand würden die Elektronen ihren Informationsinhalt nicht vermehren, bis sie »in die materielle Substanz einer anderen organischen Struktur eingehen, sei es nun Pflanze, Tier oder Mensch«. Es fände dann eine Reinkarnation des Ichs in einem neuen Lebewesen statt (Jean E. Charon, »Der Geist der Materie«, Wien/Hamburg 1979, S. 147). Da die Substanz unseres Ichs von einem Grundstock denkender Elektronen bestimmt werde, die als in sich vollständige »Elektronen-Ichs« unsterblich seien und mit dem gesamtem Kosmos kommunizieren, ließe sich das Kontinuitätsbewußtsein als »unaufgelöste Individualität« definieren, und die Reinkarnation als »Wahlakt denkender Elektronen« (Charon, S. 246).

Diese frappierenden Erkenntnisse aus der Teilchenphysik widersprechen der buddhistischen und theosophischen Ansicht von der Wiedereinkörperung nur eines Teiles unseres Höheren Selbst, so daß die Persönlichkeit völlig neu gebildet werde und das Ich der letzten Inkarnation mit dem der jetzigen Einverleibung nicht identisch sei. Dem widerspricht auch Dr. Netherton.

[134] Der Verfasser zitiert an dieser Stelle Prof. Dr. *Bruno Vollmert*, Ordinarius für Chemische Technik der Makromolekularen Stoffe und Direktor des Polymer-Instituts der Universität Karlsruhe, der in seiner Schrift »Das Makromolekül DNS«, aus der Sicht der makromolekularen Chemie zu dem Ergebnis kommt: »Die ganze Philosophie von ›Zufall und Notwendigkeit‹ beruht auf einem Mißverständnis des Be-

griffs ›Mutation‹: Mutationen, die eine durch Selektion erfaßbare Veränderung des Eigenschaftsbildes zur Folge haben und schließlich zur Entstehung neuer Arten, Gattungen, Familien, Ordnungen und Stämme führen, gibt es nicht und hat es nie gegeben.«
Nach *Thomas Heinze* (in »Schöpfung contra Evolution?«, Marburg 1980) hätte die Evolutionstheorie wahrscheinlich überhaupt niemals Anerkennung gefunden, wenn man seinerzeit schon gewußt hätte, daß erworbene Merkmale nicht vererbt werden können.
Nobelpreisträger *Werner Arber* wiederum wies nach, daß genetische Informationen durch Viren von einem Lebewesen zum anderen transportiert werden können. Er meint: »Bewegliche genetische Elemente, die sogar Viren als Transportvehikel benutzen können, machen es prinzipiell notwendig, die Evolution in einem erweiterten Licht zu sehen.« Andere Wissenschaftler hingegen, wie David *C. C. Watson* (in »Die große Gehirnwäsche«, Aßlar 1977), sehen in der Lehre von der Evolution »den größten Betrug aller Zeiten«. – In Anbetracht der reichhaltigen neueren Fachliteratur, in der so ziemlich alle Behauptungen der Evolutions-Theoretiker naturwissenschaftlich widerlegt werden, erscheint es ratsam, sich vorerst auf keines der angebotenen und auf Darwin fußenden Denkmodelle festzulegen.

[135] 3. Aufl., S. 24 ff. (Ottobrunn 1983).

[136] Dr. *Rupert Sheldrake*, Biologe an der Universität Cambridge, spricht von »morphogenetischen Feldern«, in denen die Erfahrungen aller Lebewesen aller Zeiten gesammelt und miteinander vernetzt seien.

[137] Man vergleiche hierzu W. O. Roesermueller, »Überlebt ein fortgeschritten individualisiertes Tier seinen Tod?« (Bietigheim 1975).
Als die Familie jenes Mediums, über das sich der Dichter »Ephides« zu manifestieren pflegte, um ihren Hund trauerte, schrieb Ephides: »Die Seele eures kleinen Hundes, da sie viel gelernt hat auf ihrem Weg und mehr gelernt hat als die Tiere des Waldes, wird von den Seelen, die ihm Führer sind, erfaßt und emporgetragen, und eine Ruhezeit wird der irdischen Entwicklung folgen in jenen Sphären, wo Tiere Freunde der Geister sind.« Und weiter: »Ihr könnt dem Seelchen auf diesem Weg mitgeben von eurer Liebe, denn es wird dankbar euch verbunden bleiben, bis ein nächstes Zusammenfinden – sei es in einem neuen (Erden-) Leben oder im Leben in einer anderen Sphäre – die einmal geknüpfte Verbindung vertieft... Denn es kommt immer wieder zusammen, was einmal verbunden war.«

[138] H. Engel, »Der Sphärenwanderer«, S. 219 (Interlaken 1981).

[139] Durch den Übergang theosophischer Anschauungen zum Evolutionsprinzip (im Sinne von H. P. Blavatsky's »Schlüssel zur Theosophie«) wandelte sich die Auffassung von der Art des Devachan-Aufenthalts nur wenig: Das Auswerten irdischer Erfahrungen und die Planung ei-

nes weiteren Erdenlebens wird nunmehr als eine Art *innerer* Fortschritt betrachtet. Jede Belehrung von außen jedoch, insonderheit durch Verkehr mit anderen Geistwesen und ein Fortschreiten über den irdischen Erfahrungszustand hinaus, wird weiterhin für ausgeschlossen gehalten (s. auch Dr. Georg Sulzer, »Moderne indische Theosophie und Christentum«, Leipzig 1909, S. 108/9).

[140] A. v. Vay, »Aus meinem Leben«, Bd. 2, S. 704 (Selbstverlag, 1900).

[141] Der Büsinger Psychologe *Manfred Wiele* berichtete mir von einem Ergebnis, das er 1983 mit einer Versuchsgruppe der Schweizer Parapsychologischen Gesellschaft Zürich erzielte: Während einer Zeitregression »schickte« er Versuchsteilnehmer in vergangene Zeitperioden und an beliebige Orte, die mit dem derzeitigen oder einem möglichen früheren Leben des Betreffenden nichts zu tun hatten. Gewissermaßen als »Zuschauer« beschrieben sie z. B. Zustände in Berlin zur Zeit Bismarcks und in China ebenso wie die Existenz hochentwickelter, feinstofflicher Wesenheiten in (angeblich) der Sonne.
Solche Phänomene sind freilich auch in Hypnose erreichbar und wurden um die Jahrhundertwende allgemein als eine dem Somnambulismus zugehörige Fähigkeit betrachtet (s. Untersuchungen des damaligen Genfer Psychologen Prof. *Theodore Flournoy* mit dem Medium *Helene Smith* alias Catherine Elise Müller und ihrer »Mars-Sprache«, deren französischer Ursprung Flournoy nachzuweisen gelang. Infolgedessen wurden auch die farbreich geschilderten angeblich früheren Leben des Mediums als Hindumädchen und als Königin Marie Antoinette nicht ernstgenommen, sondern dem Leistungsvermögen des »Schöpferischen Unbewußten« zugeschrieben.
Wiele dient als Deutung einerseits die esoterische Ansicht von der Überraumzeitlichkeit der Seele (bzw. des Geistes), während ihm andererseits die Theorie des Neurophysiologen *Karl Pribram* von der Stanford-Universität in Kalifornien einleuchtet, wonach unser Gehirn einem Hologramm vergleichbar sei, fähig, sämtliche im Universum vorhandenen Bewußtseinsinhalte zu reproduzieren.

[142] wie Anm. 19, S. 97.

[143] Vgl. Matth. 7,21; Römer 2,13; Jak. 1,22 u. 25 sowie 2,14 und andere Stellen.

[144] Dieses Gedicht verdanke ich dem Zuger Schulpsychologen Dr. *Beat Imhof*, der es aus dem Gedächtnis ergänzte.

*Anschrift des Autors:*
D-8341 Baumgarten/Ndb.

# Personen- und Sachregister

Abtreibung 208(23)
Ätherkörper 12
Astralkörper 12, 205(7), 216(61)
Astrologie 25, 84
Außersinnliche Wahrnehmung 49

*Bayer, Rezat* 139
Besessenheit 50, 159
Bevölkerungsexplosion 157, 197
Beweise 199
*Björkhem, John* 48
*Blavatsky, Helena* 20, 160
Blindgeborener (Joh. 9,2) 99
Bouvier-Effekt 14

*Cayce, Edgar* 23
*Charon, E. Jean* 233(133)
Contra-Inkarnationen 81

Darwinismus 172
Déjà-vu-Erlebnisse 27, 148
*Dethlefsen, Thorwald* 38
Doppelgänger-Phänomen 13, 190
Dualseelen-Lehre 124 ff.

Ehe, Ehescheidung 135/36
Elementseelen 169
*Emde, Günter* 172
Erbfaktoren 51, 196
Erbsünde 116 ff.
Erinnerung, fehlende 111, 151, 192
Erinnerungsträume 28
Erlösung 109 ff.
Esoterik 12, 24
Evolutionserfahrungen 170
Evolutionstherapie 170

Fatalismus 69, 162
freier Wille: s. Willensfreiheit

Fälle:
  Försterstochter Meta 29
  Sprachlehrer Scheffler 32
  Lattinger 36
  Josephine (de Rochas) 40
  Roberts 35
  Bianca Battista 57
  Maria Eduarda 60
  Onyx-Ring 129
  Jack, der Eremit 130
  Prof. K./Dr. Sylvius 131
  Hermann Medinger 132
  Achmed 140
  Semir (Schlangenbiß) 141
  Necip Budak 142
  Leopold Reisinger 143
  Johann Schuler (Kennedy-Mord) 146
  Hansi Mader 148
  Hund Potzky 164

Ganztodtheorie 103
Geburt 15
Geburtszeitpunkt 87
Gegenargumente 151 ff.
Geist 11, 204(4)
Geisterfall-Theorie 117
Geschlechtswechsel 122, 198
Gnade 109 ff.
*Gruber, Josef* 170
Gruppenbewußtsein 178
Gruppenkarma 77
Gruppenseele 174

Hebr. 9,27 103
»letzter Heller« (Matth. 5,26) 102, 111
Hellsehen vor der Einkörperung 27, 191

Ich und Selbst 25, 152
Imhof, Beat 128
Instinkt 180
Intervalle 120, 197

Jankovich, Stefan v. 107
Jenseits 15, 191
Jenseitsbotschaften 24, 158, 229(121)
Johannes Paul II. 107
Johannes der Täufer / Elias 100
»Jüngstes Gericht« 108

Kardec, Allan 23
Karma 10, 69 ff., 109, 162, 194
Karma-Übertragbarkeit 81
Kausalkörper 13
Knudsen-Versuche 174 ff.
Körpermale 138 ff.
Kollektiv-Erinnerungen 34
Kollektiv-Karma 77
Konzil zu Konstantinopel 105, 106
Konzil zu Nicäa 106
Krankheiten 75
Kriminalität 77, 156

Lebensfilm 107, 191
Ludl, Eduard 16

Mentalkörper 13
Mißbrauch von Begabungen 74

Naturgeister 169
Netherton, Morris 38
Nikodemus-Gespräch (Joh. 3,3-13) 102
Nirwana 72

Origenes 105

Parapsychologie 26
Prädestinationslehre 69
Primärtherapie 170

Pseudo-Erinnerungen 50, 146

Reinkarnation (Def.) 9, 189
Reinkarnationstherapie 170
Rochas, Albert de 38

Samsara 19, 72
Seele 11, 13, 168, 190
Seelen-Entwicklungslehre 10, 168, 189
Seelenwanderung (Def.) 9, 189
Selbst: s. Ich und Selbst
Selbsterlösung 111, 160
Somnambulismus 26
Spiritismus 23
»Sündenfall«: s. Geisterfall
Schicksalsunterschiede 160, 189
Schicksalszonen 78
Schwarz, Günther 103
Stevenson, Ian 199

Theodizee 104
Tiere 199
Tierleiden 166
Tod 15
»Todsünden« 97

Unterbewußtsein 50, 210(35)
Unterlassungssünden 73

Vay, Adelma 53
Vererbung: s. Erbfaktoren
Vergebung 109, 111
verkehrte Einverleibungen: s. Contra-Inkarnationen
Verwandtschaften 196
Vorausführungen 46

Wickland, Carl 48, 159
Wiedergeburt, geistige 103
Willensfreiheit 79, 116 ff., 195
Zeugung 15
Zufall 159, 173

# Westliche Pfade

(4174)

(4191)

(4197)

(4190)

Die Knaur Taschenbuchreihe Esoterik umfaßt mehr als 120 Titel. Fragen Sie Ihren Buchhändler nach dem ausführlichen Prospekt.

# Ein Leben nach dem Tode

(4124)

(4167)

(4230)

(4209)

(4160)